아이의
다중지능

아이의 다중지능

윤옥인 | 지음

CHILD'S MULTIPLE INTELLIGENCES

지식너머

들어가는 글

모두가 소중하고 누구나 특별하다

2007년, EBS 다큐멘터리 '아이의 사생활'을 통해 그동안 연구해온 다중지능이론과 실제가 방영되었다. 우리나라 아이들에게 적용 가능한 사례가 중심이 되었기 때문인지 TV 방영 후 전국의 부모, 교사, 직장인들의 문의 전화가 쇄도했다.

"올해로 네 살 된 아이가 이러이러한 모습을 보이는데, 장차 어떤 직업을 가지면 좋을까요?" "우리 아이가 이런 특징이 있는데, 지금부터 무엇을 더 가르쳐야 할까요?" "다중지능 검사지를 통해 발견된 아이의 강점과 약점을 그대로 믿어도 되는 건가요?" "교사와 학교가 다중지능 계발을 위해 모든 교과 과정을 바꾸는 게 실질적으로 어려움이 있는데, 어떤 식으로 접근, 적용해야 할까요?" "현재 다니는 직장이 잘 맞지 않는 것 같아서 이직을 준비하고 있습니다. 너무 늦은 건 아닌지 걱정되네요."

다중지능이 무엇인지를 누구보다 잘 알고 있는 나는 단답형으로 답을 할 수 없었다. 다중지능이론이 '모두가 소중하고 누구나 특별하다'는 인정에서부터 시작해야 하는 것처럼, '교육'을 더 큰 인생의 틀로 인식하는 자세가 우선돼야 하기 때문이다. 길게 대화를 나눈 후 다행히 부모들은 아이와 자신의 문제를 직시하게 되었고, 아이 교육에 희망이 보인다며 내게 고마움을 표했다. 많은 질문 중 우선되는 것들은 내 아이의 강점과 약점을 어떻게 알 수 있는지, 믿을 만한 지능 검사지가 따로 있는지, 당장 효과를 볼 수 있는 다중지능 학습법은 무엇인지 등이다. 부모들의 이런 궁금증을 간추려 이 책에 내용을 정리했다.

나는 부모들에게 늘 강조한다. 먼저 우주보다 광활하고 귀한 내 아이를 어떤 각도에서 볼 것인지를 깊이 생각해야 한다고. 백색의 빛을 스펙트럼으로 분리할 수 있는 프리즘과 같은 아이들을 잘 관찰해야 한다고. 태어날 때부터 가지고 있는 아이의 다양한 지능이 세상을 향할 때 부모는 적절한 환경을 제공해줘야 한다. 다양한 체험 기회를 통해 모든 걸 스스로 이해하고 깨닫게 해야 한다. 그러면서 내 아이의 가장 맑은 창이 어떤 것인지 잘 찾아야 한다. 다급함으로 느림에서 얻을 수 있는 것들을 놓쳐서는 안 되며, 아이가 귀하다고 해서 인격의 기본이 되는 습관들을 포기해서도 안 된다. 이것이 우리가 지금까지 존경해왔던 많은 리더들의 모습이었음을 잊지 말아야 한다. 우리 부모들의 열정이 아이 스스로 잘할 수 있는 것, 좋아하는 것을 발견하도록 인도할 것이라 믿는다.

영국 소설가 노먼 더글러스는 부모에게 "아이들이 무엇을 할 수 있는지 확인해보고 싶다면 주는 것을 멈춰보라."고 권한다. 다중지능이론의 창시자인 하워드 가드너 교수는 "지능은 사람이 중요한 개념을 배우는 데 활용되어야지, 사람을 분류하는 데 사용해서는 안 된다. 나는 새로운 '패배자'를 만들어내고 싶지 않다."는 말을 전한 바 있다. 아마도 이 이론이 유행처럼 스치는 교육법이 아닌 삶의 기초이자 기둥, 지붕이 되어야 한다는 의미일 것이다.

오랜 기간 준비한 이 책에는 앞서 얘기한 부모의 질문과 우려들을 잠재울 만한 실질적인 내용을 담으려 노력했다. 다중지능이론의 핵심과 적용, 아이의 강점과 약점지능을 파악할 수 있는 다중지능의 평가, 여덟 가지 다중지능 영역을 골고루 계발시킬 수 있는 놀이 및 독서법 등 다중지능이론에 기초한 교육으로 아이의 재능을 발견한 많은 사례 등을 중점적으로 소개했다. 아마 누군가 이 책을 다 읽는다면 아이에게 가장 필요한 조력자는 바로 부모라는 사실을 다시 한 번 깨닫게 될 것이다.

2년 전에 실시된 고용정보원 조사에 따르면 우리나라 직장인 중 67%는 현재 자신의 직업에 만족하지 못한다고 한다. 예전과 다르게 평생직장의 개념이 사라지고 있는 실정이기는 하나 이직이나 새로운 직업을 찾는 원인이 자신의 강점을 제대로 찾지 못해서가 아닌지 한번쯤은 고민해 볼 일이다.

자신의 강점이 제대로 발현된다면 직업과 삶이 더 큰 행복으로 이어질 수 있는 바람직한 기회가 많을 것이다. 모든 아이들에게는 저마다의 강점과 잠재력이 숨어있다. 42년간 교단에서 다중지능이론에 입각한 교육으로 아이들을 가르쳐온 나는 누구보다 이 말을 믿고 신뢰한다. 오랜 기간 다중지능교육을 실천한 사람으로 『아이의 다중지능』을 읽는 많은 학부모들도 나와 같은 확신과 경험으로 아이들의 놀라운 변화를 직접 목격하길 바란다.

이 책이 나오기까지 많은 고민과 망설임이 있었지만 다음과 같은 분들이 힘을 실어주었기에 끝을 맺을 수 있었다. 15년 전 하버드대학교에서 열린 다중지능연수 이후 한국다중지능교육학회를 함께 창립해 운영하기까지 솔선수범해주신 한양대학교 김명희 교수님께 우선 고마움을 전한다. 다중지능과 두뇌교육으로 학회와 연구회에 많은 도움을 주신 서유헌 원장님, 한국다중지능교육학회 회장으로 애써주신 광주교육대학교 황윤한 교수님, EBS '아이의 사생활' 방영 이후 내게 책 집필을 권유해준 김민태 프로듀서, 멋진 아들을 둔 강윤수 님께도 감사드린다. 학회와 연구회를 잘 이끌어주신 역대 회장님 이하 모든 회원들, 음악지능이 강점인 김정준 님, 부산의 다중지능 교육을 책임지고 있는 김일영 선생님, 모범적인 가정교육으로 두 아들을 멋진 리더로 기른 재호 부모님, 학부모의 리더로 우뚝 선 동현엄마, 마지막으로 다중지능을 통해 평생의 진로를 찾았노라 고백하는 사랑하는 나의 모든 제자들과 출간의 기쁨을 나누고 싶다.

지면 관계상 일일이 다 기명하지 못한 많은 분들께 송구함을 전하며, 어려운 문장을 쉽게 풀어주려 애쓴 이경선 작가, 책이 마무리될 때까지 함께 고생해준 지식너머 출판사의 모든 직원들께 다시 한 번 감사드린다. 마지막으로 어느 심포지엄 자리에서 나에게 '다중지능이론을 우리나라 현실에 맞게 적용하는 것'을 사명감으로 깨닫게 해준 다중지능이론의 창시자 하워드 가드너 교수에게 이 지면을 빌어 고마움을 표한다.

한국다중지능교육학회 회장 윤옥인

차례

들어가는 글 | 모두가 소중하고 누구나 특별하다	4
추천의 글 | 김명희 · 황윤한 · 서유헌 · 김민태 · 강윤수	10
사례 모음집 | 내 아이의 진로 탐색 첫걸음!	18

CHAPTER 01
다중지능 교육이 이 시대의 리더를 만든다

모든 아이의 잠재력을 인정하는 이론, 다중지능	38
아이를 창의인재로 키우려면? 다중지능에 주목하라	44
여덟 개의 다중지능, 저마다의 특별함이 있다	57
조기교육보다 더 중요한 두뇌교육	90
우리 아이 두뇌계발을 위한 오감 자극 프로젝트	95

CHAPTER 02
내 아이의 강점지능과 약점지능을 파악하라

강점지능과 약점지능의 연쇄적 반응을 인지하라	116
다중지능의 측정, 지속적인 관찰이 핵심이다	123

지필검사로 참고하는 내 아이의 강점지능 • 129
일상 속 놀이로 발견하는 상상력과 잠재력 • 140
부모와 교사, 아이가 함께 찾아가는 다중지능 • 178

CHAPTER 03
다중지능, 발견만큼 계발이 중요하다

여덟 가지 다중지능을 골고루 계발하라 • 206
최적의 환경과 기회가 지능발달을 유도한다 • 225
'나를 찾아가는' 신비로운 학습법에 주목! • 251
약점지능의 보완, 놀이로도 가능하다 • 263
다중지능으로 설계하는 내 아이의 미래 • 271

주 • 282

붙임 부록 영역별·연령별 다중지능 계발 놀이북

추천의 글

21세기를 선도할
지능의 새로운 패러다임

이제 다중지능이론은 인간의 정신세계를 새롭게 이해하는 21세기 지능의 새로운 패러다임으로 자리매김하고 있다. 특히 학문의 융합과 지식의 대통합을 이뤄가는 이 시대에 교육의 초석이 되고 있음은 분명한 사실이다. 인지과학이나 신경생물학, 발달심리학 등을 아우르는 총체적 연구 결과물인 다중지능이론이 세계 곳곳의 교육계, 기업체 등에서 놀라운 반향을 불러일으키고 있음을 볼 때 앞으로 더 깊이 있는 연구로 창의적인 결과들이 나올 것이라고 확신한다.

이 이론은 그동안 대학 강단에서 많은 교육 이론 중의 하나로 가르쳐져 왔다. 그 실제에 관해 개인적으로 가드너 교수와 프로젝트를 구상하고 있을 때, 놀랍게도 우리나라 교단에서 누군가 학생들을 대상으로 이 이론에 기초한 교육을 이미 실현해가고 있다는 사실을 알게 되었다. 바로 윤옥인 선생님이었다.

자신이 연구한 것을 교사들과 나누며 교육의 새로운 경지를 개척하고 있었다. 그 후 학회를 창립하고 오랜 기간 대학과 학교와의 연계로 이뤄진

연구 결과들이 우리 교단에 보급되어 오고 있다. 이런 다중지능 교육 현황들이 가드너 교수와 15개국의 필자가 공동 집필한 『세계의 다중지능』이라는 책에 한국의 사례로 수록되기도 했다.

오랫동안 교육 현장에서 가르쳐온 내용을 바탕으로 『아이의 다중지능』이라는 책을 출간하게 된다니 더없이 반가운 일이다. 연구한 경력을 헤아려보면 이미 오래 전에 나왔어야 할 책이다. 이번 책의 대상은 유아와 초등학생으로, 가장 중요한 시기의 교육을 다루고 있다는 점에서 더욱 의미가 크다. 특히 다중지능이 우리 사회에 웬만큼 알려져 있는 이쯤 그 개념과 활용 방법에 대해 다시 정리해야 할 필요성을 느꼈는데, 시의에 적합한 듯하다.

그동안 한양대학교 부속기관인 유치원, 초등학교에서 실시한 다중지능 교육에 대한 부모들의 반응은 매우 긍정적이었다. 아이들의 놀라운 변화와 발전은 이 교육 내용에 대한 신뢰로 이어졌다. 이미 미국을 비롯한 다중지능 교육의 혜택을 받은 각 나라의 부모들도 동일한 반응을 보인다는 것이 확인된 바 있다. 현재 아시아권 나라의 관심으로 보면 중국이 앞서가지만 가드너 교수는 한국에도 큰 기대를 갖고 있다. 바로 이런 기대가 교육자들의 체계적이며 적극적인 연구로 이어질 것이라 생각한다.

이제는 학교의 담을 넘어 가정에서 직접 부모가 아이의 강점을 살리는 교육이 이루어져야 한다. 수록된 학습 내용들이 가정에서 쉽게 적용할 수 있어 각 가정마다 아이들의 아름다운 변화가 기대된다. 다음에는 외국처럼 중등학생, 직장인, 일반인들을 위한 다중지능 책도 집필되기를 바란다.

● 한양대학교 사범대학 교육학과 김명희 교수

완벽한 부모보다
좋은 부모 되기

유아교육의 중요성, 초등교육의 자기주도학습의 필요성, 창의교육, 리더십 기르기 등은 시대를 뛰어넘어 모두가 공감하는 자녀교육의 인식과 목표이다. 이런 부모들의 의식은 점차 아이들을 가정이 아닌 또 다른 교육 현장으로 나가게 하고 있다. 예전에는 가정과 온 마을이 교육의 장이었고 모든 어른들이 선생님이었다. 물론 아이들은 다양한 도구로 하는 놀이에 큰 관심과 호감을 보이지만 부모와 나누는 대화, 부모의 눈길, 손길만큼 훌륭한 놀이도구는 앞으로도 드물 것이다.

이제 동네 부모들이 모여서 함께 아이들과 놀아줄 수 있는 아날로그와 디지털 시대의 접점이 필요한 때이다. 친인척들은 아이에게 롤 모델이 되어주고, 아이는 많은 것들을 주도적으로 행하되 부모의 세심한 관찰과 평가가 이어지는 이상적인 모습이 아이를 건강하고 잘 자라게 하기 때문이다. 이 책에서 제시한 다면적인 평가로 아이의 강점을 발견하고, 멀게는 아이의 진로를 모색할 때 귀중한 자료로 사용하길 바란다. 강점을 통해 습득한 교육과 지혜는 장차 아이가 자라면서 겪는 모든 상황을 이길 만한 힘이 될 것이다.

『아이의 다중지능』의 내용을 찬찬히 읽어보니 완벽한 부모의 길은 존재하지 않지만 좋은 부모가 되는 길은 수없이 많다는 것을 다시 한 번 깨닫게 되었다. 늘 호기심을 가지고 새로운 세계를 향해 온몸과 마음을 움직였던 윤옥인 선생님과도 꼭 닮은 책이라는 생각이 든다. 교사는 아이들의 진로를 예견하기 위해 현재뿐 아니라 미래의 세계 교육 사조를 읽을 줄 알아야 한다고 말하던 모습, 일을 위한 연구가 아닌 삶을 위해 연구한다던 자부심, 지금껏 다중지능학교 만들기에 주력해왔던 학교장의 신념 등이 책을 만들기까지의 동력이 되었을 것이라 짐작해본다.

언젠가 윤옥인 선생님에게 어떤 지능이 강점인지를 물었던 적이 있다. 공간지능이라고 답하기에 가장 의미 있는 작품이 뭔지를 되물었다. 대답은 무척 신선했다. "창의적인 작품을 많이 만들었죠. 세상 곳곳에 흩어져있어요. 내 제자라는 작품들." 많은 독자들이 이 책을 읽고 다중지능을 통해 폭넓은 세상을 발견해가길 기원한다.

● 광주교육대학교 황윤한 교수

값비싼 교육도구 없이
즐겁게 두뇌계발하기

사람의 지능은 하나가 아닌 적어도 여덟 가지 이상의 다양한 지능으로 구성되어 있으며, 누구나 자기만의 특별한 강점의 다중지능을 갖고 있다. 이를 조기에 발견해 잘 발달시키면 창의력이 극대화되어 각 분야의 탁월한 리더가 될 수 있다.

이 책은 오랫동안 다중지능을 학교 현장에 적용해 많은 성과를 이뤄낸 윤옥인 선생이 대한민국의 수많은 부모들을 위해 집필한 책이다. 다중지능이 무엇이며 어떻게 내 아이의 강점지능을 조기에 발견해 뇌를 발달시킬 수 있는지, 두뇌도 자극하고 아이의 강점도 발견, 계발할 수 있는 놀이에는 어떤 것이 있는지, 각 분야의 리더로 성장시키려면 어떤 환경을 조성해줘야 하는지 등을 일목요연하게 설명했다.

무엇보다 부모가 집에서 값비싼 교육도구 없이도 놀이처럼 학습할 수 있는 다양한 방법들을 소개하고 있어서 무척 유용한 책이다. 이 책의 내용을 잘 이해하고 아이들에게 효과적으로 적용한다면 아이의 변화를 직접 목격할 수 있을 것으로 보인다. 더불어 부모 역시 무엇이 가장 중요한 엄마, 아빠의 역할인지를 조금씩 깨달아갈 수 있을 것이다. 윤옥인 선생의 책 출간을 진심으로 축하한다.

● 한국뇌연구원 서유헌 원장

아이를 융합형 인재로
키우고 싶은 부모에게

십 년이면 강산도 변한다는데 입시 교육만큼은 수십 년이 지나도 변하지 않는다고 믿는 사람들이 적지 않다. 이들의 주장을 들어보면 자원이 부족한 나라에서 믿을 것은 결국 인재뿐이고, 좁은 땅덩어리 위의 치열한 경쟁은 설령 입시로 인한 부작용이 있다 할지라도 피할 수 없다는 것이 요지다. 이런 논리는 주로 비슷한 처지에서 이미 치열한 경쟁을 거친 학부모들에 의해 지지를 받는다.

그런데 최근 들어 교육계에 의미심장한 변화의 물결이 일고 있다. 경기도 발(發) 혁신학교, 서울시의 진로탐색집중학년제. 그리고 새 정부가 몰아가고 있는 중학교 자유학기제를 보라. 정책의 성공여부를 떠나 모두 주입식 시험과는 반대되는 '창의적 학습능력'에 방점을 두고 있다. 왜 이런 제도들은 자기모순적 교육제도라는 비아냥거림을 감수하면서까지 새롭게 기획되고 폐지되는 사이클을 반복하는 걸까?

대학 울타리를 넘어선 채용 시장에선 좀더 큰 파도가 일고 있다. 이름만 들어도 알만한 기업들의 구인 키워드를 보자. 바이킹형 인재, 통섭형 인재, 초영역 인재, 학력과 스펙을 보지 않는 블라인드 면접은 기본이요, 오디션 형식은 뉴스거리도 되지 않는다. 아이러니한 건 그렇게 경쟁률이 높은데도 인재가 없다고 아우성이다. 세계 최고의 경쟁을 거친 학생들이 듣고 있기엔 참으로 거북스런 상황이다.

경쟁의 첨단에 있는 기업의 CEO들은 한결같이 '주입식 교육이 아니라 문제해결 능력을 키우는 교육'이 필요하다고 강조한다. 과거 명문대와 좋은 스펙으로 대표되는 신입사원들의 강점, 즉 '익숙한 문제를 빠르게 잘 해결하는 재주'로는 창의성을 기대할 수 없다는 것이 배경이다. 기업의 채용 과정이 변하고, 미비하긴 해도 학교 교육 제도가 변화를 모색하며 꿈틀거리는 것은 바로 '필요'에 의해서다. 시간이 지날수록 사회는 단지 '어려운 경쟁을 통과한 사람'을 원하는 것이 아니라 '어려운 문제를 해결할 수 있는 사람'을 찾고 있다. 학교에서건 가정에서건 교육에 대한 새로운 패러다임이 필요한 이유다.

최근 창의적 인재의 모델로 T자형 인재가 주목받고 있다. T의 가로는 넓은 지식과 능력, 세로는 전문성을 뜻한다. 쉽게 말해 폭넓은 사고력을 바탕으로 두 개 이상의 분야를 합쳐 하나로 만들 수 있는 전문가를 말한다. 실제 요즘 상품과 서비스는 한 가지 분야의 지식으론 경쟁을 감당할 수 없을 정도로 치열해지고 있다. 그만큼 공동연구와 학제간 통섭이 활발해지고 있다. 바로 이러한 T자형 인재의 원리가 '모든 개인에게는 자기만의 강점지능이 두세 가지가 있다는 다중지능이론'에 부합된다. 비록 모두가 뛰어난 천재나 성공한 기업가들이 될 수 없을지언정 자기의 능력을 최대한 활용하기 위해 강점과 약점을 안다는 것은 분명한 경쟁력이 될 수 있다.

이제 본격적으로 다중지능의 세계로 입문해보자. 『아이의 다중지능』은 이십대 시절 담임교사로 시작해 마침내 꿈꾸던 학교를 세우기까지, 일평생을 다중지능에 헌신한 저자의 관록이 그대로 들어있다. 다중지능의 방법론을 모색하던 사람들에게는 오랜 가뭄 끝에 내리는 단비 같은 책이 될 것이다.

● EBS 김민태 프로듀서

가정과 학교가
함께 키우는 아이

어떻게 교육을 해야 우리 아이를 최고로 만들 수 있을까? 늘 고민하면서도 마음먹은 대로 실천하기란 여간 어려운 일이 아니다. 외국의 교육방법을 직·간접적으로 접해온 나의 경우 우리나라의 초등학교 교육 현실이 입학과 동시에 꽉 짜인 틀 안에서 진행된다는 사실을 잘 알고 있었다. 이런 현실이 안타까웠지만 쉽게 바뀌지 않는 문제라는 것도 변함없는 사실이었다. 그럼에도 나는 '어떤 선행학습이나 기타 사교육을 시키지 않고 오로지 학교 교육에만 의지하겠다'는 나의 교육적 소신을 쭉 지켜왔다. 그러다가 아이가 초등학교 5학년이 되었을 무렵, 이 책의 저자 윤옥인 선생님과 조우했다. 선생님을 통해 아이와 나는 지금껏 알지 못했던 '다중지능 학습법'을 접하게 되었다.

이 수업은 결과적으로 우리 아이에게 다양한 체험의 기회를 제공해 아이 스스로가 자신의 강점과 약점을 알아갈 수 있도록 해줬다. 프로젝트 학습을 통해 아이는 점점 자기 자신을 알아가기 시작했다. 남들이 자신을 바라봐주기를 좋아하고 리더십이 강했던 아이는 자신의 약점을 알아갈 때마다 인정하고 싶지 않은 듯 혼란스러워했다. 그럴 때마다 엄마인 나는 "엄마는 학교에서 하는 방법이 참 좋아. 네 선생님을 믿어."라며 전적으로 학교에 대한 신뢰를 표현했다. 이런 학습 때문이었을까? 아이는 결국 스스로 뭐든 할 수 있다는 사실을 알게 되었고, 이후 조기유학을 떠나 부모조차 놀라운 노력의 결실을 하나씩 이루어나갔다.

아이는 미국의 역대 대통령들을 배출한 유명 고등학교를 거쳐 남들이 다 부러워하는 명문대학에 무난히 입학해 현재까지 원하는 공부에 매진하고 있다. 자기 자신과 가족들뿐 아니라 수많은 사람들의 행복을 고민하며 미래의 삶을 준비 중이다. 다중지능 계발 프로그램이 아이의 창의력, 상상력을 깨우는 작은 불씨가 되었기 때문에 지금의 모습이 가능한 것이리라 확신한다.

윤옥인 선생님이 집필한 『아이의 다중지능』을 통해 다시금 아이의 성장과정을 떠올려볼 수 있었다. 간혹 주변 사람들에게 "우리 재성이는 나 혼자서가 아닌 많은 선생님들과 이웃이 함께 키운 것이다."라고 얘기하곤 하는데, 많은 부모들이 다중지능이론을 통해 이런 말에 공감할 수 있게 되기를 소망한다. 모두가 소중하고 누구나 특별하다고 말하는 다중지능이론을 통해 대한민국의 수많은 아이들도 자신의 진짜 모습을 찾아가길 바란다.

● 화희오페라단장 강윤수

사례 모음집

내 아이의 진로 탐색 첫걸음!
다중지능의 강점과 약점을 파악하면 길이 보이기 시작한다

다중지능 발견 이후! "우리 아이가 달라졌어요"

"이 시간에는 한 사람씩 차례대로 각자 가지고 온 동화책을 소리 내 읽어보기로 하겠어요. 40분 동안 28명이 읽어야 해요. 내가 '그만'이라는 말은 하지 않고 여러분이 적당한 때에 다음 사람이 읽도록 해주세요. 만일 한사람이 1분씩 읽는다고 하면 얼마나 시간이 걸릴까요? 그래요, 28분. 1분은 어느 정도의 시간일지 시계를 보며 알려줄 테니 책을 한번 읽어보세요. 그런데 내용을 스스로 판단해서 좀더 읽거나 먼저 마쳐도 돼요."

다섯 명쯤 읽었을 때 친구들이 읽은 책 내용을 물어보니 아무도 대답을 하지 못했다. 책이 모두 다른 데다가 책 읽는 시간을 얼마나 써야 하는지, 내가 읽어야 할 순서는 언제인지 등을 신경 쓰느라 누구도 내용에 몰입하지 못했기 때문이었다.

"지금부터는 오늘 들은 동화책 내용을 누가 많이 기억하는지 알아볼까요? 그러기 위해서는 내용을 귀담아 들으며 머릿속에서 그림을 그려보세요."

놀랄 정도로 내용을 기억하는 아이들이 많아졌다. 마지막으로 다섯 명의 아이들이 남았을 때 새로운 주문을 했다.

"이제부터 들을 5권의 동화책을 한 권의 책이라고 생각하며 들어보세요. 그러려면 주인공 이름도 바꾸어야 해요. 여러분이 새롭게 쓰는 책이라면 마지막 장면은 어떻게 하고 싶은지 꾸며보세요. 집에 가서 자기가 할 수 있는 방법으로 이 이야기를 정리해오면 됩니다. 글을 써도 좋고 4컷 만화로 그리거나 한 장의 그림으로 그리거나 노랫말로 만들어도 괜찮아요."

이처럼 동화책 함께 읽기를 통해서도 경청, 배려, 유연성, 몰입, 기억력, 상상력, 창의력, 논리적 사고, 언어적·음악적·미적 표현력, 자신에 대한 이해, 종합적인 사고 등을 파악하고 지도할 수 있다. 나는 이런 식으로 다중지능을 학습에 적극 도입하려고 늘 고민하는 편이었다. 학기 초에는 보통 두뇌의 소중함과 계발을 위해 어떻게 해야 하는지를 가르쳤고, 여기에 기반을 둔 다중지능이란 무엇이며 어떻게 활용해야 하는지 등을 매 교과 시간마다 가장 효과적이고 특별한 방법으로 전달하려 노력했다. 그러니 당연히 학습은 놀이로부터 시작했고, 아이들 또한 즐겁게 잘 따라주며 본인의 재능과 잠재력을 스스로 찾아갔다.

그러던 어느 날, 수업시간에 한참 동안 책을 읽지 않는 한 아이를 발견했다. 수업에 동참하지 않는 이유를 물었더니 옆에 있는 다른 아이들이 너도나도 "쟤는 원래 못 읽어요." "작년에도 그랬어요." 등의 부정적인 정보를 제공하기 바빴다. 친구들의 얘기에도 그 아이는 반쯤 뜬 눈으로 별 반응이 없었다.

"이 세상의 어떤 사람도 원래 못하는 경우는 없어요. 사람마다 조금씩 차이는 있지만 태어날 때부터 모두 잘할 수 있는 능력을 갖고 있다고 해요. 그동안 하지 않았기 때문에 약해진 것일 뿐 앞으로 열심히 한다면 분명 달라질 수 있어요. 또 친구가 잘하는 부분과 내가 더 잘하는 부분이 충분히 다를 수 있죠."

20년 전 3월, 2학년 교실에서 일어난 일이었다. 지금 들으면 뻔한 얘기지만 당시에는 반 아이들 모두 내 얘기에 어리둥절한 듯 고개를 갸우뚱했다. 지금 못하는 아이는 앞으로도 쭉 마찬가지일 거라는 부모 세대의 의식이 이어져오던 때였다.

다른 아이들과 달리 유난히 나와 눈을 마주치지 않으려 했던, 늘 책상에 엎드려 졸고 점심시간에는 세 번이나 배식을 받았던, 잘 씻지 않고 머리를 손질하지도 않아서 반 아이들과 쉽게 어울리지 못했던 이 남자아이는 시간이 지나면서 조금씩 변화를 맞이했다. 가장 큰 계기는 스스로가 무엇을 잘하는지를 깨달았기 때문이고 그것을 다른 이로부터 인정받을 수 있도록 분위기를 조성했기 때문이었다. 자세한 과정은 뒤에 이어지는 '사례 1'로 소개했다.

하워드 가드너 교수가 강조하는 다중지능이론의 핵심이 바로 이 부분에 있다. 사람의 지능과 재능은 단일한 수치로 단정 지을 수 없으며, 그 세계는 아직까지 누구도 비밀을 다 밝혀내지 못했을 정도로 크고 복잡한 영역이라는 사실이다. 그렇기 때문에 지금보다 앞으로 더 큰 변화를 기대할 수 있는 영역이라는 점도 잊지 말아야 한다.

비단 이 남자아이뿐 아니라 많은 아이들을 42년간 가르쳐오며 나는 한 가지 사실에 대해 깊이 공감했다. 그것은 사람은 우주보다 크고 복잡한 세계를 갖고 있는 다차원적인 존재이기 때문에 서로를 비교할 필요가 없다는 사실이었다. 지금부터 다중지능 교육을 통해 지켜본 아이들의 변화를 간단한 사례 중심으로 소개하려 한다. 엄마의 입장, 아이의 입장, 교육자의 입장에서 본 여러 가지 상황을 살펴보며 어떤 교육이 내 아이에게 필요하고 잘 맞는 것인지를 한번쯤 고민해보길 바란다.

> **사례 1**
> **친구들과 좀처럼 어울리지 못하던 아이,
> 자신감을 되찾다**
>
> 교사 윤옥인

수업시간에 늘 졸린 눈을 하고 좀처럼 집중하지 못하는 재우(가명)는 잘 씻지도 않고 머리도 감지 않아서 반 아이들의 기피 대상이었다. 처음에는 재우를 붙들고 여러 번 당부를 했지만 학교에 오는 아이의 모습에는 큰 변화가 없었다. 부모와 상담하기 위해 여러 차례 어머님에게 전화를 했지만 그마저도 쉽지 않았다.

나중에 어렵게 연락이 닿은 어머님에게서 많은 이야기를 들을 수 있었다. 재우네 식구들은 동생까지 총 네 명으로 단칸방에서 생활하고 있었다. 부모님은 포장마차에서 밤 새워 일을 하기 때문에 아이에 대해 크게 관심을 두기 어려운 상황이었다. 게다가 어머님은 재우의 친엄마가 아니었다. 아침밥도 책가방도 챙겨줄 여력이 없다고 토로하는 어머님의 모습을 보고 있자니 딱하면서도 한편으로 화가 치밀었다.

결국 그런 무관심과 방치가 아이를 배회하게 했고, 재우는 밤이 되면 24시간 마트를 기웃거리거나 새벽녘, 문을 연 교회의 의자 위에서 잠깐 눈을 붙이고 학교로 등교했다는 것을 알게 되었다. 나는 먼저 생활고에 치여 도무지 여유가 없다는 어머님을 위로했다. 그리고 앞으로는 아침밥은 꼭 먹이고 잘 씻게 하고, 무엇보다 잠은 꼭 집에서 재우기로 단단히 약속을 한 뒤 헤어졌다.

재우를 위해 실행했던 과정은 '기 살리기 프로젝트'와 '나도 선생님'이란 방식이었다. 우연히 아이의 강점지능을 발견한 것이 계기가 되었다. 체육시간에 학교 행사로 계주 선수를 뽑을 때 우리 반 아이들 대부분이 재우를 지목했는데, 실제 달리는 모습을 보니 동작이 무척 날쌔어 마치 바람의 신처럼 느껴졌다. 결국 이 아이는 극적인 역전 드라마를 펼치며 우리 반을 비롯한 '청군' 팀을 우승으로 이끈 영웅이 되었다.

'기 살리기 프로젝트'는 체육대회 이후 교장실에서 이루어졌다. 미리 교장선생님께 이 프로젝트에 대해 설명한 후 재우를 크게 칭찬해 달라고 귀띔해놓은 상태였다. "아까 이어달리기 때 청군을 승리로 이끈 주인공입니다!" 하고 말하니 교장선생님은 종이 한 장을 꺼내 재우에게 사인을 해 달라고 부탁했다. 올림픽 시상식 때처럼 메달을 목에 걸어주며 악수를 청하기도 했다. 그때 재우의 해맑은 표정은 아직까지 잊을 수 없다. 방과 후의 모습과 위치 또한 달라졌다. 당시에는 방과 후 아이들이 운동장에 삼삼오오 모여 축구를 하곤 했는데, 이 무리에 끼지 못하던 재우가 축구팀 테스트도 거치지 않고 입단이 된 것이다.

아이들과의 관계, 수업시간 태도, 말끔해져가는 외모 등 많은 것이 달라진 재우는 수업시간 중 체육시간을 가장 좋아했다. 이때 친구들을 직접 가르치는 '나도 선생님' 역할을 재우에게 맡겨보기로 했다. 다른 과목도 아닌 자신감 있는 체육 수업이라서 크게 부담을 느끼는 것 같지 않았다. 다행히 이 시간은 재우에게 약이 되었고, 책을 읽는 목소리에 자신감이 붙기 시작했으며 덩달아 목소리도 우렁차졌다.

"재우가 구구단 외우는 속도가 달리기할 때 속도 같아요." 하는 친구들의 찬사도 이어졌다. 무엇보다 재우는 더 이상 내 눈을 바라보는 것을 피하지 않았다. 눈빛만으로도 무한한 자신감이 쌓여가는 것을 느낄 수 있다.

"그래, 재우야. 너는 이제부터 넓고 시원한 고속도로를 쌩쌩 달리는 제일 좋은 차야. 멋진 차가 되어 어디든 갈 수 있어."

아쉽게도 이듬해 재우네 가족은 멀리 시골로 이사를 가게 되었다. 그때 그 시원한 눈빛과 까무잡잡한 피부의 재우는 지금쯤 어떤 모습의 어른으로 성장했을지 궁금해진다. 자신의 재능을 발견한 재우가 그 부분을 십분 활용해 운동선수가 되지는 않았을까 혼자 짐작해본다.

사례 2

반발심으로 가려진 아이의 흥미 이끌어내기

한양대학교 보육교사교육원 주임교수 정태희

다중지능이론을 학교 현장에 적용해보면서 많은 학생들을 만났다. 학생들은 '학교' 하면 공부를 떠올렸고 공부는 지루하고 따분한 것이라는 생각들로 꽉 차 있었다. 1996년 다중지능 연구를 한 이래 유독 기억되는 한 학생은 당시 3학년이었던 기범(가명)이다. 기범이는 친구들 모두가 무서워하는 아이였다. 감정 조절이 안 되어 화가 나면 바로 공격적인 아이로 돌변했다. 친구들 간의 관계도 문제였지만 통 수업에 재미를 붙이지 못했다.

"학교는 왜 만들었어요?" "학교가 죽어버렸으면 좋겠어요." "학교는 재미없어요, 공부도 하기 싫어요." 3학년 아이가 내뱉는 말치곤 정말 지나치다 싶을 정도로 학교에 대한 반발심이 컸고, 특별히 좋아하는 과목도 없었다.

그런데 다중지능 검사 결과가 의외였다. 논리-수학지능과 공간지능이 강점으로 나온 것이다. 지금은 교실에서 주제나 학습 내용을 4단계의 만화 컷으로 표현해보는 활동이 자연스럽지만 그때는 그런 방식의 수업이 상당히 낯설게 느껴졌던 시기이다. 나는 사회 과목에서 학습한 내용을 만화로 표현해보는 활동을 지도했는데, 그때 기범이의 강점이 발휘되었다. 기범이 역시 이런 수업 방식이 신기하고 재미있었는지 다른 때와 달리 무척 적극적이었다. 그리고 기범이는 그 과제에서 가장 독창적인 결과물을 만들어내 선생님과 반 친구들에게 갈채를 받았다.

그래서였을까? 기범이의 변화가 서서히 눈에 들어왔다. 일단 친구들을 때리는 횟수가 적어졌고 학기가 끝날 무렵에는 친구들과 잘 어울리고 재미있게 노는 활동적인 아이로 바뀌었다. "예전에는 교과서에 만화 그려서 혼나기도 했는데 배운 것을 만화로 표현한다는 게 신기했고 재미있었어요. '이렇게도 수업할 수 있구나' 하고 생각했어요." "선생님한테 잘했다고 칭찬받아서 좋았어요. 공부가 재미있을 수도 있겠다는 생각이 들더라고요." 당시 기범이가 내게 했던 말이다. 수업의 변화가 학업 성취에 대한 것만이 아니라 또래 관계의 변화 등 전반적인 학교생활에서의 태도 변화를 가져왔다는 게 그저 놀랍기만 했다.

다중지능이론은 이외에도 너무나도 많은 긍정적 결과를 도출했다. 내가 가장 높이 평가하는 부분은 무엇보다 대인관계지능과 자기이해지능의 발견이다. 인간이 사회를 살아갈 때 꼭 필요한 능력을 지능으로 봄으로써 사회 정서적 측면이 얼마나 중요한지를 보여주고 있는데, 아이들의 학교 현장에서 봐도 이 지능이 결국 아이의 나중을 결정짓는다. 이때 배운 관계지능은 다른 사람들을 배려하고 돕게 하며, 공감하는 능력을 키울 수 있도록 도와줘 그대로 올바른 인성이 된다. 결국 아이들은 자신의 감정을 조절하는 법, 자신에 대해 깊이 사고하고 반성하는 능력을 배우고 대인관계 속에서 그 능력을 발휘하는 법을 익히는 것이다.

> **사례 3**
> **다중지능이론에 입각한 프로그램,**
> **'아빠는 우리 집 과학자'**
> 한양대학교 교육학과 김민선 박사

다중지능이론에는 '이해를 위한 교수(Teaching for Understanding, 이하 TfU)'라는 하나의 교육과정과 평가법이 있다. TfU란 말 그대로 이해를 위한 교수방법으로 유아가 알고 있는 것을 자유자재로 활용해 사고하고 행동할 수 있도록 돕는 것을 의미한다. 이는 생성적 주제(generative topics), 이해의 목적(understanding goals), 이해의 수행(understanding performances), 지속적인 평가(ongoing assessment)라는 네 가지 절차를 순환적으로 사용한다.

최근 이 교육과정을 아버지와 유아기 자녀에게 적용한 프로그램이 화두다. 예전과 달리 아버지가 양육과 아이 교육의 공동 책임자로 인식되는 시대이기 때문에 이 부분의 효과를 높일 수 있는 방법을 찾는 이가 늘고 있기 때문인 듯하다. 이 프로그램은 주변사물과 세계에 호기심이 많은 어린이들에게 개별 교육을 할 수 있다는 점에서 교육계와 가정에서 높이 평가

받고 있다.

참여도 그다지 어렵지 않다. 개별 유아의 특성을 잘 알고는 있으나 가르치는 방법을 모르고, 자녀와의 상호작용을 어려워하는 아버지들에게 구체적이고 실현 가능한 활동을 짚어주기 때문이다. 아버지들은 누리과정의 자연탐구 영역, 종일제 특성과 과학 프로그램, 교육부 과학창의 교육 등에서 활동을 선정하고, TfU의 활동계획안을 살펴 아이와의 교육에 적용할 수 있다.

TfU를 적용한 교육 프로그램은 자녀가 아버지와 함께 활동함으로 아버지에 대한 긍정적 인식을 갖게 되고, 교육적인 효과도 얻을 수 있다. 실제로 '아버지 유아과학교육 프로그램'을 실시했던 연구 사례를 살펴보면 그 활동의 내용과 결과를 확인할 수 있다.

만5세 아이들을 대상으로 총 26주간 진행한 이 프로그램 중 유아의 흥미, 발달단계, 교수-학습법의 적합성 등의 타당도를 검증받은 활동은 주로 아빠와 아이가 생활 속 경험을 소재로 상호작용을 이루는 놀이 위주였다. 자연물 탐구하기, 개미 찾기, 페트병으로 불어보는 탁구공, 물로 돌아가는 풍차, 물속에서 떠오르는 동그란 기름, 쌀로 만든 세계의 음식 등처럼 제목만 봐도 대충 짐작이 가는 것들이다. 효과가 검증된 24개의 활동은 교육적인 측면으로도 매우 효과적이지만 관계적, 정서적 측면에서도 아버지와 자녀 모두에게 좋은 결과를 가져왔다.

그동안 아버지 교육의 필요성은 양육에서 늘 중요한 문제로 여겨졌지만 실제 운영으로 이어지기에는 어려움이 많았다. 이 프로젝트를 기점으로 '아빠는 우리 집 과학자'라는 인식을 갖는 부모들이 많아졌으면 하는 기대를 가져본다.

사례 4

초등학교 때 발견한 강점지능이
진로로 연결

서울대학교 수의학과 재학생

"진정한 리더가 절실히 필요한 시대이니 각자 자신의 위치에서 내가 태어나 배운 것을 어떻게 세상에 돌려줄 것인지를 깊이 생각하며 사는 사람들이 되길 바란다. 그런데 정민아, 너는 특히 세상을 바라보는 눈이 참 밝고 낙관적이어서 많은 사람에게 좋은 영향을 주는 멋진 리더가 될 것 같구나. 남과 나누는 삶을 실천하려면 낙관적인 사고가 앞서야 하거든."

얼마 전 초등학교 은사님인 윤옥인 선생님이 내게 들려준 말이다. 부담감도 느껴지지만 한편으론 가슴을 뛰게 하는 말이 아닐 수 없다. 내 강점지능이 자연친화지능임을 일깨워준 선생님과의 추억을 얘기하자면 초등학교 5학년 시절로 돌아가야 한다. 물론 그 이전의 어린 시절에도 나는 유난히 동물과 식물, 곤충에 관심이 많았다. 유치원 때부터 강아지, 기니피그, 햄스터, 가재, 각종 곤충들을 키워왔는데, 부모님은 내게 그 생명들을 처음부터 끝까지 책임지는 것이 가장 중요하다는 사실을 늘 강조했다.

초등학교 5학년, 나는 아침에 일어나면 빨리 학교에 가고 싶었던 천방지축 소년이었다. 우리 교실에는 일 년 내내 기르며 순환되었던 식물과 동물 개체 수가 총 126가지나 되었는데, 아마 그래서 학교에 가는 게 유난히 즐거웠는지도 모르겠다. 누에를 길러 명주실을 직접 뽑아보고, 달걀부화기를 통해 병아리가 깨어나는 것을 직접 바라보고, 남들이 다 징그럽다고 외면하던 지렁이가 얼마나 착한 농부인지를 지켜보고, 어항 속 물고기가 밤새 새끼를 낳지는 않았을까 궁금해 하며 학교로 달려가고, 온갖 종류의 식물을 직접 심고 가꾸고….

물론 이 신비로움 뒤에는 힘들고 귀찮은 활동도 종종 있었다. 식물, 동물을 기르다 보면 청소를 해주거나 제때 양분을 공급해주는 일, 지속적으로 변화를 살피는 등 인내해야 하는 것이 많았기 때문이다. 하지만 일 년 내내 학습에서 이런 활동을 하다 보니 자연히 친구들과도 사이좋게 협동하며 문제를 해결하는 습관이 길러졌고, 자연이라는 거대한 틀 속에서 인간이 어떻게 다른 생물과 조화를 이루며 살아야 하는지를 배울 수 있었다.

결과적으로 그런 과정들이 차곡차곡 쌓여 내게 '수의학과'라는 길을 선택하게 했다. 앞으로도 나는 내가 선택한 길에 자신감을 갖고 부단히 노력하려 한다. 내가 행하는 작은 일로 세상이 조금이라도 행복하게, 또 정의롭게 바뀔 수 있기를 소망한다.

사례 5

'나도 선생님' 프로젝트로
내 적성을 발견하다

건국대학교 음악교육학과 재학생

초등학교 5학년 때 담임선생님을 통해 접한 다중지능이론은 아직까지 내게 많은 영향을 끼치고 있다. 특히 진로 면에 있어서 남들보다 일찍 직업에 대한 고민을 시작했고, 강점과 약점지능에 대해 생각할 기회도 갖게 되

었다.

　그 시절 우리 반에서는 다중지능의 여덟 가지 영역에 따라 과목을 나눈 뒤 잘할 수 있는 과목을 친구들 앞에서 가르치는 '나도 선생님'이라는 프로젝트가 자주 열렸다. 친구들에게 음악과 과학 과목을 가르쳤던 나는 보다 효과적으로 친구들에게 정보를 전달하기 위해 스스로 고민하고, 다양한 수업 도구와 유인물을 제작하곤 했다. "내 수업을 통해 전에 느끼지 못했던 흥미를 느끼게 되었다."는 친구들의 피드백은 내게 큰 기쁨과 보람을 가져다줬다.

　당시의 따뜻한 추억은 지금의 나를 있게 해준 중요한 순간들이다. 다중지능이론 평가 이후 음악지능이 강점임을 알게 된 나는 한동안 음악에 대한 길을 걸어왔다. 초등학교 5학년 때 이 사실을 알게 된 후 '플루트'라는 악기를 배우기 시작했고, 그것을 전공으로 살려 예술고등학교에 진학, 현재 음악교육학과 전공으로까지 이어졌다. 결국 음악과 교육이라는 두 가지 관심분야를 적절히 결합한 최고의 전공을 선택하게 된 것이다.

　사범대학이다 보니 교육학 수업을 들을 때 하워드 가드너의 다중지능이론을 배우기도 한다. 이런 순간에는 기분이 묘하기도 하고, 나도 모르게 초등학교 시절을 떠올리기도 한다. 시간이 오래 지나도 그때가 내게 소중한 것처럼 나 역시 아이들에게 그런 평생의 추억을 선물할 수 있는 좋은 교사가 되고 싶다.

사례 6
아이가 좋아하는 게 뭘까?
관찰로 찾은 맞춤교육의 해답
부산 금강초등학교 특수교사 윤형진

장애를 가진 우리 아이들을 매일같이 마주하며 '어떻게 하면 이 아이들이 수업에 즐겁게 참여할 수 있을까?'를 오랫동안 고민해왔다. 아이들이 흥미로워 할 다양한 자료를 준비해도 특수반 아이들은 크게 반응이 없거나 재빨리 지치곤 했다. 왜 수업시간에 아이들이 지루해하는지, 그 이유가 무척 알고 싶었다. 그러던 어느 날, 우연히 계기가 찾아왔다.

"선생님, 고뇽이 또… 어, 어… 없어졌어요."

"공룡? 어느 통에 넣어두었는데?"

"모… 몰라요. 고… 뇽 찾아주세요."

수업시간이나 쉬는 시간이나 틈만 나면 눈을 번뜩이며 잃어버린 공룡을 찾느라 정신이 없는 연희(가명)를 보면서, 그동안 내가 왜 연희에게 무엇을 좋아하고, 무엇이 하고 싶은지 물어보지 못했나 하는 생각이 들었다.

결과적으로 그동안의 나는 우리 반 아이들의 방식이 아닌 내가 잘하는 방식으로 수업을 해오고 있었던 것이다. 학습의 필요를 스스로 느낄 수 있도록, 학습목표를 달성하기 위한 활동을 스스로 선택할 수 있도록 아이들의 눈높이에서 원하는 것을 준비하고, 그들이 잘하고 즐겨하는 방식인 강점지능을 찾아 잘 짜여진 판을 만들어주는 것이 내 역할이라는 사실을 그 순간 깨달았다.

이후 연희에게는 '좋아하는 공룡이 몇 개?' '어떤 공룡이 더 많은가?' '연희가 좋아하는 공룡 이야기' 등의 프로젝트를 만들어 아이가 스스로 글을 읽고 쓸 수 있도록 가르쳤다. 이후 연희는 교사인 내게 묻지 않고도 자신이 가장 알고 싶어 하는 사실을 스스로 찾아 이야기하기 시작했고, 학습에 적극적으로 참여했다.

아직까지도 나는 그때의 확신을 발판삼아 날마다 아이들을 위한 맞춤 수업을 준비한다. 장애의 유무와 상관없이 모든 아이들을 존중하고, 그 아이들의 가치를 높일 수 있는 교육의 해답을 다중지능에서 찾은 셈이다. 다중지능을 알게 해주고 나를 독려해 장애아와 다중지능교육 연구로 박사학위를 취득할 수 있게 도움을 준 윤옥인 선생님께 감사의 뜻을 전하고 싶다.

사례 7

부모의 욕심을 버리고
아이의 표정을 관찰하라

광성드림학교 학부모

우리 가정은 5년 차 터울의 남매를 키우고 있다. 큰아이는 언어지능과 논리-수학지능이 모두 높아 모두가 머리 좋다고 인정하는 아들이고 둘째 딸아이는 공간지능이 높은 편이다. 하지만 딸아이가 초등학교에 입학했을 당시에는 여러 가지 갈등과 어려움이 많았다. 처음부터 두 아이의 강점지능을 알았던 건 아니기 때문이다.

둘째아이는 언어와 수 개념이 잘 발달되지 않은 채 학교생활을 시작했다. 그러다 보니 쓰기, 읽기, 계산하기를 즐겨하지 않았고 힘들어 할 때가 종종 있었다. 이 모습을 지켜보던 우리 부부 역시 마음고생이 많았다. 나와 남편 모두 어릴 적 모범생 대열에 속해 있어서 주변의 칭찬을 많이 받고 자랐던 데다가 명석한 큰아이와 비교가 되어 둘째를 이해할 수 없는 마음이 컸던 것이다.

"왜 안 되는 거지?" "뭐가 문제지?" 아이의 부족한 점에 초점을 맞추다 보니 아이에 대해 실망할 때도 많았고, 차이를 받아들이는 게 쉽지 않았다. 그때 다행스럽게 아이가 다니고 있던 초등학교에서 다중지능이론과 교육 방법을 처음 접하게 되었다. 그러면서 우리 부부는 생각을 조금씩 바꾸기 시작했다. 아니, 자연스럽게 변화되었다고 하는 것이 더 맞는 표현이다. 언어와 논리-수학지능만으로 아이를 평가하는 것이 얼마나 큰 오류를 범하는 것인지 깨달았기 때문이다.

학교 성적이 좋은 아이가 최고인 것으로 인식하던 사고방식을 조금씩 내려놓기 시작했다. 아이들은 누구나 다양한 재능을 가진, 가치 있는 아이들이라는 것을 깨닫게 되면서 내 아이를 바라보는 나의 태도와 마음이 변하기 시작했다. 변호사인 남편의 생각은 나보다 더디게 바뀌어갔다.

나는 가장 먼저 둘째아이를 세심히 관찰하기 시작했다. 무엇에 흥미를 보이는지, 칭찬할 것이 무엇인지를 자주 살펴봤다. 그러다 보니 둘째아이는 어릴 때부터 말하거나 책 읽고 숫자놀이를 하는 것보다 손으로 뭔가를 만들고 그림 그리는 것을 더 좋아했던 게 기억났다. 관련 주제로 이야기를 던지면 아이는 표정부터 달라졌다. 결국 나는 아이가 하고 싶어 하는 것을 최대한 많이 보여주고 경험할 수 있도록 계획을 세우기로 했다.

종이접기, 클레이아트, 그림 그리기 등을 매일 시간을 정해 접하게 하고 견학할 수 있는 곳을 찾아 직접 느끼게 했다. 대부분의 부모처럼 우리 역시 자녀들이 영어, 수학을 다른 어떤 것보다 잘하길 원했다. 하지만 아이의 반응과 표정이 바뀌고부터는 그것이 부모의 일방적인 욕심임을 깨달았다. 아이를 대하는 방법이 달라지고부터 아이와의 갈등도 자연히 사라졌다. 무엇보다 이제 둘째아이는 부모의 인정으로 세상이 조금 더 즐거워진 듯 보인다. 만약 우리 부부의 생각과 마음이 바뀌지 않아서 아직까지 아이가 자존감을 찾지 못해 의기소침해있다면 어땠을까? 상상만으로도 아찔하고 마음이 저려온다. 공간능력이 뛰어난 우리 딸아이를 우주보다 귀한 존재로 여길 수 있는 지금이 그저 감사할 따름이다.

둘째아이는 현재 리본공예를 배우고 있다. 우리 부부는 아이의 꿈을 응원하는 의미로 여러 가지 리본 재료와 부속품을 모아둘 수 있는 '리본공예 보물상자'를 만들어줬다. 다가올 방학 때는 패션 디자이너가 되고 싶다는 아이를 위해 함께 옷감 도매시장을 방문해서 같이 원단을 구입하고, 실제 입을 수 있는 옷을 만드는 작업을 실천할 계획이다. 아이가 꿈꾸고 있는 미래 모습이 언제 바뀔지는 나도 장담할 수 없다. 하지만 자신이 좋아하고, 잘할 수 있는 진로를 찾아 조금씩 실현하는 딸아이의 모습을 오랫동안 옆에서 응원하며 지켜보고 싶다.

Chapter
01

다중지능 교육이
이 시대의 리더를 만든다

모든 아이의 잠재력을
인정하는 이론, 다중지능

불과 몇 십 년 전만 해도 지능을 평가하는 기준은 IQ(Intelligence Quotient)가 거의 절대적이었다. IQ가 높으면 머리가 좋다거나 똑똑하다는 평가를 받았고, IQ가 낮으면 머리가 나빠 공부를 잘하기 어려울 것이라 지레짐작하던 시절이 있었다. 그때는 대백과사전에조차 IQ와 지능을 동일한 의미로 표현했을 정도였다.

이후 감성지능이라 불리는 EQ(Emotional Quotient 혹은 Emotional Intelligence)가 등장하면서 IQ 독주시대는 끝이 났다. IQ가 계산력, 기억력, 어휘력 등을 기준으로 지능의 발달 정도를 나타내는 것이라면 EQ는 감정을 적절히 통제해 자신과 다른 사람의 감정을 이해하고 삶을 풍요롭게 하는 능력을 의미한다. EQ가 높은 아이, 즉 감성이 풍부한 아이가 사람들과도 잘 지내고 사회적으로 성공하고, 행복할 수 있다는 연구결과가 속속 발표되면서 한때 부모들 사이에서 EQ 열풍이 불기도 했다.

하지만 IQ도, EQ도 빙산의 일각처럼 두뇌의 극히 일부 능력만을 평가할 뿐 무한한 두뇌의 잠재력을 충분히 보여주지 못한다. 갈수록 사람의 지능에 대한 새로운 이해가 필요해졌다. 그래서 등장한 것이 '다중지능'이다.

IQ 검사 한계, 다중지능으로 극복하다

지능에 관한 연구를 처음 시작했을 때만 해도 지능이 감각과 주의력과 같은 기본적인 능력으로 구성되어 있는 것으로 보았다. 그래서 사람의 감각기관을 정확하게 측정함으로써 지능을 평가하려는 시도를 하던 중 지능이 단순히 감각과 주의력이 아닌 보다 복잡한 내적인 정신작용과 관련이 있다는 것을 발견했다. IQ라는 개념은 이때 생겼다.

IQ 검사방법을 처음 개발한 것은 프랑스의 심리학자 알프레드 비네이다. 1904년 프랑스 문교장관이 파리의 공립학교에 다니는 학생 중 학습 성취도가 더디거나 정신박약인 학생들을 식별하기 위한 방법을 찾아달라고 부탁한 것이 계기가 되었다. 비네는 동료 시몬과 함께 최초의 지능을 측정하는 방법을 발표했다. 비네가 만든 검사법은 유럽 각국에 퍼지고, 후에 독일의 슈테른과 미국의 터먼 등에 의해 지적 능력을 수치화하는 지금의 IQ 검사로 정착되었다.

꽤 오랫동안 부모들은 IQ때문에 울고 웃었다. 검사 결과 아이의 IQ가 높게 나오면 그것만으로 아이가 똑똑하고 공부도 잘 할 것이라 믿었고, IQ가 낮으면 마치 아이가 지진아라도 되는 양 걱정했다. 하지만 이미 수많은 연구를 통해 IQ의 높고 낮음이 학업 성취도와 큰 상관이 없음이 입증된 상태다. 원래 IQ검사는 천재나 영재를 찾아내는 것이 아니라 숨어있는 학습 부진아나 정신 지체아를 찾아내 도움을 주기 위해 개발된 것이어서 평균 이상일 경우에는 큰 의미가 없다. 결국 IQ보다는 후천적인 노력에 의해 학업성취도가 결정된다고 볼 수 있다.

IQ 자체가 큰 의미가 없다는 것도 문제지만 더 큰 문제는 IQ가 두뇌의 잠재력을 충분히 평가하지 못한다는 데 있다. IQ는 수학적 지능이나 언어적 지능이 중심이 된 지필 검사이다. 하지만 지능을 단편적으로 평가하는 방법에 불과하다 보니, 다양한 잠재력을 가지고 있는 인간의 인지를 단순히 지능의 양을 측정하는 IQ 검사만으로 파악할 수 없다는 한계에 도달했다. 동시에 그동안 진행된 다양한 두뇌연구를 통해 과거에 알려진 바와 달리 사람의 뇌는 다양한 지적 능력으로 이루어져 있다는 사실이 알려지기도 했다.

이후 스피어만의 g요인설, 카텔의 '유동성 지능'과 '결정성 지능'설, 인지능력에 대한 CHC(Cattell-Horn-Carroll) 이론, 가드너의 다중지능 이론, 스턴버그의 삼위일체 지능이론, 분산지능 등 다양한 이론이 제기되었다. 이 이론 중 교육계에 선풍적인 변화를 가져왔던 가드너의 다중지능이론을 좀 더 자세히 살펴보자.

하버드대학교의 하워드 가드너 교수는 1983년 『마음의 틀(절판)』이라는 책에서 다중지능이론을 최초로 소개했다. 이후 미국을 비롯한 유럽에서는 다중지능에 관심을 갖기 시작했고 이에 대한 교육학자들의 연구도 활발하게 진행되었는데, 우리나라의 경우 90년대 후반부터 주목하기 시작했다.

누구나 자기만의 특별한 다중지능을 갖고 있다

　다중지능은 사람의 지능이 하나가 아닌 여러 요인들로 구성되어 있다는 이론이다. 즉 인간은 누구나 여러 가지 지능을 갖고 태어나는데, 각 지능은 서로 독립적이면서 또한 고정된 것이 아니기 때문에 충분히 변화하고, 교육을 통해 계발될 수 있다고 말한다.

　다중지능은 크게 여덟 가지로 구분된다. 현재까지는 서로 명백히 구분되는 지능의 종류가 여덟 가지이지만 두뇌연구를 통해 지금까지 알지 못했던 새로운 기능이 밝혀지면 지능의 종류는 더 늘어날 것으로 보인다. 다중지능은 낱말의 소리나 의미, 언어와 관련된 '언어지능', 수와 셈, 논리적 사고를 하는 '논리-수학지능', 이미지와 시공간적 세계와 관련된 '공간지능', 표정, 움직임 등 몸으로 하는 일과 연결된 '신체-운동지능', 음악과 소리와 관련된 '음악지능', 타인과 교류하고 그들을 이해하는 '대인관계지능', 자신을 이해하고, 조절하는 '자기이해지능', 자연에 대한 관심이 높고 유형을 규정하고 분류하는 능력이 탁월한 '자연친화지능'으로 이루어져 있다. 어릴 때는 나타나지 않는다고 해서 반쪽지능이라 일컫는 이른바 '실존지능'에 대한 관심도 나날이 높아지고 있다.

　다중지능은 IQ나 EQ가 제시하지 못했던 새로운 가능성을 보여준다. 가드너 교수에 의하면 사람들은 각각 한 분야, 혹은 여러 개의 분야에서 다른 사람보다 뛰어난 역량을 보일 수 있으며 누구나 후천적 환경에 의해 발달하지 못한 약점지능 부분도 가지게 된다고 말한다. 즉 IQ 검사에서 높은 점수를 받지 못한 사람이라도 다중지능 영역 중 하나 또는 그 이상의 영역에서 뛰어난 능력을 보일 수 있다는 것이다. 각 지능은 비교적 서로 독립적이기 때문에 한 영역의 지능이 높다고 해서 다른 영역의 지능이 낮다고 말할 수는 없다. 또한 각 영역의 지능은 고정된 것이 아니라 교육 환경을 통해 발달할 수 있다고 여겨진다.

무엇보다 다중지능은 동등하다. 사람들은 흔히 언어지능과 논리-수학지능을 영리한 것의 기준으로 여기고 그밖에 다른 지능은 재능이나 재주, 잡기 등으로 생각해왔다. 하지만 가드너 교수는 다중지능이론에서 이것을 잘못된 생각이라고 지적한다.

모든 지능은 우열을 논할 수 없이 동등하다는 것이다. 공부 잘하는 아이만 똑똑한 것이 아니다. '신체-운동지능'이 뛰어나 운동을 잘하는 아이도 똑똑한 아이고, '자연친화지능'이 뛰어나 자연을 소중히 여길 줄 아는 아이도 우리 사회에서 꼭 필요한 똑똑한 아이다.

다중지능은 문화와도 관련이 깊다. 다중지능에서의 지능은 문화적으로 가치 있는 물건을 창조하거나 문제를 해결할 때 그 문화에서 유용하게 쓰일 수 있는 정보를 처리하는 생물, 심리학적 잠재력을 의미한다. 예를 들어 아이비리그를 나오고, 머리 회전이 빠른 비즈니스맨이 아프리카 오지에 갔다고 해보자. 과연 그가 원주민보다 더 잘 살아나갈 수 있을까?

뉴욕에서는 최고의 인재로 인정받을지 몰라도 아프리카의 토착민 사회의 기준을 적용한다면 그는 원주민보다 더 지혜롭게 생활하기 어렵기 때문에 그 문화권 내에서는 지능이 높다고 단정할 수 없다. 이는 문화와 생존방식이 다르기 때문인데, 이처럼 다중지능에서는 문화와 사회에 따라 지능의 평가가 달라진다.

다중지능은 IQ와 EQ보다 훨씬 정교하다. 단순히 두뇌의 일부 기능만을 수치화해 평가하는 것이 아니라 사람마다 다른 강점을 찾아 존중하고,

뛰어난 강점지능은 더 강화하며, 약점지능을 보완하도록 도와주는 낙관적인 지능이론이다. 이를 통해 아이들은 자신감을 얻어 행복한 미래를 설계하게 된다. 획일적인 잣대로 아이들이 갖고 있는 무한한 잠재력을 재단하지 않으며 개개인의 강점을 살려 지능을 발할 수 있다는 점에서 다중지능은 충분히 주목할 만한 가치가 있다.

아이를 창의인재로 키우려면?
다중지능에 주목하라

부모라면 누구나 아이가 행복하게 살기를 원한다. 행복의 기준은 사람마다 다르지만 대부분의 부모들은 공부 잘해 명문대에 진학하고 좋은 직장에 취업해야 아이가 행복할 수 있다고 생각했다. IQ에 연연해했던 것도 따지고 보면 다 이런 이유 때문이다. 하지만 '공부'라는 낱말을 아직까지도 학교 교과목을 우수한 성적으로 따라가야 하는 정도로 이해하고 있다면 이제는 인식 전환이 필요하다.

분명 우리가 사용해온 좁은 의미의 '공부'만 잘하면 만사형통, 탄탄대로를 달릴 수 있었던 시절이 있었다. 하지만 지금은 상황이 다르다. 우리는 현재 인성이나 지성을 말할 때도 창의인성, 창의지성을 부르짖을 만큼 창의력이 뛰어난 인재를 요구하는 시대에 살고 있다. 그만큼 학교 성적이 높은 사람보다 창의력이 뛰어나고 소통과 융합 능력이 뛰어난 사람이 21세기를 끌어갈 인재로 주목받는다.

결국 아이가 자신을 제대로 이해하고 사회 속에서 좋은 영향력을 발휘하며 잘 살아가게 하려면 아이만의 다중지능을 찾아 계발해주어야 한다. 각자가 가진 특별한 강점지능으로 만들어낸 창의적인 산물과 사고가 세상을 바꿀 수 있기 때문이다. 또한 사람은 누구나 당사자가 좋아하며 잘할 수 있는 일을 할 때 행복을 느낄 수 있다. 아이가 사회를 이끌어가는 리더 혹은 사회가 필요로 하는 창의적인 사람으로 자라기를 원한다면 더더욱 다중지능에 주목해야 한다.

다중지능계발과 창의성 계발은 하나다

창의성 교육에 관한 관심이 뜨겁다. 서점가에 나가봐도 자기계발서며 유아교육서며 '창의'로 시작하는 책들이 대세다. 대학이나 기업에서 원하는 인재상에도 늘 '창의적인'이라는 수식어가 앞에 붙는다. 아이를 위한 유아교육기관이나 학원 등에서도 창의성 교육을 말하지 않는 곳은 없다. 그렇다면 창의성이란 과연 무엇일까?

'창의'의 사전적 의미는 새로운 관계를 지각하거나 유용하고 가치 있는 아이디어를 만들어내는 능력, 익숙하거나 전통적인 사고의 틀을 벗어나 새로운 방식으로 생각하는 능력, 그리고 문제를 해결하기 위해 새로운 의견을 창출해내는 능력 등을 이른다. 조금 더 자세한 설명을 덧붙이자면 특정한 상황에서 가능한 많은 아이디어와 해결책을 산출하되 일반적인 관점과 시각에서 벗어나 참신한 관점으로 이를 바라보는 능력이다. 어떤 문제를 해결할 때도 한 가지 답이 아닌 다양한 방법으로 접근해 해결책을 내놓는 것이 특징이다. 눈에 보이지 않는 사물이나 실제로 경험하지 않은 현상 등을 구체적 이미지로 그려내는 상상력도 여기에 포함시킬 수 있다. 종합적으로 말하자면 살면서 마주치게 되는 다양한 문제를 효율적으로 풀어가는 능력인 셈이다.

창의성이 단순히 타고나는 것만은 아니다. 물론 뛰어난 상상력과 기발한 사고력, 섬세한 감각 등을 타고나는 사람들도 있지만 대부분의 경우 창의성은 후천적인 노력에 의해 발달한다고 한다.

다중지능 교육은 아이의 창의성을 발현할 수 있는 좋은 방법 중 하나이다. 다중지능이론에서는 지능을 정의할 때 사회 속에 직면해있는 문제를 해결하는 지적 능력, 그 문화권이 가지는 가치를 담아 산물을 창조하는 능력이라고 본다. 지능을 단순히 학업 혹은 특정 직업을 수행하는 능력으로만 보던 관점에서 벗어나 다양한 상황 속에서 문제를 해결하는 능력으로 보는 것으로, 다중지능의 계발 자체가 곧 창의성 계발이 되는 것이다.

무엇보다 각자의 강점지능을 활용해 개별화 교육을 하게 된다면 아이의 호기심을 자극하고 몰입의 경험을 알게 해줘 잠재되어 있는 창의성을 발현시킬 수 있다. 창의성에서 가장 중요한 것 중의 하나가 관심과 호기심이다. 일상생활에서 접하는 다양한 문제에 대해 늘 "왜?"라는 의문을 가져야 새로운 아이디어를 고안해낼 수 있기 때문이다. 또한 좋아하고 관심 있는 활동을 해야 궁금증을 갖게 되고, 궁금해야 보고 싶고 알고 싶은 의욕을 품을 수 있다. 이런 과정이 경험과 상호작용했을 때 비로소 창의력이 발현된다.

아이의 관심과 호기심을 끌어낼 때도 다중지능이 효과적이다. '신체-

운동지능'이 뛰어난 아이라면 당연히 스포츠에 관심도 많고 스포츠와 관련된 것에 호기심을 품을 것이다. 이런 아이에게 엉뚱하게 수학에 관심을 가지라고 하면 역효과만 날 뿐이다.

책을 읽거나 체험학습을 통해 다양한 정보에 관심을 기울이거나 사물을 세심하게 관찰하는 것도 창의성을 계발하는 데 도움이 된다. 이때도 아이의 다중지능을 활용할 수 있다. 예를 들어 책을 읽은 후 그 내용을 다중지능 중 강점영역으로 표현하는 것이다. 교육청 지원을 받아 계발한 '다중지능을 활용한 독서 프로젝트'는 전국의 유치원이나 학교에서 활발히 사용하고 있는 독서 방법인데, 가정에서도 부모와 아이가 간편하게 실천할 수 있으니 활용해보길 권한다.

언어지능이 뛰어난 아이라면 책을 읽은 후 독후감을 쓰게 하거나 대사를 낭독해보는 것도 좋고, 공간지능이 뛰어난 아이라면 책 속의 한 장면을 그림으로 그리게 하면 더욱 흥미를 느낀다. 음악지능이 뛰어나면 책을 읽은 후의 느낌을 멜로디로 표현하게 하는 등 아이의 강점지능을 자극하면 더욱 효과적으로 창의성을 키울 수 있다.

창의성은 숲을 걷거나 하던 일을 멈추고 아무 생각 없이 시간을 보내는 등 익숙한 상황보다 새로운 환경에서 잘 형성된다. 그런 의미에서 체험학습은 그 자체로 창의성 계발에 도움이 되지만 아이의 다중지능을 고려해 체험 주제를 선정하면 아이가 더욱 호기심을 느낀다. 또한 체험학습 후 아이가 창의적인 생각을 할 수 있도록 적절한 질문을 하는 것도 좋다. 예를 들어 역사 시간에 삼국시대를 배운 후 박물관이나 경주 등을 찾아 그 시대의 유물을 보고 "네가 선덕여왕이라면 어떻게 했을까?" "신라가 21세기에 존재한다면 어땠을까?"와 같은 질문을 던지면 아이는 좀더 넓은 사고를 할 수 있다.

창의성 계발 기법인 대치, 결합, 적용, 수정이나 확대, 다른 용도로 이용, 제거나 축소, 재배열 등을 적절히 일상에 적용하는 습관도 중요하다. 이는 간단한 질문으로도 충분히 가능한데, "이것을 다른 물건과 바꿔본다면?" "이것을 다른 것과 합치면?" "어떤 때 이것을 적용해볼까?" "이것의 모양을 바꿔보거나 크게 만들면?" "현재의 것을 다른 용도로 사용하려면?" "이것을 없애거나 작게 하면?" "순서나 위치를 바꾸면?" 등의 질문을 아이에게 자주 던지는 것이 좋다. 단답형 대화가 아니라 "네가 그 사람이라면 어떻게 할까?"와 같은 질문처럼 아이에게 무언가를 꿈꾸고 설계하도록 돕는 질문을 구상해야 함을 명심하자.

창의성은 더 이상 선택의 문제가 아니다. 빠르게 변화하는 세상 속에서 직면하게 되는 여러 가지 문제를 효율적으로 해결하기 위해서는 새로운 관점이나 비범한 아이디어가 필요하고, 창의성은 바로 이를 해결해 발전적인 방향으로 나가게 하는 삶의 기술이기 때문이다. 오감을 통해 들어오는 다양한 정보에 관심을 보이고, 주변에서 만나게 되는 다양한 문제에 대해 의문을 가질 때, 아이의 뇌는 자극을 받고 창의성은 한 뼘 더 자라게 된다.

다중지능 교육이 21세기 리더를 만든다

수십 년간 교직에 몸담으면서 한 해 한 해 시간이 갈수록 세상의 변화 속도가 더 빨라지고 있음을 느낀다. 교육 기자재에서부터 시작해 교과서, 학교 시설, 시험 제도와 같은 외적인 환경은 물론 학생과 교사, 학부모의 의

식까지 빠르게 변화하고 있다. 그중 나를 놀라게 한 변화 중 하나는 친구들 사이에서 인기 있는, 학급에서 사랑받는 아이의 모습과 그에 대한 기준이 조금씩 달라진다는 사실이다.

예전에는 으레 교과 성적이 우수한 모범생들이 반장이나 회장으로 선출되곤 했다. 하지만 이제는 아무리 공부를 잘해도 이기적이거나 잘난 척을 하는 아이는 인기가 없다. 성적은 그저 그래도 성격 좋고, 친구관계 좋은 아이가 반장이나 회장이 되곤 한다. 혼자 책상 앞에 앉아 책만 들여다보는 아이보다 쉬는 시간에 친구들과 잘 뛰어 놀고, 간식도 잘 나눠먹고, 모르는 문제를 물어보면 잘 가르쳐주는 배려심 강한 아이가 인기가 있다.

몇 년 전 가르쳤던 학생 중의 하나는 성적이 두드러지게 좋은 편은 아니었고, 언변이 뛰어나거나 아이들을 울고 웃기는 외향적인 성격도 아니었는데 전교 회장이 된 적이 있다. 대신 그 아이는 남을 배려하는 마음이 유난히 컸다. 아침마다 제일 일찍 와서 교실 창문을 열어 환기시키고, 바람이 세게 불어올 때 먼지가 일어나는 모습을 보면 시키지 않아도 솔선수범해 창틀 먼지를 닦곤 했다. 친구들끼리 노는 모습을 봐도 "네가 먼저 해. 네 생각은 어때?"하며 "나는~"이라는 말보다 "너는~"이라는 말을 먼저 하곤 했다. 이 때문인지 누구든 이 아이와 함께 있으면 '존중받고 있다'는 느낌을 받는 것 같았다.

배려심 많고, 성격 좋고, 대인관계를 잘 맺는 아이가 리더가 되는 현상은 사회에서도 똑같이 일어나고 있다. 과거에는 대개 정치, 경제적 영향력을 지니고 있거나 강력한 권위를 통해 사람들을 이끄는 '카리스마 리더십'이 주목을 받았다. 하지만 이제는 꼭 뛰어난 능력으로 무장한 채 앞장서서 다른 사람들을 이끌어가지 않아도 다른 사람의 삶에 잔잔한 영향을 미치는 리더가 각광받고 있다.

사람들이 '서번트 리더십'에 관심을 기울이는 것도 이와 무관하지 않은 현상이다. 서번트 리더십을 가진 사람들은 자신의 권위를 앞세우기보다 다른 사람을 존중하고 그들의 의견을 수렴하며 따라가는 것에 초점을 맞춘다. 이 외에도 함께하는 사람들에게 자신감과 사명의식을 심어주고 스스로 결정하고 행동할 수 있도록 적절히 권한을 주는 '임파워링 리더십', 조직 구성원이 창의적으로 생각하고 행동할 수 있도록 이끌어주는 '크리에이티브 리더십'도 새로운 리더 유형으로 떠오르고 있다.

서번트 리더십은 어느 한 순간 배워서 행할 수 있는 능력이 아니다. 어릴 때부터 다른 사람들과 소통하면서 그들이 원하는 게 무엇인지 통찰할 수 있어야 하고, 존중하는 마인드와 태도가 몸에 배어야 한다. 이런 능력은 다중지능 중 '대인관계지능'과 밀접한 관련이 있다.

많은 사람의 마음을 사로잡은 리더들은 대부분 대인관계지능이 뛰어나다. 대인관계지능뿐만 아니라 언어지능과 자기이해지능도 높은 편이다. 이 지능들은 사람들과의 소통을 돕고, 감정이입을 하며 자신의 의도와 마음, 생각을 다른 사람에게 전달하는 데 꼭 필요한 지능들이다. 우리 주변에서도 이런 리더의 모습을 발견할 수 있는데, 대표적인 사람들을 몇몇 소개할까 한다.

피겨 스케이팅으로 수많은 꿈나무들의 우상아 된 김연아 선수는 단순히 스포츠를 잘하는 신체-운동지능만이 높은 것이 아니다. 자신의 꿈을 위해 성실히 노력하며 자신에게 부족한 것이 무엇인지 채우는 능력이 남다르며 힘들 때도 자신의 꿈을 위해 감정을 다스리는 등의 자기이해지능이 뛰어난 듯 보인다. 자신의 생각과 감정을 피겨 스케이팅을 통해 표현하는 표현력이 탁월한 편이고, 다른 사람에게 자신이 느끼는 것을 전달하는 대인관계지능도 높은 것으로 짐작된다.

2014년 초 영국의 한 여론조사기관에서 전 세계인을 대상으로 세계에서 가장 존경하는 현존 인물들을 뽑은 결과 마이크로 소프트사의 빌 게이츠가 1위로 꼽혔다. 어렸을 때부터 컴퓨터 프로그램을 만드는 것을 좋아했던 그는 모두가 선망하는 하버드대학교의 법학과를 중퇴하고 IT 분야에서 꿋꿋하게 자신의 길을 개척한 그야말로 자기이해지능과 논리-수학지능이 뛰어난 사람이다. 세계 제1의 부자이면서 전 재산의 절반 이상을 기부해온 그는 최고의 기부자로 존경받는 인물이기도 하다. 이를 통해 다른 사람의 상황에 공감할 줄 아는 대인관계지능 역시 높다는 것을 추측할 수 있다.

많은 사람에게 '사랑을 나누라'는 영감을 준 테레사 수녀도 자기이해지능을 비롯해 대인관계지능이 높은 리더로 손꼽힌다. 오십 년 넘게 인도에서 굶주리고 아픈 혹은 죽어가는 사람들을 위해 최선을 다해 일한 그녀는 돈이 많거나 권력을 가진 사람은 아니었지만 그 누구보다 많은 사람들에게 사랑을 실천했다. 그녀가 사랑을 전하는 모습은 다른 사람의 마음을 움직이게 하는 강한 힘을 지니고 있다. 만약 그녀가 말로만 다른 사람들에게 남을 도우라고 강조했다면 이토록 큰 영향력을 발휘하지는 못했을 것이다. 묵묵히 직접 누군가를 돕는 테레사 수녀의 모습은 그 자체만으로도 많은 사람들에게 영감을 불러일으킨다.

다중지능은 인성교육의 중심

어느 사이트에서 "교육의 목표가 무엇인가?"라는 질문에 대한 통계자료를 본 적이 있다. 이를 통해 우리 교육의 현실이 적나라하게 드러난 것 같아 씁쓸한 마음을 감출 수 없었다. 설문에 참여한 사람 중 가장 많은 인원이 '사람다운 사람을 만드는 것이었으나 지금은 돈 잘 버는 사람을 만드는 것'이라 답했고, '좋은 학교에 보내는 것' '주입식 교육이 아니라 인성과 심성을 기르는 것' 등의 대답이 그 뒤를 이었다. 그동안 교육 현장에서는 창의인성과 같은 기치를 내걸고 아이들을 가르쳐왔지만 그 효과는 한번쯤 고민해볼 문제이다. 비단 이 통계수치가 아니더라도 매일 보고 듣는 사회 곳곳의 현상만으로도 충분히 가늠해볼 수 있을 것이다.

이유가 무엇일까? 학교에서 배울 수 있는 시간은 국어, 수학, 사회, 과학 등의 주지교과에 밀리고, 설령 시간이 주어진다 해도 소통 가능한 수업이 이루어지지는 않는다. 이런 식의 일방향 강의로는 살아가는 이치도, 사람이 가져야 할 바른 가치도, 따뜻함도 익히기가 어렵다.

모든 교육 기관에서는 전인교육을 목표로 아이들을 가르친다. 신체적 성장, 지적 성장, 정서적 발달, 사회성의 발달 등을 조화롭게 함으로써 넓은 교양과 건전한 인격을 갖춘 인간을 육성하려 함이다. 이는 다중지능의 전 영역을 발달시키는 것과도 어느 정도 일맥상통한다.

사람의 성품을 뜻하는 '인성'은 동양에서는 예부터 강조해온 생활 철학이며 교육 지침이었다. 공자는 지(知), 인(仁), 용(勇)을 인성의 중요한 내용으로 여기고, "그것이 합쳐지면 온전한 인격이 된다."고 강조한 바 있다. 이렇게 전인교육과 인성교육은 같은 의미로 쓰이기도 한다. 이를 다중지능으로 분류하자면 자기이해지능과 대인관계지능을 통칭한 것이라고 할 수 있다. 이 두 가지 지능은 사람이 살아가는 동안 누구나 발달시켜야 하는 기초 영역임과 동시에 가장 필요한 지능이기도 하다. 가드너 교수의 리더십 연구에 의하면 세상을 변화시킨 리더들에게 공통적으로 나타나는 중요한 영역도 이 두 가지 지능이라고 한다.

많은 학자들이 글로벌 시대의 인재는 전문성과 창의성과 인성을 갖춰야 한다고 말한다. 다시 말해 자기 자신의 강점지능을 충분히 계발해가는 사람인지, 각자가 가진 기질과 성품에 따라 다르게 발현된다는 창의성을 갖췄는지, 사람으로서 지녀야 할 바람직한 성향을 가지고 있는지가 이 시대에 알맞은 인재를 판단하는 기준이 된다는 것이다.

태교를 중요시하는 우리나라 부모들은 대체로 어려서부터 인성교육을 잘해왔다고 자부한다. 하지만 아이들의 인격은 커갈수록 온전히 자리를 잡지 못해 여러 가지 부작용을 드러낸다. 그렇다면 어른들은 이 사태와 원인을 냉정하게 돌아볼 필요가 있다. 말과 행동이 다른 교육 때문인지, 인격이 좋은 습관으로 정착될 때까지 주변에서 제대로 관찰하거나 평가해주지 못했던 건 아닌지 등 나름의 이유가 있을 것이다. 원인이 무엇이든 자신과 남을 위한 삶의 방향성을 다중지능에서 찾을 수 있기를 바란다.

다중지능은 창의성, 인성뿐 아니라 리더십 교육의 토대를 이루고 있음을 다시 한 번 강조하고 싶다. 다중지능이라는 플랫폼에 이 모든 가치들이 기차처럼 들어와 정비된 후 다시 한 사람, 한 사람을 향해 출발한다고 가정해보는 것은 어떨까? 대한민국의 국민들은 교육 헌장이라는 가방에 모든 사람을 이롭게 하라는 '홍익인간'이란 기치를 담고 원하는 열차에 올라탈 수 있다. 모든 아이들이 인성이라는 기차, 창의성이란 고속 열차, 리더십이라는 초고속 열차 등을 모두 경험해 글로벌 세계로 뻗어나갈 수 있는 리더로 성장하길 바란다.

자기주도력은 자기이해로부터 나온다

'공부하라'는 잔소리를 하지 않아도 스스로 공부하는 아이, 일일이 간섭하지 않아도 자기 일은 자기가 알아서 척척 하는 아이. 부모라면 누구나 자녀가 이런 아이가 되기를 간절히 바란다. 한마디로 자기주도력이 강한 아이로 성장하기를 원한다.

자기주도력은 좁은 의미의 공부만이 아니라 생활 전반에 걸쳐 요구되는 능력이다. 자기주도력을 갖춰야 주변 상황에 휘둘리지 않고, 큰일이든 사소한 일이든 자신이 뜻한 바에 따라 차근차근 처리해나갈 수 있다. 그래서 자기주도력의 기초는 자기이해지능에서 출발해야 한다. 왜 자신이 공부를 해야 하는지를 알지 못하는데 스스로 공부에 재미를 느끼고 자기주도학습을 한다는 것은 불가능하다. 아이가 정말 자기주도력을 갖고 공부하기를 원한다면 먼저 아이가 자기를 이해할 수 있도록 도와주어야 한다.

요즘 아이들 중에는 "꿈이 무엇이냐?"고 물었을 때 선뜻 대답하지 못하는 아이들이 많다. 무엇을 하고 싶은지, 자기가 잘하는 것은 무엇인지 등의 자기이해가 부족하기 때문이다. 신기하게도 아이는 꿈을 찾는 것만으로도 자기주도력을 갖기 시작한다. 요리사가 되고 싶어 하는 아이라면 요리사가 요리만 잘해서 될 수 있는 것이 아니라 요리에 관한 지식을 습득해야 훌륭한 요리사가 될 수 있다는 것을 이해하게 되고, 그 순간 많은 것들이 달라진다. 공부를 해야 하는 필요와 목적이 분명해지면서 아이는 누가 시키지 않아도 찾아서 공부를 한다.

공부든 다른 무엇이든 아이가 스스로 선택할 수 있게 두는 것도 중요하다. 스스로 선택하는 과정에서 아이는 자기를 더 많이 이해하게 되고, 선택에 대해 책임져야 한다는 것도 알게 된다. 우선 부모는 아이가 스스로 계획을 세우고 실천하는 습관을 들일 수 있도록 최대한 도와야 한다. 유치원생만 되어도 충분히 가능하다. 아이가 아침에 일어나면 유치원에 어떤 옷을 입고 갈 것인지, 가서 뭐 하고 놀 것인지, 집에 와서 어떤 책을 볼지, 몇 시에 학원 숙제를 할지, 간식으로 뭐를 먹을지를 생각해보고 말이나 글로 설명하도록 한다. 자신이 무엇을 원하는지, 무엇을 좋아하고 즐기는지 생각하는 동안 자연스럽게 자기이해지능을 계발할 수 있다.

아이의 선택에 대한 잔소리는 일체 금물이다. 자신의 선택이 엄마의 의지에 의해 바뀐다면 아이는 선택할 필요, 생각할 이유를 찾지 못한다. 대신 그날 저녁 아이가 자신의 선택을 지켰는지, 어떤 점이 부족했는지, 아이가 자신의 말에 책임 있게 행동하지 않았을 때 어떤 일이 벌어졌는지 등을 돌아보는 시간을 갖는다.

해야 할 일을 했을 때와 하지 않았을 때 벌어지는 일들을 되짚어보게 하는 것도 아이의 책임감을 키워주는 데 효과가 있다. 오래 전 인기를 끌었던 TV 프로그램 중 개그맨 이휘재 씨가 진행했던 '인생극장'이란 예능 코너가 있었다. 인생의 두 갈림길에서 각기 다른 선택을 했을 때 어떤 일이 벌어지는지 보여주는 방송이었는데, 이런 식으로 아이의 선택에 따른 두 가지 가능성을 얘기해주는 것도 좋은 방법이다. 가령 친구가 생일잔치에 초대했다고 미리 잡힌 약속을 깨뜨렸을 때, 미리 약속했던 친구가 어떻게 느낄지, 다음에 그 친구가 다시 놀아줄 것인지, 약속을 깨고 친구 생일파티에 갔을 때 마음이 어떨지, 반대로 선약이 있다고 말하고 친구와 놀 때 마음이 어떨지 등 각각의 상황에 대해 가상 시나리오를 짜보는 것이다. 그렇게 앞으로 생길 일을 미리 생각해보면 아이가 한결 책임감 있는 선택을 할 수 있다.

숙제는 책임감과 자기주도력을 키워줄 수 있는 가장 좋은 소재다. 아이가 숙제를 미루고 놀이터에서 놀거나 늦게까지 TV를 봤다면 한밤중에 숙제를 해야 한다며 동동거릴 수도 있다. 졸린다고 떼를 쓰며 불평을 할 때 안쓰럽다고 숙제를 도와주는 것은 장기적으로 결코 도움이 되지 않는다. 밤을 새우든, 학교에 가서 혼나든 스스로 자신의 행동을 책임지게 놔두자. 그래야 숙제를 미뤘다 몰아서 하면 피곤해서 능률이 떨어지고 마치기까지 더 오랜 시간이 걸린다는 사실을 스스로 깨달을 수 있다. 또한 숙제를 하지 못해 학교나 학원 선생님께 혼이 나면 해야 할 일을 미루지 않고 먼저 하는 습관이 길러진다.

자기주도력은 자기이해를 바탕으로 스스로 성취해 자신감을 가질 때 날개를 단다. 요즘 엄마들은 아이 방 정리에서부터 준비물 준비, 옷장 정리, 심지어 책가방 싸는 일까지 돕는 경우가 있다. 아이가 자기주도력을 갖기를 원한다면 자기 일을 스스로 하도록 기회를 제공하고, 혼자서도 충분히 해낼 수 있다는 것을 경험하게 도와줘야 한다. 아이에게 방을 치우게 하거나 간식을 챙겨 먹은 뒤 그릇을 싱크대에 옮기게 하고 "혼자서도 잘하는구나."라고 칭찬해준다. 설령 아이가 해놓은 것이 마음에 들지 않더라도 열심히 하는 모습 자체를 자주 칭찬하면 아이는 자신감을 갖고 즐겁게 자기 일을 스스로 하는 습관을 갖게 된다.

여덟 개의 다중지능,
저마다의 특별함이 있다

다중지능이론에서는 지능을 '각 문화에 따라 실생활에서 부딪치는 문제를 효율적으로 해결할 수 있는 능력'으로 정의한다. 시간과 공간을 초월해 인간의 정신세계를 낙관적으로 가늠해볼 수 있다는 점에서 모든 사람을 소중하고 특별하게 여기기도 한다. 또 이 이론은 모든 아이들은 누구나 여덟 개의 다중지능을 가지고 태어난다고 전제하는데, 유전적 소인과 문화, 교육, 사회의 여건 등에 따라 지능의 계발 정도는 달라진다고 말한다. 그렇기 때문에 처한 환경에 따라 강점지능과 약점지능이 나타나기도 한다. 유전과 환경의 영향이 지능에 어느 정도로 영향을 미치는지는 아직 밝혀지지 않았다. 하지만 분명한 것은 여덟 개의 다중지능은 설명할 수 없는 방법으로 상호작용해 인지발달과 지능에 영향을 미친다는 사실이다.

누구든 새로운 정보나 지식을 접할 때는 각자의 강점지능을 발휘해 그것을 이해하고 받아들이려 한다. 아이의 강점을 파악하고 이것을 진로로 확대해야 하는 이유가 바로 여기에 있다. 하지만 초등학생 때까지는 아이가 갖고 있는 강점지능에만 주목할 것이 아니라 모든 지능을 고루 활용할 수 있는 기회를 주는 것이 중요하다. 몸을 건강하게 하려면 몸 전체의 근육을 강화시켜야 하듯이 아이의 잠재력을 극대화시키기 위해서는 강점지능뿐만 아니라 상대적으로 약한 지능을 보완하는 것이 바람직하다. 좋아하는 것만 하게 되면 약한 부분은 더욱 약해져서 시간이 가면 강점까지도 약화될 가능성이 있기 때문이다.

다중지능은 저마다의 분명한 특징을 갖고 있다. 지금부터 각 지능이 어떤 특성이 있으며 각각의 분야에서 뛰어난 사람들은 누가 있는지, 어떤 직업군이 어울리는지 등을 살펴볼 것이다. 여덟 개 지능을 이해하면 내 아이의 다중지능 중 강점지능은 무엇인지, 약점지능은 무엇인지, 어떻게 다중지능을 계발해야 하는지 방향을 잡을 수 있을 것이다.

언어지능

링컨 대통령의 게티즈버그 연설이나 스티브 잡스의 스탠포드 대학 졸업 축사, 오바마 대통령의 미시간 대학 연설, 'I have a dream'으로 시작하는 마틴 루터 킹 목사의 설교 등은 오랜 시간이 흐른 뒤에도 사람들의 심금을 울리는 연설로 기억되고 있다. 글로 사람들을 감동시키는 작가들도 많다. 동서고금의 위대한 작가들은 인간의 언어를 통해 다른 사람의 삶까지 변화시키는 위대한 작품들을 썼다. 셰익스피어도 그중 하나다. 그는 몇 백 년이

지난 지금까지도 문학작품으로 사람들의 마음을 움직이는 위대한 작가다.

　이들의 공통점은 뭘까? 이들뿐만 아니라 세상을 이끄는 리더들은 모두 언어지능이 뛰어나다는 공통점을 갖고 있다. 리더는 다른 사람의 생각이나 삶에 지대한 영향을 미칠 수 있는 사람을 말한다. 자신이 알고 있는 것, 행하려 하는 것, 뜻하는 바를 여러 사람과 공유하고 나누어야 하는데, 언어지능이 뛰어나면 아무래도 생각을 전달하고 표현하기가 쉽다.

　물론 말을 잘하지 못해도, 글로 표현하는 능력이 떨어져도 성공한 사람들이 많다. 그런 사람들은 대부분 부족한 언어지능을 보완할 수 있는 다른 능력을 갖고 있다. 예를 들어 자기 표현력이라든가 다른 사람을 자신에게 동화시킬 수 있는 능력을 갖춘 사람들이다. 하지만 역시 자신의 생각을 다른 사람에게 잘 전달하려면 언어지능의 계발은 불가피하다. 꼭 말이나 글이 아니더라도 자신이 쌓아온 업적이나 능력, 활동, 생각 등을 다른 사람에게 전달하는 능력은 이 시대가 꼭 요구하는 중요한 능력이기 때문이다.

유머가 넘치고 토론을 잘한다

　'언어지능' 하면 말 잘하고 글 잘 쓰고, 조금 더 나아가서는 외국어에 소질을 보이는 것 등을 먼저 떠올린다. 하지만 단순히 말을 잘하고 글을 잘 쓰는 것 외에도 언어지능이 아우르는 분야는 많다. 언어지능은 낱말의 소리와 운율, 의미에 예리한 감각을 발하며 감수성이나 언어의 다른 기능에 대한 민감성이 뛰어나다. 즉 말을 잘하고, 잘 듣고, 상대방의 말의 요지를 잘 파악하며 상황에 맞게 낱말과 표현을 활용하고, 자신의 감정을 제대로 전달하는 것. 덧붙이자면 각각의 단어 뜻을 잘 파악하며 목적에 맞게 글을 잘 쓰고, 어떤 복잡한 상황이나 의미를 언어를 통해 이해하고 표현하는 능력을 이른다.

대개 언어지능이 높은 사람은 말을 청산유수처럼 잘한다. 말을 많이 한다기보다 몇 마디를 해도 유머감각으로 사람들의 이목을 집중시키며 적재적소의 말과 표현으로 좌중을 압도한다. 토론을 하거나 논쟁이 벌어졌을 때도 다양한 어휘를 활용해 자신의 의견을 전달하고, 뛰어난 설득력을 보인다. 같은 말을 할 때도 다양한 낱말과 표현을 활용하고 귀에 쏙쏙 들어오는 표현 등으로 '달변가'라는 소리를 듣는다.

간혹 언어지능에서 소홀히 다뤄지는 부분이 있다면 바로 듣는 능력이다. 상대방의 이야기를 경청하고, 그 안에서 상대가 말하려는 핵심이 무엇인지, 왜 그런 이야기를 하는지 잘 파악하는 등 효과적으로 듣는 것도 언어지능이 뛰어나야 가능한 부분이다. 이와 함께 말이나 글로 하는 것을 즐기는 사람 모두가 언어지능이 높다고 할 수 있다. 외국어를 유창하게 하거나 관심을 보이고 말 잇기 게임이나 낱말 퍼즐 맞추기를 즐기거나 책이나 신문을 좋아하는 사람, 이야기를 만들어내는 것이 능숙하거나 동화구연을 즐기는 사람 모두가 여기 속한다.

물론 언어지능이 높다고 해서 위에 언급한 모든 것을 잘할 수는 없다. 흔히 언어지능이 뛰어나다고 하는 사람들도 언어지능의 전 영역에서 실력을 발휘하기란 쉽지 않다. 말은 어눌하게 해도 글을 잘 쓰는 사람이 있는가 하면 말도, 글도 서투르지만 외국어에는 남다른 재능을 보일 수도 있다.

여러 지능 중 조금 더 특별한 언어지능

기본적으로 다중지능은 각 지능의 우열을 따지지 않는다. 다중지능에서 각각의 지능은 다 똑같이 소중하고 특별하다. 과거 우리 사회에서는 아무리 운동을 잘하고, 그림에 소질을 보여도 영어 성적이 높거나 수학 문제를 잘 푸는 아이만큼 환영받지는 못했다. 또 아무리 노래를 잘 부르고, 만들기를 잘해도 그런 능력들은 '재주가 좋다'라는 개념으로 받아들여질 뿐 언어지능과 논리- 수학지능이 뛰어난 아이들처럼 영리하다거나 똑똑하다는 인정을 받지 못했다.

하지만 다중지능에서는 여덟 개 지능이 모두 제각각 큰 의미를 지니며 동등하다고 말한다. 그럼에도 언어지능은 단순히 여덟 개 지능 중 하나로만 보기 어렵다. 다중지능이론을 체계화한 가드너 교수 역시 "언어는 인간 사회에 빼놓을 수 없는 인간 지능에 대한 탁월한 예이다."라고 말하며 언어의 중요성을 강조했다. 실제로 소통을 하기 위해서 사용하거나 감정을 표현할 때 혹은 노래나 음악을 완성하고 문학작품을 쓸 때 필요한 언어는 인간을 다른 동물과 구별시켜 주는 가장 큰 요소이다. 또한 언어를 통해 생각하는 능력을 가진 사람은 무언가를 기억하고, 분석하고, 문제를 해결하고, 앞으로의 계획을 세울 수 있는 존재이다.

언어지능은 또 자신의 강점 분야를 더 깊이 연구한 뒤 타인에게 전달할 때 도구가 된다는 점에서 아주 중요하다. 아이들이 부모나 교사가 전달하는 말을 알아듣고, 책을 보며 주제를 파악하고, 읽은 문장을 잘 기억할 수 있는 것은 지식을 효과적으로 습득할 때 언어지능이 발휘되었기 때문이다. 하지만 여기에 상상력과 창의적인 사고 과정이 추가되면 더 놀라운 결과물을 산출해낼 수 있다. 요즘 우리 사회에서 언어지능을 강조하는 것도 이것이 다른 지능과 상호작용할 때 창조의 원동력이 될 수 있기 때문이다.

추천 직업 | 교사, 정치가, 기자, 작가

　언어지능이 뛰어난 사람들이 택할 수 있는 직업으로는 많은 사람들 앞에서 자신의 생각과 의견을 펼치는 연설가, 자신이 알고 있는 지식을 전달하고 가르치는 교사, 국민 상호간의 이해와 대립을 조정하고 자신의 주장을 관철시키는 활동을 펼치는 정치가, 자신의 생각을 함축적인 언어로 전하는 시인이나 상상력을 토대로 이야기를 쓰는 작가, 신문이나 책 등을 만드는 편집자, 여러 가지 사건을 취재하고 말과 글로 다른 사람들에게 내용을 전달하는 기자, 한 나라의 언어를 다른 언어로 된 글이나 말로 옮기는 번역가나 통역가, 심리 문제나 직업 문제 등 다양한 문제를 해결할 수 있도록 상대의 의견을 듣고 도와주거나 전문적인 조언을 해주는 상담사 등이 있다.

논리-수학지능

　논리-수학지능은 지금까지 사람의 지능을 측정할 때 가장 중심이 되는 것으로 여겨졌다. 다중지능이 등장하기 전까지 오랫동안 지능을 평가하는 기준이 되었던 IQ는 '언어지능'과 더불어 '논리-수학지능'에 초점을 맞춘 지능이다.

　많은 부모가 '논리-수학지능'은 수학 문제를 잘 풀거나 공부를 잘하는 데 필요한 지능이라 오해한다. 하지만 논리-수학지능의 핵심은 이 세상을 편리하게 살아가기 위한 기반이 되는 지능이다. 살면서 접하게 되는 여러 가지 문제와 고민을 해결하는 데 있어 합리적이고 논리적인 태도는 꼭 필요한 소양이기 때문이다. 이 지능을 키워야 어떤 일 앞에서든 자신이 처한 상황을 객관적으로 파악하고 앞뒤 상황을 살펴볼 수 있으며, 어떤 부분을 고쳐야 하는지, 왜 그런지, 자신에게 무엇이 필요한지, 어떤 길로 나가야 하는지 등을 합리적으로 판단해 문제를 해결해나갈 수 있다.

여러 사람과 함께 일을 처리하고 대화를 할 때도 논리-수학지능이 필요하다. 이 지능이 뛰어나면 요점을 파악하거나 사리에 맞게, 이치에 맞게 이야기를 할 수 있으며 의견을 피력할 때도 수치를 내세워 말하거나 설득력 있게 자신의 주장을 펼칠 수 있다. 숫자 계산을 잘하고, 은행 금리라든가 부동산 시세 등에 민감해 자산관리며 재테크를 할 때도 도움이 된다.

수학 문제를 잘 풀고 논리적으로 사고한다

날짜나 차량번호, 전화번호 등의 숫자를 남들에 비해 유난히 잘 기억하는 사람들이 있다. 셈이 빨라 웬만한 계산은 암산으로도 척척 해내는 사람들도 많다. 그런가 하면 단순한 계산이 아닌 수학의 원리를 이해해야 풀 수 있는 어려운 문제를 쉽게 푸는 사람들도 있다. 다 논리-수학지능이 뛰어난 사람들이다. 흔히 '논리-수학지능'이라 하면 숫자만 떠올리기 쉬운데 다양한 정보를 체계적으로 처리하고, 사고나 추리 등을 이치에 맞게 이끌어가는 논리적인 사람들도 논리-수학지능이 높은 사람들이다.

수학적 능력의 핵심은 문제를 인지하고 해결해나가는 능력이다. 따라서 '논리-수학지능'이 뛰어난 사람들은 수학적 계산을 비롯해 논리적 사고, 문제해결, 연역적이고 귀납적인 추리, 패턴과 관계들에 대한 이해가 탁월하다. 수와 논리적 과정에 대한 문제를 보통 사람들보다 훨씬 빠르게 풀어내고, 문제를 체계적이고 과학적인 방법을 활용해 해결한다.

이와 함께 사물을 인식하고 환경 속에서 그것의 역할을 인식하며 양과 시간, 인과의 개념에 익숙하다. 논리적 문제해결에 있어 방법을 증명해내며 논쟁을 잘한다. 회계와 컴퓨터 공학, 엔지니어링, 화학과 같은 분야에 관심을 가지고 있으며 새로운 모델을 만들어내거나 가설을 설정하고 검증하는 것을 즐긴다. 패턴을 잘 인식하며, 구체적 사물과 개념을 대신하는 추상적 기호의 사용에 익숙하고, 측정이나 통계, 그래프로 정보를 시각화하는 등 다양한 수학적 기술을 사용한다.

아이들의 경우 '논리-수학지능'이 높은 아이들은 대개 어려운 수학 문제도 척척 풀어내고, 과학 실험에 흥미를 보이며 토론을 할 때도 원인과 결과에 맞게 주장하는 근거를 조목조목 따진다. 말을 할 때도 앞뒤 순서에 맞게 말하고, 글을 쓸 때도 '기-승-전-결'에 따라 조리 있게 서술한다. 연설문 혹은 논설문을 잘 쓰며 토론할 때도 무엇이 핵심 주제인지, 어떤 부분이 문제가 되는지, 어떤 부분을 왜 그렇게 변화시켜야 하는지 근거와 이유를 잘 파악해 해결하는 모습을 보인다.

예를 들어 '휴대전화를 학교에 가져오는 것이 적절한가?'에 대한 주제로 학급회의를 하면 "갖고 오고 싶다. 없으면 불편하다."라는 식으로 무작정 우기는 아이들이 있다. 반면 "하교 시간에 엄마와 연락할 때 필요하다." "간혹 위급한 상황에 처할 때 유용하지만 수업시간에 장난을 치게 되고, 벨소리 등으로 수업에 방해가 되기도 한다. 그러므로 휴대전화가 필요하지 않은 수업시간엔 일정한 장소에 가져다 놓자."는 식으로 타당하게 이야기를 전개하는 아이들도 있다. 후자의 아이들이 당연히 논리-수학지능이 높다.

"왜?"라는 말을 달고 사는 것도 논리-수학지능이 높은 아이들의 특징이다. "사탕은 왜 달아?" "비는 어디서 오는 거지?"라고 끊임없이 질문을 하고, 궁금증을 해결하기 위해 노력한다. 평소 '그러니까, 이래서, 이유는, 따라서, 왜냐하면' 등의 낱말을 자주 사용하고 아이가 한 행동에 대해 "왜 그랬어?"라고 이유를 물어보면 우물쭈물하기보다 "이랬기 때문에 이렇게 했어요."라고 원인과 결과를 체계적으로 설명한다.

이런 아이들은 친구들과 놀 때도 조정을 잘한다. 게임을 할 때면 규칙에 대해 잘 설명하고, 아이들 사이에 다툼이 있어도 어느 부분이 잘못됐고, 무엇 때문에 문제가 생겼는지, 그렇다면 그것은 어떻게 해결해야 하는지 등의 주장으로 교통정리를 한다.

논리-수학지능이 높다고 해서 앞에서 말한 셈이 빠르고, 수학의 원리를 잘 이해하고, 논리적 사고를 하는 등 이 세 가지 능력을 다 포함해 능력을 발휘하는 것은 아니다. 추론을 잘해 수학 문제를 잘 푸는 것과 숫자를 잘 외우는 것은 별개의 문제이기 때문이다. 수학 문제 푸는 것을 좋아하지도 않고, 아무리 열심히 해도 좋은 성적을 받기가 어렵지만 수 계산이라든가 암산을 굉장히 잘하는 사람이 있고, 체계적으로 생각하는 논리적 사고력이 뛰어나지만 숫자 앞에서는 벌벌 떠는 사람도 있다.

추천 직업 | 회계사, 컨설턴트, 검사

논리-수학지능이 뛰어난 사람들은 기본적으로 '수'와 관련되거나 분석적인 사고를 토대로 일하는 직업군에 종사하는 경우가 많다. 수학자를 비롯해 수를 활용해 연산하고, 체계화하는 등 경제 활동상황을 일정한 계산법으로 기록하고 정보화하는 회계사, 어떤 현상을 종합적으로 알아보기 쉽게 일정한 체계에 따라 숫자로 나타내는 통계전문가, 다양한 실험을 통해 새로운 진리나 법칙을 밝혀내고 연구하는 과학자들이 여기에 속한다.

이 외에도 일을 전체적으로 계획하고 설계하고 문제점을 분석하며 전문적인 의견이나 조언을 하는 컨설턴트, 사업이 잘 될 것인지, 실패할 가능성이 높은지 기본적인 정보를 파악하고 분석해 의사결정을 하는 CEO, 범죄를 수사하고 정황과 상황에 대한 객관적인 증거를 토대로 공소를 제기하며 사건의 옳고 그름을 가려내는 검사 등도 논리-수학지능이 높으면 도움이 되는 직업이다.

상대성 이론 등 다양한 물리학 이론을 발표한 아인슈타인, 컴퓨터 프로그래밍으로 독보적인 자리를 굳힌 빌 게이츠, 영국의 천재 물리학자 스티븐 호킹 등이 논리-수학지능이 높은 사람들이다.

 Tip ● 적용하기

문제를 풀면서 논리-수학지능을 계발해요

다음 문제를 가족과 함께 풀어보자. 게임을 하듯 재미있게 문제를 풀면서 자연스럽게 논리-수학지능을 계발할 수 있다.

문제● 다음 문제는 유명한 소크라테스의 대화법을 익힐 수 있는 문제입니다. 운동장에서 놀다가 2학년짜리 아이를 못살게 구는 덩치 큰 4학년 아이를 보았습니다. 그 아이는 작은 아이를 밀고, 주먹으로 때리고 있었습니다. 지금 맞고 있는 아이가 누구인지는 잘 모르는 상황. 만일 그 자리에 있었다면 당신은 어떻게 해야 할까요? 가족과 함께 대화해보세요.

▶ 정답과 해설 붙임 부록 56쪽 참고

자기이해지능

수많은 학부모들을 만나다 보니 기억에 남는 엄마들이 많다. 그중에서 "아이가 어떤 모습으로 자라길 바라세요?"라는 질문에 "자신이 뭘 좋아하는지, 뭘 잘하는지, 뭐가 하고 싶은지 아는 아이가 되었으면 해요."라고 말했던 학부모가 가끔 생각이 난다. 자신이 뭘 좋아하는지 알아야 하고 싶은 것을 찾아 목표를 세우고, 그 꿈을 이루기 위해 노력하고, 그 과정 속에서 행복해질 수 있다고 생각하기 때문이란다.

요즘 아이들은 자신이 뭘 하고 싶은지 잘 모른다고 말한다. 하고 싶은 일이 무엇인지 몰라 엉뚱한 곳에 빠지기도 하고, 대학의 전공 학과를 정할 때도 점수에 맞추거나 부모의 바람에 따라 진학하고, 학교에 다니면서는 적성이 맞느니 안 맞느니 고민하고, 졸업 후에도 전공을 살리지 못해 시간을 허비하는 아이들이 많다. 그러면서 뭘 하고 싶은지 물었을 때, "저도 모르겠어요."라는 말만 되풀이하며 마음대로 되지 않는 현실을 힘들어한다.

아이들이 스스로를 이해하지 못하는 게 그들만의 잘못은 아닐 것이다. 오랫동안 공부하라는 소리만 듣고, 기계적으로 점수 올리는 데만 몰두했으니 당연히 거쳐야 하는 자기 사색의 시간이 부족했을 것이다. 자신을 이해하고 살펴보는 시간적 여유를 빼앗은 우리의 현실이 '하고 싶은 것 없는 아이들'을 키워낸 것 같아서 자책감마저 든다. 급기야 요즘에는 자신이 잘할 수 있는 것보다 안정적인 수입과 위치가 보장되는 공무원, 교육자 등의 직업을 선호하는 경향도 많아졌다.

각자의 다양하고 특별한 능력을 흡수할 만한 직업의 세계가 펼쳐지지 않는 현실적 구조도 안타깝지만 그렇기 때문에 더더욱 자신의 성향과 강점을 고려해 미래를 설계할 줄 알아야 한다. 20, 30년 후쯤에 사라질 직업군 혹은 사회 변화로 인해 생성될 수밖에 없는 직업을 예측하며 상상하는 시간은 그 나름대로 의미가 있다. 이런 창의적인 상상과 자기이해가 가능하려면 어려서부터 많은 것을 보고 도전할 수 있는 기회가 마련되어야 한다.

감정파악과 자기절제를 잘한다

아이들이 자기가 뭘 하고 싶은지를 모르는 이유는 자기이해지능이 낮기 때문이다. 자기이해지능은 자기 자신을 파악하고 이해하고 느끼는 인지적 능력이다. 자신이 좋아하는 것과 싫어하는 것이 무엇인지, 잘하는 부분이 무엇인지, 부족한 것이 무엇인지 등 자신에 대한 정확한 모습은 물론 복합적이면서 고도로 분화된 여러 감정을 인식하는 것이다. 이와 함께 자신의 감정 속으로 깊이 빠져 들어가 다양한 내적 감정 상태를 식별할 수 있다. 예를 들어 자신이 지금 우울한지, 슬픈지, 편안한지, 불안한지 감정 상태를 세심히 구별하며 그 이유를 파악한다.

자기이해지능이 높은 사람들은 자아를 이해하고 그 지식을 기초로 적응하는 능력이 뛰어나다. 자기이해지능은 계획하고, 문제를 해결하는 등의 능력으로 단순히 장점과 단점, 강점과 약점 등이 무엇인지 파악하는 것을 넘어서 약점을 보완하고 강점을 더 강화시키도록 노력하는 등 스스로 발전을 꾀하는 데 집중한다. 예를 들어 약점을 인식했다면 실망의 늪에서 허우적거리는 대신 약점을 인정하고 이를 보완하려고 노력한다. 또 문제가 생겼을 때도 이런저런 불평을 늘어놓는 대신 원인을 파악한 뒤 '이렇게 해보면 어떨까? 나는 이런 걸 잘하니 이렇게 연결시키면 효과가 있을 거야'라고 긍정적으로 생각하고, 문제를 해결하기 위해 계획하고 실천하고 평가한다. 하고 싶은 일이 있을 경우에도 '하고 싶다'로 끝나거나 머릿속으로 허황된 꿈만 꾸지 않는다. 현실에서 어떻게 이뤄야 할까 고민하고 세부적인 목표를 세운 뒤 지속적으로 도전하는 등 늘 발전하고 성장하기 위해 노력한다.

자기감정을 잘 파악하고 조절하는 것도 자기이해지능이 높은 아이들의 특징이다. 또한 그 감정과 생각을 표현하기 위해 다양한 방법을 활용할 줄 안다. 화가 난다고 소리를 지르고 떼를 쓰는 것이 아니라 왜 화가 났는지, 왜 기분이 나쁜지 원인을 파악하고, 엄마와 이야기를 하거나 좋아하는 책을 보는 식으로 감정을 해결하기 위해 다양한 시도를 한다.

여럿이 어울려 놀기도 하지만 책을 보거나 공상에 빠지는 등 혼자 있는 시간을 즐기기도 한다. 독립적인 성향이 뚜렷해 또래 친구들이 하자고 해서 무조건 따라 하는 등의 행동은 보기 어렵다. 수업을 마친 후 집에서 책을 보리라 생각했으면 자신의 계획대로 움직이지 친구들이 놀이터에서 모여 논다고 해서 따라가지 않는다는 것이다.

또한 나이는 어리더라도 삶에 대한 의미, 목적에 관심이 많다. 위인전을 즐겨 읽고, 친구들과 이야기를 나눌 때도 꿈이나 미래 등에 대해 자주 이야기하며, 나중에 커서 패션 디자이너가 되고 싶다거나 건축가가 되고 싶다는 등 장래희망을 구체적으로 지니고 있다. 목표를 추구하려는 마음속의 동기가 있고, 자아실현을 위해 노력하는 부류로 생활계획표를 짜면 그에 따라 생활하는 등 계획을 잘 지키고, 무엇이든 악착같이 실행한다.

지속적으로 공부하고 개인적 성장을 꾀하기 때문에 공부를 하거나 악기를 배우는 등 무언가를 익힐 때도 엄마의 잔소리가 필요 없다. 그 과정 자체가 아이에게는 성취감이 된다. 이런 아이들은 자신의 삶을 진지하게 바라보며 열심히 노력하는 부류다. 윤리적인 가치를 중요시해 약속이나 질서를 잘 지키는 등 옳은 행동을 하려고 노력한다. 어떤 일을 마친 후에도 과정과 결과를 냉정하게 분석해 반성을 하거나 향후 계획을 세우며 스스로를 들여다보는 시간을 자주 갖는다.

추천 직업 | 정신과 전문의, 예술가, 심리학자

자기이해지능은 생산적인 삶을 살아갈 수 있는 원동력이 된다. 스스로를 잘 파악하고 긍정적으로 바라볼 수 있어야 자신이 원하는 삶을 살아갈 수 있고, 우리 내면의 사고와 감정을 이해해야 외적 세계, 주변 환경과 잘 연결시킬 수 있다. 또한 살아가면서 겪게 되는 여러 가지 고난 속에서도 자신에게 맞는 판단을 통해 문제를 효과적으로 해결한다.

자기이해지능이 높은 사람들은 주로 내적 성찰을 통해 새로운 예술 세계를 창작하거나 표현하는 예술가와 작가, 인간의 생각과 행동 등을 연구하는 직업으로 혼자 조용히 연구하고 새로운 개념, 이론, 아이디어 등에 대해 깊이 생각해보고 반추해야 하는 심리학자와 정신과 전문의, 자신의 사고와 행동, 내적 감정과 이상 등에 대해 객관적으로 이해하고 그에 기초해 적절한 행동을 하는 종교인, 인간과 세계에 대한 근본 원리와 삶의 본질을 연구하는 철학자 등과 잘 맞는다.

정신분석학의 창시자로 알려진 프로이트, 많은 독서를 통해 자신이 무엇을 해야 할지를 깨닫고 진로를 결정한 빌 게이츠, 왕이 권한 권력의 자리도 사양하고 자기계발과 후학 양성에 힘쓴 퇴계 이황 등이 여기에 속한다. 모든 직업에서 반드시 요구되는 지능으로 누구나 끊임없이 계발해야 할 영역이다.

대인관계지능

'사람이 사회적 동물'이라는 규정은 대인관계지능의 소신이 묻어나는 대목이다. 혼자서 살 수 없는 사회에서는 누구에게든 이 지능이 요구되기도 한다. 높은 대인관계지능은 주변 사람들에게 선한 영향력을 끼쳐 세상을 바람직하게 변화시킬 수 있는 능력을 발휘하기 때문이다.

개인주의가 팽배한 우리 사회는 아이러니하게도 블로그나 트위터, 홈페이지 등의 네트워킹 사회를 통해 서로 유기적인 관계를 맺고 살아간다. 메신저나 카카오톡 등으로 대화를 나눌 때 의도와 다르게 말이 전달되는 경험을 한두 번쯤은 해보았을 것이다. 목소리와 표정, 억양 등이 배제된 상태에서 의사소통을 하기 때문인데, 이 경우에는 다른 공간에 있다 하더라도 함께 시간을 공유하기 때문에 그나마 실수를 빨리 정정할 수 있다.

하지만 블로그나 트위터 등 다양한 SNS(Social Network System)를 통해서만 소통할 경우 사람들의 의도를 제대로 파악하지 않으면 큰 분란이 일어날 수 있다. 예를 들어 포스트를 쓰거나 댓글을 달 때 글을 쓴 사람의 마음을 어떻게 읽었느냐에 따라 논란의 소지가 되고, 그로 인해 상처를 받고 인격적으로 타격을 받는 사람, 극단적으로는 세상을 등지는 사람도 생길 수 있다. 자신의 의도를 제대로 전달하려면 단순히 글을 잘 쓰는 것만으로는 부족하다. 타인이 자신의 표현을 봤을 때 어떻게 느낄지 다른 사람의 심리를 이해할 줄 알아야 한다.

근래 가드너의 다중지능 개념에서 철학적 영감을 얻었다는 '실용지능'이라는 용어가 회자되고 있다. 정신적 유연성, 적극적 사고, 분별 있는 언어 사용, 아이디어 존중이 필요하다는 내용인데, 이는 다중지능 중 대인관계지능, 자기이해지능의 범주 내에 들 수 있는 것이다. 하지만 여전히 방법과 실천의 문제는 과제로 남아있다. 그동안 알려진 정서지능, 사회지능 등도 깊게 분석해보면 이 두 지능에 속한 것이다. 리더들의 특징을 들 때 반드시 포함되는 지능 영역이 실존지능, 언어지능과 함께 자기이해지능, 대인관계지능이다. 그만큼 사람이 살아갈 때 중요한 지능이라는 뜻이다.

배려, 소통, 공감, 이해를 잘한다

대인관계지능의 기본은 다른 사람들과 어울리고 소통하는 능력과 타인의 감정과 행동 등을 인식하고 해석하는 능력이다. 대인관계지능이 높은 사람들은 얼굴 표정이나 목소리, 손짓, 몸짓 등에 대한 섬세한 감수성을 지니고 있으며 그 안에서 나타나는 다양한 신호를 구별하고, 이를 통해 타인의 기분과 의도, 동기 등을 세심하게 파악해 각각의 사람들과 상황에 대처한다. 한마디로 다른 사람을 잘 이해하고 감정이입을 잘하는 편이다.

대인관계지능을 이야기할 때 사람들이 가장 많이 오해하는 것이 대인관계지능이 뛰어난 사람과 활발하고 말이 많은 혹은 친구가 많은 사람을 동일시하는 것이다. 물론 대인관계지능이 뛰어난 사람 중에 여러 사람과 어울리는 것을 좋아하고 외향적인 사람들이 많다. 하지만 말수가 적고 조용한 성격이라 하더라도 대화를 나눌 때 상대의 말을 잘 이해하고 "음, 그렇구나."하며 반응하며, 공감할 줄 아는 사람이라면 대인관계지능이 뛰어나다고 할 수 있다.

이렇게 다른 사람을 이해하고, 그 사람들과 원만히 일할 수 있는 능력을 지닌 사람들의 사고 형태는 딱 부러지기보다 휘어지는 유연성을 갖고 있다. 그래서 언어적이든 비언어적 표현이든 간에 다른 사람들의 말을 귀담아 듣고, 자신의 틀을 벗어나 상대의 입장에 서서 이야기를 들을 수 있다. 자연스레 집단 안에서도 중심에 서게 되고, 늘 그를 의지하며 따르는 사람들이 생긴다.

대인관계지능이 높은 아이들은 부모는 물론 형제, 자매, 친구 등 타인과 잘 지낸다. 이 아이들의 가장 큰 특징은 인사를 잘한다는 것이다. 어른들뿐 아니라 친구들에게도 먼저 인사를 건네 인기가 많다. 전학 온 아이라든가 다른 반, 다른 학년 등 친하지 않은 아이들과도 거리낌 없이 지낸다. 또 사람들에게 애정이 많아 혹시 반 친구가 결석이라도 하면 "왜 안 왔어요?"라며 궁금해한다. 배려심도 강해 아픈 친구들을 보면 많이 아픈 건 아닌지, 보건실에 같이 가줄 사람이 필요하지는 않은지 물어보고 대신 해줄 일을 찾는다.

함께 어울리지 못하고 소외되는 친구들을 챙기는 것도 이 아이들의 몫이다. 고무줄을 할 때는 '깍두기'를 시킨다거나 축구를 할 때 심판이나 골키퍼를 시키자는 제안으로 친구들의 관심 속으로 그 아이들을 들어오게 한다. 다른 사람이 하기 싫어하는 일도 솔선수범한다. 급식이나 청소를 할 때 누구보다 앞장서거나 힘든 일도 마다하지 않는다.

무엇보다 이런 아이들은 다른 사람들의 감정과 생각, 행동에 관심이 많아 그들의 의견과 행동을 존중한다. 자연히 집단 활동을 할 때 분위기를 잘 이끌고 갈등을 조절하는 역할을 한다. 회의나 토론을 할 때는 전체적인 흐름을 자신이 주도하지만 어느 한쪽으로 의견을 몰아가거나 소수의 사람만

이 말을 하는 분위기를 만드는 법도 없다. 모두 골고루 이야기를 할 수 있도록 발언권을 주고, 다른 사람이 말을 할 때 이야기를 끊고 들어오는 법 없이 상대의 이야기를 잘 듣는다. 어떤 문제에 결정을 내릴 때도 자신만의 생각이 아닌 여러 사람들의 의견을 듣고 함께 조율하는 태도를 보인다. 그러다 보니 주변에 친구들이 많고, 반장이나 회장 등을 맡는 경우가 잦다.

직업 추천 | 정치가, 의사, 상담사를 비롯한 모든 직군

대인관계지능은 거의 모든 직업에 필요한 요건이다. 혼자서 일하는 직업은 없으며 어떤 방식으로도 사회와 연결되어 있기 때문이다. 하지만 그 중에서도 책임감이 강하며 상대의 관점으로 세상을 바라보는 경향이 두드러진다. 상대방의 의견을 잘 들어주고 어떤 문제를 갖고 있는지, 왜 힘들어하는지, 어떻게 조언하고 도와줘야 효과적으로 문제를 해결할 수 있는지 등을 파악하는 상담가나 아이들의 성향과 특성에 맞춰 가르침을 전하는 교사 등이 잘 어울리는 직업이다. 사람들이 정말로 원하는 것이 무엇인지 살펴보고 자신이 아닌 남을 위한 선택을 하는, 자신의 주장과 의견을 관철시키기 위해 사람들에게 다가가는 정치가, 다른 사람의 아픔과 슬픔을 어루만져주며 자신의 욕심보다 다른 사람을 위한 삶을 살아가는 종교 지도자, 하루에 수십, 수백 명의 환자들을 만나며 몸과 마음을 위로해주고 치료하는 의사 등 역시 대인관계지능이 낮으면 소화하기 힘든 직종이다.

세계2차 대전에서 연립내각을 이끌고 미국, 소련 등과 함께 전쟁을 승리로 이끈 영국의 정치가 처칠을 비롯해 흑인노예해방을 이뤄낸 링컨, 평생을 가난하고 아픈 이들을 위해 헌신한 테레사 수녀, 청빈한 삶을 살아가며 장애우, 결식아동, 해외아동 등을 위한 운동을 펼쳐온 법정스님, 세계평화를 위해 곳곳을 찾아다니며 병들고 가난한 사람들에게 희망을 심어주는 프란치스코 교황 등이 대인관계지능이 높은 사람들이다.

음악지능

다중지능을 비판하는 몇몇 심리학자들은 음악지능을 재능 중 하나로 여겨서 유전적 소인에 더 무게를 둔다. 물론 뛰어난 음악가들 중에는 선천적으로 음악적 재능을 타고난 경우가 훨씬 많다. 하지만 선척적인 요인만을 의지할 필요는 없다.

오래 전 일이다. 우리 반 학생들과 음악을 감상할 기회가 있었는데, 한 학생이 잘 알려진 곡이 아님에도 마치 이미 알고 있던 곡처럼 멜로디를 따라 부르며 흥얼거렸다. 들었던 곡인지 묻자 처음 듣는 곡이지만 어림짐작으로 다음에 어떤 음이 나올지 예측하는 것뿐이란다.

이 아이는 절대음감을 갖고 있는 듯했다. 하지만 부모 중 누군가가 음악을 전공한 것도 아니었다. 어려서부터 온 가족이 모여 자주 음악을 들었다는 것, 평소에도 노래를 종종 부른다는 것 말고는 유전적 요인을 찾기 어려웠다. 이후 나는 우리 반의 거의 모든 학생들이 악기 하나씩을 배울 수 있도록 관현악단을 조직했다. 주변의 많은 사람들이 '취학 이후 악기를 배우거나 음악을 전공하는 것은 시기적으로 늦은 것'이라 일침을 가했지만 신기하게도 그때 악기를 처음 접한 아이들 중에서도 음악 전공자가 꽤 많이 배출되었다.

10여 년 전 절대음감을 자랑하던 그 제자 역시 수석으로 예능고교에 입학했고 현재는 대학에서 음악교육학을 전공하고 있다. 그러니 음악지능의 계발에 유전적 영향 외에도 후천적 교육 환경이 중요함을 확신할 수밖에 없다.

몸과 마음이 소리에 반응해 즐겁게 몰입한다

음악지능은 음악에 대한 전반적인 이해력과 분석적이고 기능적인 능력 즉, 음에 대한 변별력과 변형 능력, 표현 능력을 뜻한다. 이와 함께 음조와 멜로디, 음색, 리듬, 진동과 같은 음의 세계에 민감한 것을 말하는데, 노래를 잘 부르고, 악기 연주를 잘하고, 멜로디나 음을 잘 기억하고, 음악의 정서를 잘 느끼는 아이들이 여기에 속한다. 이와 함께 처음 듣는 곡도 이내 따라 부를 수 있고, 피아노나 기타로 따라 치는 아이들이 바로 음악지능이 높은 아이들이다.

이런 아이들은 처음 듣는 곡도 그 다음에 뭐가 나올지 어림짐작으로 흥얼거리며 후렴구도 한 번만 들으면 이내 따라 부른다. 음악이 흘러나오면 몸을 흔들거리거나 즉흥 연주를 하고, 꼭 악기가 아니더라도 다양한 소리로 리듬과 박자를 맞춰 연주하는 것을 즐긴다. 평소 음악이나 주변의 소리를 듣는 것을 즐거워하며 지휘나 연주, 춤 등으로 음악에 반응하며 몰입하고, 음악을 체계적으로 분석하며 감상하기도 한다. 다양한 장르와 문화적 다양성을 가진 음악을 감상하거나 그 활동을 통해 즐거움을 찾는 경우도 종종 있다. 대개 음악을 즐기면서 자신만의 취향을 갖게 되는 편인데, 심미적으로 음악의 내용과 의미를 받아들이기 때문이다.

음악지능의 범위는 소리 전체에 대한 지능이라 말할 수 있을 정도로 광범위하다. 음악지능이 높은 사람들은 사람의 목소리 등 언어적인 형태의 소리를 비롯해 물소리나 새소리, 파도 소리 등 자연의 소리, 자동차의 경적 소리나 문을 열고 닫는 소리 등 주변의 비언어적인 소리에 민감하게 반응한다. 새들이 지저귀는 소리를 잘 구별하거나 소리가 어느 방향에서 나는지, 한층 더 나아가 소리에 담긴 감정(예를 들어 사람의 목소리라면 화가 났는지, 가라앉았는지 등)을 잘 구별하며 소리에 대한 변별력도 뛰어나다.

다양한 소리의 감지 능력이 뛰어나서인지 시끄러운 소리에 예민한 편이기도 하다. 먼 곳에서 들리는 TV소리에도 민감할 정도이다. 사람의 얼굴은 잊어도 목소리는 잘 기억하는 아이들, 작은 소리에도 깜짝 놀라거나 주변의 소리에 귀가 번쩍 뜨여 하던 일에 집중하지 못하고 산만한 태도를 보이는 아이들이 여기에 속한다.

요즘은 음악지능이 뛰어난 사람들에게 한 가지 관점이 더 요구되는데, 의아하게도 도덕과 윤리이다. 이는 음악(音樂)이란 낱말이 지니고 있는 의미 때문인데, 사전적 의미로만 이해했을 때는 그리 와 닿지 않는다. '박자, 가락, 음성 따위를 갖가지 형식으로 결합해 목소리나 악기로 감정을 나타내는 예술'이라는 뜻과 도덕, 윤리는 다른 맥락처럼 느껴지기 때문이다. 하지만 고대 그리스에서 파생된 음악의 유래나 중국사, 한국고전용어를 통해 살펴본 음악은 예법, 예술 등과 동일시되고 있다. 이를 통해 음악지능계발의 최종 결과물에는 인간의 선한 정신과 예(禮), 락(樂) 등이 모두 깃들어야 함을 짐작할 수 있다.

집중력과 여유를 키워 삶을 풍요롭게 해주는 지능

외국어와 수학 등 대학입시가 중요한 요즘 분위기 속에서는 전공할 것도 아닌데 뭐가 중요하냐며 음악을 경시하는 풍조가 있다. 하지만 음악지능은 그 어떤 지능보다 사람의 인생을 풍요롭게 하는 지능이다. 그 옛날 플라톤은 "음악교육은 가장 숭고한 교육이다."라고 음악을 찬양했으며 공자는 "질 높은 인간은 음악을 인간 문화의 지각 수단으로 생각한다. 음악이 널리 보급되고 사람들이 이상과 열망을 향해 갈 때 우리는 거대한 국가를 보게 될 것이다."라며 음악의 미덕을 강조했다.

음악은 존재 자체만으로도 우리에게 많은 영향을 미친다. 좋아하는 음악을 들을 때 행복해지고, 슬픈 음악을 들으면 우울해지는 일은 누구나 경험해봤을 것이다. 불안하거나 흥분될 때 차분한 음악을 들으면 마음이 가라앉게 되고, 어색한 자리에서 경쾌한 음악이 흘러나오면 분위기가 자연스럽게 무르익고 이를 매개로 소통이 이루어지기도 한다. 나이나 상황에 구분 없이 삶을 풍요롭게 하는 역할을 하는 것이다.

이 외에도 음악은 학업 성취에도 효과적이다. 정서를 안정시켜 집중력을 키워주기도 하고, 생동감 넘치는 음악으로 활기를 줄 수도 있다. 또한 다양한 문학 퍼포먼스 등의 배경으로 활용될 때 기쁨, 불안감, 슬픔, 설렘 등의 감성을 불러일으키기도 한다. 이와 함께 악기를 연주하고 여럿이 노래하고 공연하는 등의 활동은 아이에게 자신감을 심어주고 스트레스 해소에 도움을 준다.

추천 직업 | 연주자, 음반 프로듀서, 음악치료사

음악지능은 다른 지능에 비해 어릴 때부터 두각을 나타내는 지능이다. 음악지능이 뛰어난 아이들은 작곡가를 비롯해 다른 사람들이 연주하는 곡의 리듬과 멜로디, 하모니를 듣고 음악 안에서 각각의 음들이 어떻게 흘러가는지를 이해한다. 또한 각각 악기의 음색과 음향에 대해 잘 파악하며 조화로운 연주를 이끄는 지휘자, 리듬과 박자, 소리 등에 민감하고 악기를 통해 좋은 소리를 만들어내는 연주자 등의 음악가를 따르는 경향을 보인다.

직접적으로 음악을 하는 것은 아니지만 음악에 대한 폭넓은 지식과 뛰어난 음감, 음악에 대한 감정해석을 바탕으로 다양한 장르의 음악을 듣고 평가하는 비평가, 음악의 밸런스 등을 조절하는 음향 엔지니어, 구현하고자 하는 음색을 만들기 위해 좋은 귀를 가져야 하는 악기 제조가, 음반 산업의 기본적인 이해를 바탕으로 음반의 주제와 콘텐츠를 기획하는 음반 프로듀서, 악기 연주와 노래 부르기, 작곡 등 다양한 음악 활동을 매개로 사람들의 병을 치료해주는 음악치료사 등도 추천할 만한 직업이다. 천재 작곡자이자 연주자로 알려진 모차르트와 베토벤을 비롯해 지휘자 정명훈과 성악가 조수미 등이 대표적인 인물이다.

공간지능

40여 년간 교단에서 실천했던 것 중 학생들이 직접 교사가 되어 친구들을 가르치는 '나도 선생님'이라는 수업 방식이 있었다. 각자의 강점을 살려 과목과 단원을 맡아 연구해서 단순히 발표하는 것이 아니라 다른 사람에게 가르치게 하는 방법인데, 이를 통해 자신의 강점지능이 공간지능임을 발견한 학생이 있다.

그 학생은 유난히 과학 과목에 소질이 있었는데, 수업을 진행할 때 큰 칠판에 그림을 그려가며 재미있게 설명하곤 했다. 글자를 전혀 쓰지 않아도 친구들은 그 설명을 잘 이해했고 수업 내용은 누구에게나 오래 기억에 남았다. 결국 그 학생은 과학이 아닌 공간지능을 발휘할 수 있는 미술 분야로 진로를 바꾸었다.

공간지능은 세상의 모든 아름다움을 표현해 삶의 질을 높일 뿐 아니라 생활의 편리함을 위해서도 꼭 필요한 지능이다. 패션이나 인테리어 센스 등으로 삶에 아름다움을 가져올 수 있으며 회화나 도예 등의 예술품을 창출하고, 때로는 낯선 곳에서 길을 찾거나 골목 같은 번잡한 곳에서 운전을 할 때도 효율성을 발휘할 수 있는 실용적인 지능이다.

공간지능은 시각 능력과 깊은 관계가 있는 것으로 알려져 있다. 타고나는 면이 있기는 하지만 훈련을 통해 크게 발달할 수 있는 지능이기도 하다. 논리-수학지능처럼 추상적인 세계가 아닌 현실세계에 기반을 두고 있는 지능으로 나이가 들수록 무뎌지는 것이 아니라 더욱 발달한다.

그림 좋아하고, 색채에 예민하고 길을 잘 찾는 아이

공간지능은 그림이나 이미지와 관련된 지능으로 시공간적 세계를 정확하게 인지하고 그를 변형시키는 능력과 시각적 공간적인 아이디어를 시각화하거나 그림으로 나타내는 능력, 추상적인 것을 구체화하는 시각적 능력, 공간적 구조에 자신을 적절하게 위치시키는 능력을 말한다. 색깔이나 선, 모양, 형태, 공간 그리고 다양한 색의 조화라든가 한 공간 안에 다양한 사물의 어우러짐 등 각 요소들을 감각적으로 배치, 조절하는 사람들이 바로 공간지능이 높은 사람들이다.

이들은 관찰로 학습하고, 얼굴이나 물건, 형태, 색깔, 세부적인 특징과 장면을 잘 기억한다. 눈으로 보는 모든 것을 효과적으로 표현, 전달하며 머릿속의 생각 등도 눈에 보이게 잘 형상화하고, 사진과 영상을 창출하는 능력도 뛰어나다. 그림이나 지도 등을 잘 이해하며 반대로 여러 가지 아이디어를 도표나 지도, 그림으로도 잘 나타낸다. 길이 없는 곳에서 길을 찾거나 복잡한 곳에서 운전을 할 때도 어렵지 않게 길을 찾아간다.

아이들의 경우 이것저것 오려 붙이기를 좋아하고 인형 그리기 등을 좋아한다. 또 낙서나 다양한 그리기 활동을 좋아해 책이나 공책에 낙서가 가득한 경우가 많다. 그 외에도 종이접기, 공예품 만들기 등 미술 작업을 즐기고 레고놀이처럼 집이나 다리 등 3차원의 공작물을 표현할 때 즐거움을 느낀다. 장난감을 분해하는 등 물건을 해체시키는 작업 역시 이 아이들이 좋아하는 일이다. 지도를 잘 보거나 쇼핑몰처럼 복잡한 장소나 익숙지 않은 곳에서도 길을 잘 찾고, 퍼즐이나 미로게임을 즐기는 것도 특징이다.

실생활에서는 길이나 넓이를 짐작으로 잘 알아맞히는 능력이 뛰어나다. 공부를 할 때는 종종 도표를 만들거나 마인드 맵 같은 필기법을 활용하고, 그림 형식으로 기억하는 것을 즐긴다. 정리정돈을 효과적으로 하며 물건의 위치를 잘 생각해낸다. 공간지능이 높은 아이들의 특징 중 하나가 한정된 공간을 활용하는 능력이 탁월한 것인데, 이 때문에 축구나 배구 등의 스포츠에 능하며 특히 공을 패스하거나 받을 때 이러한 능력이 발휘된다.

추천 직업 | 건축가, 포토그래퍼, 공예가

공간지능이 높은 아이들은 공간적 세계를 정확하게 인식해 길이나 장소 등을 안내하는 안내자나 넓은 하늘에서 일정한 방향과 속도로 비행기를 조종하는 파일럿, 구조물을 설계하고 만드는 건축가, 시각적 아름다움을 이해하고 활용하는 공예가나 화가, 디자이너, 물체의 형상을 평면의 사진으로 옮기는 포토그래퍼, 드로잉과 색채학 등의 지식과 작화 실력을 갖춰야 하는 만화가, 구조를 설계하고 가구와 소품, 조명 등의 시설을 배치하고 기능과 용도에 맞게 공간을 꾸미는 인테리어 디자이너 등의 직업을 선택하면 좋다.

대표적 인물로는 새로운 공간미학을 보여준 것으로 인정받는 스페인의 건축가 가우디, 감동적인 공간을 만들어냈다고 평가받는 일본의 건축가 안도 다다오, 실험적인 전시로 전 세계의 주목을 받은 비디오 아티스트 백남준, 천재 화가 피카소, 단독으로 대서양 횡단 비행에 성공한 파일럿 찰스 린드버그 등이 있다.

신체-운동지능

조선왕조 5백 년 동안 이어져온 '사농공상'의 신분 계급 때문인지 과거 우리 사회에서는 신체-운동지능이 평가절하되어왔다. 최근에는 박지성을 비롯해 류현진, 김연아, 손연재 등 연예인 못지않은 인기를 누리는 스포츠 스타 덕인지 고되더라도 아이가 원하고 재능이 있으면 운동으로 진로를 정하는 것도 나쁘지 않다고 여기는 부모들이 점차 늘고 있다.

세계적인 골퍼나 피겨 스케이터로 아이들을 키우기 위해 새벽부터 훈련시키는 엄마들도 적지 않고, 소년축구클럽과 같은 스포츠 모임도 각광을 받고 있다. 하지만 대개 아이들이 달리기를 잘할 때 뿌듯해하는 정도와 영어 말하기 대회에서 수상했을 때의 기쁨은 확연히 다르다. 오히려 뛰어노는 데에 빠져 공부를 소홀히 할까 우려하는 부모들도 많다.

하지만 누가 뭐래도 신체-운동지능은 생존을 위한 기본적이며 필수적인 능력이다. 실제로 몸을 적절히 사용할 수 있어야 건강한 삶을 영위할 수 있다. 다양한 학습과 경험을 통해 마음이나 정신이 성장하는 만큼 신체 역시 운동과 훈련을 통해 단련돼야 한다.

모든 지능이 그렇지만 신체-운동지능은 인간이라면 누구나 다 기르도록 노력해야 한다. 나이가 들면 무슨 효과가 있을까 하겠지만 치매같은 질환을 예방하는 등 건강한 노후를 보내기 위해서 꼭 필요한 지능이다. 그래서인지 살아가는 데 가장 유용한 지능으로 불리기도 한다.

대근육과 소근육 등 신체의 움직임과 표정 전달에 능수능란

신체-운동지능은 말 그대로 몸을 움직이는 능력을 말한다. 손과 발 등의 신체 협응력, 균형감각과 민첩성, 순발력, 표현력, 지구력 등 운동 감각을 조절할 수 있는 신체조절력과 그를 통한 사물의 움직임을 조절하는 능력이다. 단순히 운동을 잘하는 것을 넘어서 생각이나 느낌을 몸동작으로 표현하는 능력도 포함된다.

신체-운동지능이 높은 사람들이라고 해서 모두 대근육 운동이나 온몸을 활용하는 능력이 뛰어나지는 않다. 어떠한 문제를 해결하기 위해 손과 같은 신체의 일부를 사용하거나 손으로 사물을 만들어내고 변형시키는 능력이 뛰어난 사람도 여기에 속한다. 이런 아이들은 공부를 하거나 뭔가를 암기할 때 연극하듯이 혹은 누군가에게 가르치듯이 몸을 움직이는 특징을 보이고, 생각이나 느낌을 전할 때도 춤이나 안무처럼 몸으로 표현하는 것을 더 효과적이라 여긴다.

정보를 습득할 때는 시각이나 청각을 통해 정보를 이해하는 사람들과 달리 촉각 혹은 직접 만지거나 물체를 조작하거나 몸 전체를 활동에 포함시키는 등 신체 움직임을 통해 다양한 정보를 받아들인다. 예를 들어 영어에서 'play the piano'라는 표현을 익힐 때 단순히 입으로 말하고 귀로 듣는 것보다 피아노 치는 흉내를 보여주면 그 어구를 더 잘 기억한다. 선풍기 조립법을 배울 때도 아무리 자세한 설명서가 준비되어 있고, 바로 옆에서 누군가 가르쳐준다 하더라도 직접 해보고 익히려 한다.

신체-운동지능이 높은 아이들은 몸을 움직이는 것을 좋아해 활동적인 놀이를 즐기고 주위 물체를 만지고, 세밀하게 다루며 그것들을 조작하는 활동을 즐긴다. 운동신경이 있다는 이야기를 듣는 경우가 많으며 춤을 추거나 연극 등의 활동을 좋아하고 몸이나 표정으로 자신의 마음을 표현한다. 실제 해본 것을 가장 명확하게 기억하기 때문에 견학을 하거나 역할극 참여, 게임, 신체적인 연습 등 구체적인 학습 경험을 마련해줄 것을 권한다.

추천 직업 | **스포츠 해설가, 안무가, 운동선수**

신체-운동지능이 높은 사람들은 신체움직임이 주 활동인 운동선수를 비롯해 유연성과 표현력 등을 기반으로 몸을 통해 감정을 표현하는 무용가, 일련의 동작을 창작하고 기획하는 안무가, 선수들의 움직임을 놓치지 않고 따라잡으며 경기 전체의 흐름을 읽어내고 전달하는 스포츠 해설가, 몸짓과 표정으로 대사와 감정을 전달하는 배우, 다양한 동작과 율동을 겸비한 프로그램을 진행하는 레크리에이션 지도자 등의 직업과 잘 어울린다. 손으로 사물을 만들어내고 변형시키는 능력이 뛰어나다는 점에서 보석 세공인, 발명가, 조각 공예가, 엔지니어 등도 포함된다. 현을 현란하게 켜는 바이올리니스트, 메스를 활용해 세심한 수술을 하는 외과의사도 신체-운동지능이 높을수록 잘할 수 있는 직업이다.

자연친화지능

'북극곰이 죽어가고 있습니다. 자본주의, 개발논리, 환경파괴 등으로 지구의 기후가 변화되고 그로 인해 우리의 북극곰들이 죽어가고 있습니다. 북극곰이 죽으면 인간 또한 살 수 없습니다.'

저탄소 녹색성장을 위한 공익광고의 멘트이다. 북극의 해빙이 급속도로 녹고 있고, 오늘의 북극곰이 내일의 우리가 될 수 있다며 환경을 되살리는 일에 우리 모두 동참하자는 광고인데, 거기 등장하는 북극곰의 천진난만한 모습은 볼 때마다 가슴이 아프다.

무분별한 개발로 환경이 오염되고 기후가 변한 지 이미 오래다. 비와 눈이 잘 오지 않던 중동국가 산악지대에 눈과 비가 내려 교통체증이 일어나고, 기습적인 폭우와 폭설, 폭염은 더 이상 놀라운 뉴스도 아니다. 태풍과 지진으로 소중한 삶의 터전이 한순간에 잿더미로 변하는 일도 점점 많아지고 있다.

　기상이변과 자연재해가 거듭되는 지금, 자연친화지능이야말로 위태로운 자연과 그 속에서 호흡하며 살아가는 사람들을 구할 수 있는 중요한 지능이다. 인류가 행복하게 살기 위해 꼭 키워야 하는 지능이 바로 자연친화지능이다.

자연을 좋아하고 유형 규정·분류를 잘한다

　자연친화지능이 높은 사람은 기본적으로 동물이나 식물을 좋아하고 자연 속에서 편안함을 느끼는 자연친화적인 성향이 강하다. 살아있는 동물과 식물을 기르는 걸 좋아하고, 그밖의 자연 현상에도 관심이 많다. 유형 및 개체를 규정하고 분류하는 능력도 뛰어나다. 자신이 살아가는 환경의 동물, 식물, 광물 등 다양한 종을 비롯해 기후와 날씨 변화 등 자연 현상에 대한 구별과 분류가 탁월한데, 이를 토대로 자연과 나와의 관계, 사물과 인간과의 관계 설정에도 뛰어난 능력을 보인다. 예를 들어 날씨를 관찰할 때 어떠한 현상 뒤로 어떤 자연현상이 따라오는지, 어떨 때 홍수나 지진, 가뭄에 대비를 해야 하는지 등 일어나지 않은 일을 예측할 수 있어 미래의 환경 변화에 사람들이 빠르게 대처할 수 있도록 돕는다.

　자연친화지능이 높은 아이들은 쉽게 구별된다. 일단 강아지나 물고기, 꽃이나 채소 등 동식물 키우는 것을 좋아하며 단순히 함께 노는 것이 아니라 이들에게 말을 걸고 콩이 얼마만큼 자랐는지, 털이 얼마나 길었는지, 잎사귀의 모양이 어떻게 변했는지 등을 잘 인식하며, 깊은 관심을 기울이며 상호작용한다.

놀이를 할 때도 돌멩이나 나뭇잎, 조개, 물, 구름, 무지개, 별자리, 공룡, 행성 등 자연 속 소재를 잘 활용하며, 각각의 모양이나 크기, 색깔 등을 종류에 맞게 잘 분류한다. 가령 나뭇잎을 가지고 놀 때 색깔, 잎맥의 모양, 크기 등에 따라 개체 간의 차이점을 구별하는 변별력이 뛰어나다.

자연친화지능의 특성상 이 영역이 뛰어난 아이들은 대개 정서적으로 안정된 모습을 보이며 새로운 환경에 대한 호기심과 모험심이 강한 편이다. 또한 어려서부터 생명의 소중함을 인식하고 다른 사람을 돕고 보살피는 데 앞장서는 모습을 보인다.

추천 직업 | 과학자, 플로리스트, 요리사

식물학자나 유전공학자 등의 과학자, 새의 진화, 행동, 생태 환경을 연구하는 조류학자, 인체의 이상을 연구하고 치료·예방하는 의사, 환경을 사랑하는 마음을 바탕으로 자연을 보호하며 생태계의 보전을 위해 애쓰는 환경운동가, 지각을 연구하는 지질학자, 꽃을 소재로 미를 창출하는 플로리스트, 자연 현상을 파악하고 이해하며 산에 오르는 산악인, 동물의 질병을 치료하는 수의사, 해양의 자연현상과 생태계 등을 연구하는 해양학자 등이 자연친화지능이 높은 사람에게 어울리는 직업군이다.

자연에서 온 채소와 해물 등의 재료를 냄새며 색, 모양 등에 따라 구별해 서로 어우러지게 맛을 창조하는 요리사도 자연친화지능이 높은 직업에 속한다.

인체를 잘 이해하고, 차, 약초 등 다양한 식물의 활용을 집대성한 허준, 생물 진화론을 제창한 식물학자 다윈, 동물학자이자 환경운동가로 야생동물 연구와 보호운동을 펼치는 제인 구달, 국내 조류학 박사인 윤무부 교수, 꽃이나 잎사귀, 돌, 나물 등 자연에서 가져온 소재를 활용해 창의적인 디자인과 음식을 창조해내는 한복 디자이너 효재 등이 여기에 속하는 인물들이다.

 **PLUS TIP**

지능 영역별 추천 직업군

지능	추천 직업
언어지능	교사, 정치가, 아나운서, 변호사, 작가, 편집자, 기자, 번역가, 통역가, 심리상담사 등
논리-수학지능	회계사, 컴퓨터 프로그래머, 수학자, 통계전문가, 과학자, 컨설턴트, 검사 등
자기이해지능	예술가, 작가, 심리학자, 정신과 전문의, 종교인, 철학자 등
대인관계지능	상담가, 교사, 세일즈맨, 변호사, 스튜어디스, 정치가, 종교인, 경찰관 등
음악지능	작곡가, 지휘자, 연주자, 가수 등 음악가, 비평가, 음향기사, 악기 제조가, 음반기획자, 음악치료사 등
공간지능	비행기조종사, 건축가, 무대연출가, 공예가, 화가, 여행가이드, 패션 디자이너, 인테리어 디자이너, 포토그래퍼, 만화가 등
신체-운동지능	운동선수, 무용가, 안무가, 의사, 조각가, 스포츠 해설가, 배우, 레크리에이션 지도자 등
자연친화지능	식물학자, 천문학자, 조류학자, 기상캐스터, 의사, 환경운동가, 고고학자, 지질학자, 플로리스트, 산악인, 수의사, 요리사 등

조기교육보다 더 중요한 두뇌교육

　인간이 가진 모든 능력은 뇌에서 나온다. 언어를 구사하고, 몸을 움직이고, 노래를 부르고, 감정을 느끼고 조절하고, 생각하고 판단하는 것 모두 뇌가 하는 일이다. 일일이 열거하기 어려울 정도로 뇌의 잠재력은 무궁무진하다. 많은 사람들이 오랜 시간을 투자해 연구한 덕분에 예전에 비하면 뇌의 신비가 과학적으로 많이 밝혀졌지만 아직까지 드러난 부분은 빙산의 일각에 불과하다.

　다중지능이론도 뇌에 대한 연구를 바탕으로 등장할 수 있었다. 1981년 미국의 노벨 의학상 수상자인 로저 페리(R. Perry)가 발표한 좌·우뇌 이론은 다중지능이론을 뒷받침하는 중요한 역할을 했다. 좌·우뇌 이론은 말 그대로 대뇌는 좌뇌와 우뇌로 나누어져 있고 각각 기능이 다르다는 이론이다. 좌뇌는 언어 영역을 관장하는 뇌로 분석적이고 논리적이며 합리적으로 사고하는 능력을 담당한다. 반면 우뇌는 이미지 뇌로 그림이나 음악 활동, 스포츠 등 감각적이고 직관적인 분야를 맡고 있다. 좌·우뇌 이론이 등장하면서 기존의 IQ 검사가 뇌 전체가 아니라 좌뇌 능력만을 측정했음이 밝혀졌고, 가드너 교수의 다중지능이론이 더 설득력을 얻게 되었다.

하지만 좌·우뇌 이론만으로 다중지능이론을 다 설명할 수 있는 것은 아니다. 인간의 두뇌는 더 복잡하고 무한한 잠재력을 갖고 있기 때문이다. 다중지능은 무한한 두뇌의 능력을 대변하는 지능이기 때문에 두뇌가 골고루 발달하면 다중지능 역시 자연스럽게 높아질 것이라는 추론이 가능하다.

뇌를 이해하면 다중지능이 보인다

두뇌와 다중지능의 관계를 좀더 깊이 이해하려면 뇌의 구조를 살펴보아야 한다. 인간의 뇌는 크게 3층으로 이루어져 있다. 가장 아래층은 '뇌간'으로 호흡, 혈압 조절, 체온 조절, 심장 박동 등 생명 유지에 필요한 기능을 담당한다. 뇌간 위인 1층은 변연계로 주로 감정을 다스리고 기억을 주관하며 호르몬 조절에 영향을 준다. 기쁨, 즐거움, 화, 슬픔 등의 감정은 물론 식욕과 성욕도 변연계가 담당한다.

맨 위층은 대뇌피질이다. 대뇌피질은 이성을 담당하는 부분으로 대뇌피질 중에서도 어느 부위인가에 따라 또다시 전두엽, 후두엽, 두정엽, 측두엽으로 구분된다. 전두엽은 대뇌피질의 앞쪽을 부르는 명칭으로 생각과 판단, 우선순위를 정하고, 감정 및 충동을 조절하는 기능을 한다. 고도의 정신 기능과 창조 기능은 대부분 전두엽이 담당한다고 해도 과언이 아니다. 후두엽은 말 그대로 뇌의 뒤쪽에 위치해 있으며 시각정보를 분석하고 통합하는 역할을 한다. 뇌의 상층부인 두정엽은 운동 명령을 내리는 운동중추를 갖고 있다. 신체를 움직이는 기능뿐 아니라 수학이나 물리학에서 필요한 입체·공간적 사고와 인식 기능, 계산 및 연상 기능 등을 수행하며, 외부로부터 들어오는 정보를 조합하는 역할을 한다. 마지막으로 측두엽은 해마에 인접해 있으며 청각피질을 포함한다. 그래서 청각의 조절에 관여하며 기억화 과정 특히 언어 기억에 핵심적인 역할을 한다.

대뇌피질부터 변연계까지 뇌의 구조와 기능을 살펴보면 여덟 개의 다중지능과 밀접한 연관이 있음을 짐작할 수 있다. 각 지능별로 좀더 관련이 많은 부위들이 있겠지만 기본적으로 뇌의 각 부위는 서로 유기적으로 연결돼 영향을 주고받는다. 이로 인해 두뇌가 골고루 발달하게 된다면 분명 비슷한 기능을 담당하는 다중지능도 같이 계발될 수 있을 것으로 보인다.

무리한 조기교육보다 흥미 자극의 두뇌교육이 우선

부모들이 가장 크게 착각하는 것 중 하나가 남보다 더 많이, 더 일찍 교육을 할수록 아이들이 공부를 잘한다는 생각이다. 그러다 보니 아이가 돌도 되기 전부터 인지발달에 좋다는 각종 전집을 사들이고 말도 못하는 아이를 위해 홈스쿨링을 시작한다.

하지만 조기교육에 앞서 알아둬야 할 것은 두뇌 기반 교육이다. 가령 대부분의 뇌 발달 전문가들은 일찍부터 영어교육을 시키는 것은 그다지 효과가 없다고 말한다. 집에서는 한국어를 쓰고 밖에서는 영어를 쓴다거나 아빠는 영어를 하고, 엄마는 한국어를 쓰는 등 자연스럽게 영어를 접할 수 있는 이중 언어 환경이라면 모를까 이것이 갖추어지지 않은 상황에서 두 개의 언어를 동시에, 그리고 강제적으로 배우게 되면 뇌의 언어 중추가 서로 상호 경쟁해 두 가지 언어 모두 효과적으로 받아들이기 힘들다는 것이다. 설사 아이가 이런 조기교육을 통해 현재 영어를 잘한다고 해도 동기유발이 되지 않고 재미를 못 느끼게 되며 오히려 영어에 대한 스트레스만 쌓인다. 결국 조기 영어교육보다 아이의 뇌가 외국어를 받아들이는 데에 거부감이 적은 일곱, 여덟 살 무렵에 본격적인 교육을 시작하는 게 더 효과적이라는 것이다.

동기유발에 도움이 되고, 효율적으로 교육시키기 위해서는 두뇌를 이해하고, 두뇌발달에 초점을 맞추는 것이 중요하다. 무엇보다 두뇌의 발달단계를 고려해야 한다. 출생 시 태아의 뇌 무게는 성인 뇌의 25%에 불과하다고 한다. 이렇게 작은 뇌가 만3세 무렵엔 1kg 정도로 커지고, 10세 정도까지 빠르게 성장한다. 태어나서부터 만3세까지는 몇몇 특정 능력을 키우려 하기보다 고른 뇌 발달과 감정, 정서 발달에 초점을 맞춰야 한다.

인간의 뇌는 뉴런이라는 신경 세포로 이루어져 있고, 신경세포의 회로가 치밀한지 아닌지에 따라 머리의 좋고 나쁨이 결정된다. 이는 만3세까지 신경세포의 회로와 대뇌피질(사고와 판단 등 고도의 정신활동이 이루어지는 뇌의 부위)을 이루는 각 부분이 가장 활발하게, 골고루 발달하기 때문이다. 따라서 이 시기는 영어만 열심히 시킨다든지, 카드학습만 지속적으로 한다든지 등의 편중된 학습을 시키기보다 오감을 자극하는 혹은 두뇌를 골고루 자극할 수 있는 환경을 만들어주는 것이 좋다.

만3세부터 6세까지는 전두엽이 빠르게 발달하는 시기이다. 전두엽은 인간의 종합적 사고와 창의력, 판단력, 도덕성과 감정을 조절하는 등 아주 중요한 역할을 하는 부위로 언어지능, 논리-수학지능과 직접적인 관련이 있다. 이때는 초등학교 수업의 선행학습을 강요하거나 영어를 가르치기보다 단 하나의 답이 아닌 여러 개의 답이 나올 수 있는 놀이로 호기심을 키우고, 창의성이 발현되는 환경을 만들어주는 것이 좋다. 만6세 무렵에는 연상사고와 언어기능, 청각기능을 담당하는 영역이 빠르게 성장한다. 바로 이 시기에 외국어 교육을 비롯한 말하기와 듣기, 읽기, 쓰기 교육이 효과적으로 이루어진다.

아이들을 가르칠 때 이렇게 두뇌발달의 단계를 기억하고, 두뇌를 계발시키기 위해 노력하는 등 두뇌이론에 따라 교육하면 훨씬 효과적이라는 점을 명심하자. 더불어 다중지능도 골고루 계발해 강점지능은 더욱 강화하고, 약점지능은 보완할 수 있도록 주의를 기울이자.

우리 아이 두뇌계발을 위한
오감 자극 프로젝트

뇌를 적절히 발달시키면 다중지능 또한 발달한다. 또한 현재의 사고를 뛰어넘는 창조적인 사고와 각 사고들을 연합시키고 추론하는 능력이 길러지고 그를 통해 기본적인 학습능력 향상은 물론 비판적 사고력과 창의성이 계발된다.

그렇다면 뇌를 발달시키기 위해서는 어떻게 해야 할까? 뇌 과학자들은 뇌 발달의 십계명으로 7다(多) 3소(少)를 말한다. 적절히 읽고, 손을 정밀하게 많이 사용하고, 사회봉사활동을 즐기고, 음식을 즐기고 씹는 등 오감자극을 하고, 즐겁게 공부하는 등 긍정적인 사고를 하고, 충분한 휴식과 수면, 균형있는 영양 섭취로 규칙적인 생활을 하고, 우뇌를 많이 쓰는 활동을 하는 것을 권장한다. 반대로 스트레스를 유발하는 과도한 선행학습 등을 피하고, 뇌 손상을 주의하고, 알코올이나 불필요한 약물을 피하면 원만한 발달을 이룰 수 있다고 한다.

1단계 | 두뇌계발은 잠으로 시작된다

잠이 부족하면 뇌가 충분히 쉬지 못한다. 자연히 피로가 쌓여 활동이 둔해지고 산만해질 수밖에 없다. 우리의 뇌는 잠자는 동안 중요치 않은 정보나 기억을 없애고, 중요한 학습 내용이나 정보, 지식 등을 머릿속에 저장한다. 잠을 충분히 자야 뇌의 기억 중추인 해마가 활성화돼 새로운 기억의 생성과 유지 활동을 제대로 할 수 있다.

뇌의 신경세포는 일정 기간 동안 계속 자극을 받으면 정보를 전달하는 신경전달물질이 고갈되어 반응을 하지 않는다. 때문에 어느 시간 동안 자극을 받았으면 쉬는 시간을 가져야 한다. 잠을 푹 자지 못한 아이들은 수업시간에 집중력이 떨어지고 산만한 태도를 보인다. 눈은 칠판을 쳐다보고 있어도 뇌의 활성이 떨어져 머릿속에 들어가지 않고, 의욕적으로 수업에 참여하지 못한다. 그리기 수업을 할 때면 대충 이것저것 그려놓고 손을 놓고 있기 일쑤며, 토론 수업을 할 때는 주제를 잘 파악하지 못해 남들이 하는 이야기에 집중하지 못한다. 당연히 자신의 의견을 피력하기도 어렵고, 공부에 대한 관심이 떨어지며 자기주도학습은 물 건너가게 된다.

그렇다면 뇌가 좋아하고, 아이 건강에도 좋은 잠은 어떤 잠일까? 일단 규칙적으로 자고, 충분히 자는 것이 중요하다. 개개인마다 차이가 있지만 초등학생의 경우 하루 8~9시간 이상의 수면을 취해야 다음날 활동에 무리가 없다. 다음으로는 일정한 시간에 자는 것이 좋다. 그래야 우리의 몸도 '이제 잠자리에 드는 시간이구나' 하고 인식한다.

이와 함께 아침을 활용하는 습관을 들이는 자세가 필요하다. 타고난 저녁형 인간들도 있겠지만 아침에 일어나고 밤에 잠자리에 드는 대부분의 사람들에겐 오전이 뇌가 가장 활발히 움직이는 시간이다. 밤에 더 집중이 잘 된다는 사람도 있지만 뇌의 각성 수위가 높을 뿐 뇌 자체는 피로한 상태인 경우가 허다하다.

만약 아이가 시간 관리를 못한다면 자기관리 측면에서 일지를 쓰게 한다. 하루 계획표에 따라 운동하고 잠자리에 들게 하는 것이다. 아이가 밤에 깨어 있는 것을 좋아한다면 엄마, 아빠가 함께 잠드는 환경을 마련한다. 밤에 TV를 보거나 과격하게 뛰어놀거나 운동을 하면 심신이 흥분하게 돼 아이들이 편안히 잠드는 데 문제가 생긴다. 따라서 밤에는 잔잔한 음악을 듣는다든가 책을 읽는 시간을 갖는게 좋고 아이가 잠자리에 든 후에도 푹 잠이 들때까지 확인한다.

아이가 아침에 일어날 때는 경쾌한 클래식음악을 틀어주거나 간단히 샤워하는 것을 권장한다. 이렇게 하면 뇌가 빨리 깨는 데 도움이 된다. 밤에 푹 잠을 못 잤을 때는 하루 15~30분 정도의 토막잠도 도움이 된다. 최근 학교를 운영할 때 초등학교 1~2학년 아이들을 대상으로 낮잠 시간을 갖도록 했다. 짧은 시간을 매일 규칙적으로 줘보니 오히려 학습에 대한 집중력이 높아짐을 체감할 수 있었다. 부모와 교사들 또한 긍정적인 피드백을 주었다.

하지만 30분 이상 낮잠을 자면 생체의 수면 주기가 깨져 밤에 잠이 잘 오지 않을 수 있으니 주의해야 한다. 너무 배가 고프거나 배가 불러도 숙면을 취하는 데 방해가 된다. 다이어트를 한다고 저녁을 거르거나 반대로 늦게까지 초콜릿이나 콜라, 과자 등 카페인 함유 식품을 먹는 것은 피한다. 배가 고플 때는 우유를 따뜻하게 한 잔 데워 마시는 정도가 적당하다.

2단계 | 균형 잡힌 식사를 한다

"You are what you eat."이라는 말이 있다. 당신이 먹는 것이 당신을 말한다는 뜻인데, 먹는 것으로 그 사람을 알 수 있을 정도로 음식이 중요하다는 얘기다. 뇌가 하루에 소모하는 칼로리는 약 400kcal로, 특히 뇌 발달이 진행되는 유아기에는 영양 상태가 뇌의 기능과 구조에도 영향을 미친다. 뇌가 잘 성장하고 발달하기 위해서는 뇌가 좋아하는 식품을 충분히 섭취해야 한다.

아이의 두뇌가 가장 좋아하는 영양소는 아미노산인데, 뇌 기능을 주관하는 신경전달물질을 만드는 주원료가 되며 집중력을 높여준다. 계란과 고기, 생선, 두유, 우유 등 단백질 음식에 많이 들어있다.

지방 역시 꼭 섭취해야 할 성분이다. 뇌는 지방을 가장 많이 함유하고 있는 기관으로 뇌신경세포는 영양을 충분히 공급받아야 원활하게 시냅스 회로를 만든다. 그리고 지방은 모든 세포막의 구성 성분으로 신경세포막의 정상 기능을 유지하는 역할을 한다.

포도당 역시 빼놓을 수 없다. 뇌는 포도당을 주요 에너지로 사용하기 때문이다. 평소 과일이나 야채, 곡류 등으로 탄수화물을 잘 챙겨 먹고, 비타민과 미네랄이 풍부한 시금치, 쑥갓, 당근 등 녹황색채소와 호박씨, 해바라기 씨, 잣, 호두 등의 견과류도 잊지 말자. 이와 함께 두뇌기능을 도와주는 칼슘이나 뇌 발달에 필수인 철 역시 부족하면 빈혈이 생겨 뇌 발달에 안 좋은 영향을 줄 수 있다. 칼슘은 우유, 미역, 다시마, 김 등 해조류 등에 많이 들어있고, 철은 달걀노른자와 고기, 감자, 토마토 등에 많다.

멀리서 배나 비행기를 타고 몇 만 킬로미터를 이동해오는 음식이 아닌,

내가 사는 지역, 내가 태어난 땅의 음식을 먹는 것도 중요하다. 먼 지역에서 가져온 음식물은 보관을 위해 방부제와 같은 화학물질이 첨가가 되어 있다. 일찍부터 급식을 체계화한 일본에서는 고이즈미 총리 시절, 식육 운동을 벌이면서 '지산지소' 운동을 벌였다. 지산지소란 그 지역에서 생산된 농산물은 지역에서 소비한다는 운동으로 자기가 태어나 자란 땅에서 생산되는 농산물이 가장 체질에 잘 맞는다는 것이다.

영국에 급식혁명을 가져와 패스트푸드와 튀긴 요리 등을 학교 식단에서 내쫓은 스타 요리사 제이미 올리버 역시 신선하고 좋은 재료를 쉽게 요리해서 즐겁게 먹는 것이라는 철학 아래 로컬 푸드 운동을 벌이며 지역 농산물의 중요성을 강조하고 있다. 우리나라 역시 이런 음식 혁명에 대한 부르짖음이 점차 늘고 있다.

조미료와 발색제, 합성 착향료, 화학소금, 경화제 등 다양한 식품 첨가물이 들어간 가공식품, 트랜스지방이 가득한 패스트푸드도 피해야 할 음식이다. 이러한 음식에는 지방과 설탕이 많이 들어있고, 비타민이나 무기질은 부족하다. 물론 지방은 몸에 에너지를 공급하는 등 뇌와 신경계에 꼭 필요한 영양소다. 하지만 몸에 좋은 기름과 나쁜 기름의 차이는 크다. 그리고 이런 음식에는 발암성 독성물질을 만들고 콜레스테롤을 높이는 나쁜 지방의 대명사인 트랜스지방이 가득하다.

설탕 역시 문제다. 미각 중에서 단맛은 가장 중독성이 강한 식품으로 아이들은 이러한 음식을 먹으면 먹을수록 중독되고, 담백한 채소나 과일 등은 밍밍하게 느껴져 점점 더 먹지 않게 된다. 당연히 영양 불균형이 생기게 되고, 우리 뇌에 꼭 필요한 영양소를 챙겨 먹지 않게 되면서 두뇌발달이 지연되는 악순환이 찾아온다. 조미료와 식품첨가물, 화학제품이 들어간 가

공식품 섭취를 줄이려는 노력이 절실하다.

　　뇌 발달을 위한 음식 섭취에 있어 무엇을 먹는가도 중요하지만 어떻게 먹는가도 생각해봐야 할 부분이다. 일단 중요한 것은 절대 끼니를 거르지 말라는 점이다. 얼마 전 EBS에서 상위 0.1% 아이들의 공부습관과 생활습관을 집중 조명한 다큐멘터리를 본적이 있다. 아이들의 하루 일과는 수면시간이나 컴퓨터 사용시간 등에서 보통의 아이들과 큰 차이가 없었는데, 한 가지 다른 시간은 바로 아침 식사에 있었다. 상위 0.1%의 아이들 중 90% 이상이 아침을 거르지 않는다는 사실이 밝혀졌다.

　　아침이 되면 사람의 몸은 알아서 깨어날 준비를 한다. 호르몬이 신호를 보내 체온을 올리고 대사율을 올린다. 뇌 역시 수천억 개의 뇌신경이 움직이는 상태로 하루의 시작을 준비한다. 이 과정에서 에너지를 필요로 하는데, 만약 밥을 안 먹어 포도당이 부족한 상태로 활동하게 되면 뇌에 큰 부담을 주게 되고, 자연히 지적 활동이 둔해질 수밖에 없다. 또한 공복상태는 뇌하수체 위에 있는 식욕 중추를 흥분시켜 일이나 학습에 집중할 수 없는 상태를 만든다.

　　음식을 천천히, 즐기면서 먹는 태도도 중요하다. 예전에 우리가 학교에 다닐 때는 스무 번씩 씹으라고 했는데, 이제는 서른 번 이상 천천히 씹을 것을 권한다. 딱딱한 음식을 천천히 씹어 먹으면, 이가 운동을 하게 되고, 씹는 기억력을 상승시키는 등 두뇌에 자극을 줘 두뇌발달에도 도움이 된다.

3단계 | 편안한 아이가 똑똑하다

언젠가 뇌 관련 책에서 읽은 이야기이다. 깍지를 끼고 두 검지를 평행으로 세운 뒤 마음속으로 '검지야, 붙어라, 붙어라'를 외치면 두 손가락이 결국 붙게 된단다. 붙을 수 있다는 잠재의식이 손가락에 미세한 움직임을 야기해 실제로 붙게 된다는 설명이었는데, '정말?' 하는 의구심에 책을 읽은 뒤 눈을 감고 따라해봤다. 신기하게도 정말로 내 손가락이 붙어 있었다. 그만큼 마음가짐이 중요하다는 것을 의미하는데, 긍정적인 생각과 함께 스트레스가 없는 환경은 두뇌발달에 필수라는 의미이기도 하다.

학교 수업을 시작하기 전 아이들과 꼭 했던 활동이 파안대소하는 것이었다. 웃으면서 공부하면 집중력이 생기고, 교사가 어떤 이야기를 하든지 잘 받아들일 수 있으며 즐겁게 공부할 수 있다. 또 웃음은 뇌의 해마를 활성화시키고 기억력을 높이는 효과가 있다. 평소 아이와 크게, 자주 웃는 습관을 들여보자. 꼭 웃을 일이 없어도 "우리 거울보고 같이 웃어볼까? 누가 더 크게 웃나 게임해볼까?"하고 억지로라도 웃는 시간을 갖자.

일상에서 긍정적인 마인드를 가지려면 아침을 행복하게 시작해야 한다. 아이가 웃으며 일어날 수 있도록 좋아하는 노래를 틀어 깨운다든가 발바닥을 살살 간질이며 안아서 깨워주면 어떨까? 창문을 활짝 열거나 상쾌한 향초 등으로 아이의 코를 자극하는 것도 괜찮은 방법이다. 아침에 웃고 일어나면 긍정적인 감정을 유발하는 옥시토신 호르몬이 나오고, 하루를 행복한 마음으로 시작할 수 있다.

칭찬은 자신감을 갖게 하는 1등 공신이다. "예쁘다, 착하다"라는 식으로 무조건 칭찬하라는 것이 아니라 아이가 해보고 싶다는 생각이 들도록, 칭찬받을 만한 행동을 했다는 생각에 스스로를 뿌듯해할 수 있도록 아이를 북돋아 주는 말을 해보자.

학교에서 아이를 대할 때면 늘 "지난번에 토론할 때 보니까 자료를 많이 준비했더구나." 혹은 "앞에 나가서 발표할 때 보니까 눈빛에 자신감이 넘치더라."는 식으로 구체적으로 칭찬을 하곤 했다. 집에서 역시 마찬가지다. "방 청소를 지난번보다 더 깨끗이 했네. 장난감을 찾기 쉽게 크기에 따라 잘 정리했구나."라고 아이가 무엇을 잘 했는지, 어떤 변화가 일어났는지 구체적으로 칭찬하는 것이 효과적이다. 자신감이 생긴 아이는 자기주도학습력도 함께 상승함을 잊지 말자.

마지막으로 자기 자신을 사랑하는 사람이 될 기회를 마련해주자. 스스로를 사랑하고, 자긍심을 갖기 위해서는 자신감의 근거가 있어야 한다. "자신감을 가져라."라고 백 번 말해도 스스로 어떤 것을 해낸 뒤, '어? 내가 이런 일을 했구나. 다음번에도 할 수 있겠다'고 느끼는 것만 못하다.

일기를 쓰든, 학습 일지를 쓰든, 말로 하든 간에 아이가 자신이 한 활동이나 자신이 보낸 시간을 되돌아보는 시간을 갖게 해보자. 이 과정 속에 아이는 그날 자신이 무엇을 했고, 그를 통해 무엇을 얻었고, 그 시간을 어떻게 보냈는지 나이에 맞게 수준별로 하루를 평가하고 자기 자신을 돌아볼 수 있다. 그 시간 속에 아이는 '오늘 참 좋은 시간을 보냈다'며 뿌듯해 하기도 하고, 때로는 반성을 통해 새로운 목표를 갖게 되기도 한다. 그렇게 조금씩 성장하면서 달라지는 자신의 모습을 마주하다 보면 자신감을 갖게 되고, 자신을 사랑하는 사람으로 자라날 것이다.

✓ Tip • 적용하기

두뇌발달 십계명

1. 적절히 읽어라.
2. 손을 정밀하게 사용하고 많이 움직여라.
3. 봉사활동을 즐겨라.
4. 음식을 즐기고 많이 씹어라.
5. 즐겁게 공부하고, 긍정적·적극적 사고를 하라.
6. 충분한 휴식과 수면, 고른 영양 섭취로 균형 있는 생활을 유지하라.
7. 좌뇌와 우뇌 모두를 사용하라.
8. 스트레스를 이완하고 극복하라. 과도한 선행학습과 양적 교육을 피하라.
9. 뇌의 피로와 충격을 조심하라.
10. 불필요한 약물과 담배, 알코올 등 외부적 환경에 유의하라.

4단계 | 오감을 자극한다

아이들은 흥미를 끄는 물건을 볼 때면 손으로 만지고 보고, 느끼고, 먹어보고 흔들어 소리를 들어보는 등 오감으로 확인하려 한다. 이러한 활동은 뇌의 시냅스를 정교하게 하는 것으로 두뇌를 발달시키는 가장 효과적인 방법 중 하나다. 따라서 오감을 자극해 두뇌의 특정 영역이 아닌 전반적인 부분을 자극하길 권한다.

그렇다면 오감을 발달시키려면 어떻게 해야 할까? 무엇보다 많은 것을 보고, 듣고, 만지게 하면서 온몸의 감각을 일깨우는 환경을 만들어주는 것이 필요하다. 청각의 경우 평소 다양한 물건이 만들어내는 소리, 여러 사람 혹은 동물의 소리, 다양한 악기 소리 등을 들려주면 발달하는 데 도움이 된다. 자연의 소리를 듣게 하는 것도 좋은 방법이다. 고요한 가운데 졸졸 흘러내리는 시냇물 소리나 빗소리도 좋고, 낙엽 밟는 소리, 바람 소리에 귀 기울일 기회를 마련해주자. 악기 소리를 직접 듣는 것은 대뇌를 한층 자극해 음감을 키워준다.

시각 발달에 도움이 되는 것은 일단 아이와 눈을 자주 맞추고 이야기를 나누는 일이다. 부모가 아이의 가장 좋은 놀이 대상이라는 것을 잊지 말자. 가끔 방안 물건의 위치를 바꾼다거나 새로운 물건을 방에 놓아주는 것도 도움이 되고, 이야기를 하면서 상대방의 표정을 읽는 연습을 하는 것도 좋다. 거울에 비추도록 그림을 걸어놓고 따라 그리거나 그림을 거꾸로 놓고 감상하면 머릿속에 각인된 이미지보다 눈앞에 펼쳐진 상태를 인식하는 기회를 갖게 된다.

자연물은 시각 발달을 위한 가장 좋은 교구다. 회색 콘크리트 숲에서는 계절이 가고, 시간이 흘러도 변하는 것이 많지 않다. 하지만 자연 속에서는 계절에 따라 나뭇잎 색깔이 달라지고, 나뭇잎의 모양이 변한다. 그것만으로도 충분한 시각적 자극이 되고 아이는 자신을 둘러싸고 있는 환경에 관심을 기울이게 된다.

미각이 발달한 아기는 머리가 좋다는 말이 있을 정도로 미각은 무엇보다 중요한 감각 경험이다. 음식이 혀 속의 맛봉오리를 자극하면 그 자극이 대뇌의 미각중추로 전해지고, 그 과정 속에 뇌가 한층 자극을 받게 된다. 미각은 식습관만 좋아도 충분히 발달시킬 수 있다. 어릴 때부터 편식하지 않는 습관을 기르고, 먹는 일이 괴로운 일이 아닌, 즐겁고 행복한 일이라는 생각을 가질 수 있는 환경을 만들어주자. 음식에 대한 선호도는 환경의 영향일 뿐, 타고나는 것이 아니다. 부모부터 가려 먹는 습관을 버리고, 아이가 어릴 적 이유식을 만들어줄 때부터 다양한 맛과 식감을 느낄 수 있도록 음식을 준비해준다. 예를 들어 감자를 쪄서 줬다면 다음엔 감자를 으깨서 주고 다음에는 으깬 감자에 당근이나 오이 등 채소들을 섞어줘보자. 이와 함께 새로운 맛을 경험할 때마다 "그건 맛이 어때? 뭐랑 비슷해?"라는 식으로 이야기를 해보고 맛을 다양한 방법으로 표현해보는 시간을 갖는다.

따로 시간을 내 미각교육을 하는 것이 아니라 간식을 함께 만들어 먹으며 "하늘의 구름을 먹는 것 같아. 옹달샘에서 길어온 물처럼 시원해. 당근을 씹을 때마다 입안에서 오케스트라 연주가 열리는 것 같아." 하는 등 구체적인 낱말로 표현하거나 얼굴 표정, 동작 등으로 표현해보자. 눈을 감고 음식을 먹으며 맛을 보는 놀이도 아이들이 재미있어한다. 귤과 오렌지, 한라봉 등 비슷한 음식을 늘어놓고 어떤 과일인지 맞춰보고, 각각의 차이가 어떤지 이야기를 나눠보는 식이다.

미각을 자극하면 자연스레 후각도 발달한다. 아이들은 태어날 때부터 후각이 충분히 발달해 있다. 그래서 더 발달시키기보다 여러 가지 오염물질이나 인공 향으로 무뎌지지 않도록 유지하는 데 초점을 둬야 한다. 일단 아이에게 다양한 향을 맡을 기회를 주되 향수나 방향제 등 인공적인 향기가 아닌 사과, 포도, 꽃, 풀 등 자연의 향을 맡게 한다. 음식을 먹기 전 냄새를 맡게 한 뒤 기분이 어떤지, 무엇과 비슷한지 등의 이야기를 나누는 것도 좋은 방법이다.

촉각 역시 오감 중에서 일찍이 발달하는 감각이다. 어릴 때부터 아기를 자주 안아주고, 마사지해주는 등 신체적인 접촉을 많이 하면 정서발달은 물론 뇌 발달에도 도움이 된다. 평소 다양한 촉감의 물건을 만지게 해주는 것도 좋다. 정형화된 플라스틱 장난감보다는 고무 장난감, 나무, 다양한 감촉의 헝겊 인형 등을 가지고 놀게 하자. 피부끼리 접촉하는 것도 좋다. 목욕 시간에 아이만 씻기는 것이 아니라 엄마나 아빠 역시 옷을 벗고 함께 목욕하며 피부끼리 접촉할 기회를 가져보고, 사랑한다 말할 때도 엉덩이를 두드리고 머리카락을 쓸어 넘겨주는 등 살가운 접촉을 시도한다.

모래놀이는 촉감을 발달시킬 수 있는 아주 좋은 활동이다. 작은 알갱이가 손가락 사이를 빠져 나가게도 해보고, 물을 부어 질척해진 모래의 감촉을 느껴보게 한다. 맨발로 다양한 촉감을 느낀 뒤 차이점을 얘기하게 하는 방법도 있다. 타일 바닥을 걸을 때의 느낌, 양탄자나 이불을 밟을 때의 느낌, 잔디밭과 모래 위를 걸을 때의 느낌은 제각각 다르기 때문에 그것을 깨닫는 것 자체가 아이의 감각발달을 돕는다. 아이의 눈을 가리고 과일이나 장난감 등 물건을 만져보게 해 어떤 것인지 알아보거나 함께 밀가루 반죽을 만들며 요리를 하는 것, 글자를 쓰고 무슨 글자인지 알아맞히는 것 등도 촉각과 손재주에 도움이 되는 놀이다.

단 오감자극이 아이의 두뇌계발에 도움이 된다는 이유로 아이의 의도나 상태와 상관없이 시도 때도 없이 자극을 주려고 욕심을 부리지 않도록 주의해야 한다. 청력발달과 정서 안정에 효과가 있다는 이유로 지루해하는 아이에게 클래식 명곡만 들려주기보다 때로는 동요를, 때로는 국악 캐롤을 들려주는 등 다양한 접근이 필요하다. 아이의 관심과 반응, 요구 등을 먼저 고려하자.

Tip • 적용하기

오감자극, 이렇게 한다

오감	활동
시각	1. 아이와 눈을 맞추고 이야기를 나눈다. 2. 가끔씩 거울을 통해 물건을 보게 한다. 3. 방안의 물건의 위치를 바꾼다. 4. 사람들의 표정에 관심을 기울이도록 한다. 5. 자연의 변화를 눈으로 보게 한다.
청각	1. 사람을 비롯해 동물, 악기 등 다양한 소리를 접하게 한다. 2. 시냇물 소리, 빗소리 등 자연의 소리를 듣게 한다. 3. 악기 소리를 직접 듣게 한다.
미각	1. 편식하지 않고 골고루 먹게 한다. 2. 같은 재료라도 요리법을 달리해 다양한 식감을 느끼게 한다. 3. 음식의 맛을 말로 표현하도록 한다.
후각	1. 꽃과 풀, 나무 등 자연의 향을 맡게 한다. 2. 음식을 먹기 전 향을 음미하도록 한다. 3. 인공 향을 멀리 한다.
촉각	1. 마사지 등 신체접촉을 충분히 한다. 2. 고무, 나무, 모래 등 다양한 놀이감을 제공한다. 3. 맨발로 풀밭이나 모래 위를 걷게 한다.

5단계 | 체조로 두뇌계발이 가능하다

두뇌계발을 위한 대표적인 방법의 하나는 운동이다. 두뇌는 몸 전체에 화학물질을 전달하는 가장 큰 기관 중의 하나로 체내의 여러 기관 중에서 가장 많은 혈액이 공급되며 수백만 개의 작은 혈관을 통해 뇌세포 생성에 필요한 영양과 산소도 공급된다. 또한 뇌의 무게는 몸 전체의 약 3%에 불과하지만 뇌는 인간이 필요로 하는 산소의 20%를 소모한다. 운동은 산소 공급을 증가시키고 장기적으로는 동맥을 깨끗하게 해주기 때문에 두뇌계발에 도움이 된다.

실제 캐나다에서 300명의 아이들을 대상으로 이루어진 60년간의 장기적인 연구에서는 매일 운동을 하고 신체적으로 건강한 사람이 학업에서 좋은 성과를 내는 것으로 나타났다. 그중에서도 두뇌체조는 실제 좋은 성과가 있는 것으로 평가받고 있다. 어느 곳에서나 많은 시간을 들이지 않고 쉽고 간단하게 할 수 있는데, 좌·우뇌에 적절한 자극을 줘 사고력과 창의력을 키울 수 있다. 또한 호흡법을 통해 정서 안정을 가져온다. 이와 함께 집중력과 표현력, 이해력 등을 키우기에 좋고 적극적이고 긍정적인 자세를 심어주는 효과가 있다.

뒤쪽에 소개된 두뇌체조는 미국의 치료교육 전문가 폴 데니슨(Paul Dennison) 박사가 고안한 것으로 그중 일부를 집에서 쉽게 따라 할 수 있도록 내용을 정리했다. 나의 경우에도 일정한 시간을 정해 반 아이들과 규칙적으로 시행했을 때 효과를 본 경험이 있으며 현재 초등학교 내에서는 나름 보편적인 활동이기도 하다.

PLUS TIP

두뇌계발에 도움이 되는 체조

● 창의력 향상!

1. 팔 쭉 펴기
① 오른팔을 천장을 향해 쭉 편다.
② 왼손으로 오른팔의 안쪽 윗부분을 잡는다.
③ 천천히 숨을 내쉬며 왼손으로 오른팔을 힘주어 쥔다(8초간).
④ 위, 아래, 뒤쪽으로 이동하면서 반복한다.
⑤ 같은 방법으로 팔을 바꿔서 실시한다.

2. 하품하기
① 관자놀이를 따라 내려가면서 위쪽 뼈와 아래쪽 뼈가 맞물리는 움푹한 부위를 찾는다.
② ①의 부위를 검지와 중지를 대고 누른다.
③ 손가락으로 누른 채 눈을 꼭 감고 하품하는 동작을 한다(3회 반복/ 이때 진짜 하품하듯이 크게 소리를 내어도 좋다).

3. 팔과 다리 엇갈려 부딪치기
① 오른팔을 직각 형태로 굽혀 왼쪽 사선으로 몸을 틀고 왼쪽 무릎을 들어 올려 팔꿈치와 마주친다(에어로빅 동작처럼). 반대 방향으로도 한다.
② 왼쪽 무릎을 올려 오른손 바닥으로 친다. 걸으면서 해도 좋다. 반대 방향으로도 한다.
③ 왼쪽 무릎을 들어 올리면서 오른팔은 머리 위로 쭉 펴고, 왼팔은 등 뒤

PLUS TIP

　　로 쭉 뻗는다. 반대 방향으로 한다.
　　④ 왼쪽 다리를 뒤로 차면서 오른손으로 왼발 뒤꿈치를 친다. 반대 방향으로도 한다.
　　⑤ ①, ②, ③, ④의 동작을 연속적으로 이어서 3회 정도 실시한다.

● **집중력 키우기**

1. **브레인 버튼**
　　① 쇄골과 흉골이 만나는 부위(가슴 중앙에서 3cm 정도 위쪽에 있으며 쇄골 바로 밑 뼈가 없는 빈 곳을 '브레인 버튼'이라고 한다)를 찾아 오른손 엄지와 검지로 누른다.
　　② 왼손은 배꼽 위에 올린다.
　　③ 고개를 좌우로 돌리면서 브레인 버튼을 30초~1분 동안 활기차게 문지른다.
　　④ 양손을 바꿔가며 반복한다.

2. **귀 만지기**
　　① 양손으로 귀의 위쪽 부분을 잡는다.
　　② 귀의 말린 부분을 편다.
　　③ 귀의 위쪽에서 시작해 아래쪽으로 향하면서 마사지하듯 계속 문지른다.
　　④ 3회 반복한다.

3. **입술 밑 누르기**
　　① 검지와 중지를 입술 밑에 댄다. 다른 손은 아래를 향하도록 펴면서 배

꼽에 가볍게 댄다.
② 눈은 땅을 보고 숨을 깊게 쉰다.
③ ①, ②의 자세를 유지하면서 눈동자만 바닥에서부터 천장까지, 다시 천장에서 바닥까지 천천히 움직인다.
④ 위의 동작을 3회 반복한다.

4. 손깍지 끼기
① 왼쪽 발목을 오른쪽 발목 앞으로 두고 두 다리가 엇갈리는 자세로 선다.
② 팔을 앞으로 뻗고 왼쪽 팔목을 오른쪽 팔목 위로 올려 두 팔이 엇갈리도록 한다.
③ 양손바닥이 마주 닿도록 한 뒤 깍지를 낀다.
④ 팔을 가슴 쪽으로 당겨 깍지 낀 손이 가슴에 닿도록 한다.
⑤ 위의 자세로 눈을 감고 1분 동안 가만히 서 있는다.
⑥ 팔과 발을 반대 방향으로 바꿔서도 해본다.

5. 깍지 끼고 목 당기기
① 책상 앞에 앉아서 양손을 어깨너비로 벌려 올려놓는다.
② 턱이 가슴에 닿도록 고개를 푹 숙인다(목 근육이 당기는 게 느껴질 때까지).
③ 그대로 머리를 내려 책상 위에 이마를 댄다.
④ 숨을 들이쉬면서 이마와 목을 천천히 올려 뒤로 젖힌다. 이때 가슴을 활짝 펴고 상체를 길게 늘여준다.
⑤ 다시 숨을 내쉬면서 턱을 가슴 쪽으로 당겨 다시 책상 쪽으로 천천히 내려간다.
⑥ 위의 동작을 3회 반복한다.

PLUS TIP

● **자기표현력을 쑥쑥!**

1. 배로 숨쉬기
① 양손을 배 위에 올려놓는다.
② 입으로 짧게 숨을 '풋풋'거리면서 속이 빈 것같이 느껴질 때까지 내쉰다.
③ 배가 마치 풍선처럼 부풀려지는 듯한 느낌이 들 때까지 숨을 깊이 들이 마신다(이때 등을 아치 모양으로 구부리면 좀더 깊게 숨을 들이마실 수 있다).
④ 위의 동작을 3회 반복한다.

2. 양손을 이용해 그리기
① 양손을 모두 이용해 도화지 중앙선을 중심으로 대칭이 되는 그림을 그린다.
② 삼각형, 원과 같이 크고 간단한 도형을 그리는 것으로 시작하는 것이 좋으며, 그보다 기초단계로는 안으로 긋기, 밖으로 긋기, 아래로 향하는 직선 긋기를 하는 것이 좋다.

● **언어능력도 운동을 통해**

다리근육 늘리기
① 의자나 벽처럼 기댈 수 있는 물체를 찾아 손으로 잡고 상체를 똑바로 세운다.
② 한 다리는 앞으로 내밀어 무릎을 굽히고, 다른 다리는 뒤로 쭉 뻗는다.
③ 앞으로 내민 발은 발바닥이 전부 바닥에 닿도록 한다.

④ 그 자세에서 숨을 들이쉬면서 양다리를 지그시 아래로 누른다.
⑤ 숨을 내쉬면서 원위치로 돌아온다.

● **수리력·사고력 향상**

목 돌리기

① 왼손으로 오른쪽 어깨를 잡고 고개를 오른쪽으로 최대한 돌렸다가 다시 왼쪽으로 최대한 돌린다.
② 숨을 들이쉬면서 처음 방향으로 고개를 최대한 돌린 뒤 다시 숨을 내쉬면서 반대 방향으로 고개를 최대한 돌린다.
③ 다시 손을 바꾸어 오른손으로 왼쪽 어깨를 잡고 같은 방식으로 고개 돌리기를 반복한다.

Chapter
02

내 아이의 강점지능과
약점지능을 파악하라

강점지능과 약점지능의
연쇄적 반응을 인지하라

언어지능이 뛰어나 말을 잘하거나 글을 잘 쓰고, 이해력이 높은 아이들 혹은 수 계산을 능숙하게 하거나 논리적으로 문제를 잘 해결하는 아이들만 똑똑하다고 하는 시대는 지나갔다. 두뇌가 갖고 있는 잠재력은 언어지능과 수학지능만으로는 설명할 수 없다. 그래서 등장한 것이 다중지능이론이다.

다중지능이론에 의하면 아이들은 여덟 가지 지능 중 반드시 다른 아이들보다 뛰어난 지능을 갖고 있다고 한다. 이를 강점지능이라 하는데, 이 강점지능을 찾아 잘 계발하면 누구라도 이 사회에서 꼭 필요한 창의적인 인재로 혹은 자기 일을 즐기며 살아가는 행복한 사회 구성원으로 성장할 수 있다.

이쯤 되면 과연 내 아이의 강점지능이 무엇인지 무척 궁금할 것이다. 강점지능은 눈에 띄게 두드러지는 경우도 많지만 주의 깊게 살펴보지 않으면 미처 모르고 지나칠 수도 있다. 그런 강점지능을 찾아주는 것도 부모의 중요한 역할이다.

생각보다 내 아이의 강점지능을 찾는 것은 쉽지 않다. 조급한 마음에 서두르다 보면 자칫 낭패를 볼 수도 있으니 내 아이의 강점지능을 찾아주기 전에 몇 가지 주의사항부터 살펴보도록 하자.

강점지능을 찾기 전에 알아야 할 것

"우리 아이 강점지능은 어떤 건지 도통 모르겠어요. 언어지능도 높고, 대인관계지능도 높고, 신체-운동지능도 다른 아이들보다 좋은 것 같고…. 여덟 개 지능이 다 나쁘지 않은데 확실히 두각을 나타내는 지능은 없는 것 같아요."

이런 비슷한 얘기를 하는 부모들이 많다. 부모 입장에서는 강점지능이라 하면 여덟 가지 지능 중 확연히 두드러지는 지능을 떠올리기 쉽다. 그래서 아이의 대표적인 강점지능은 하나일 것이라 짐작하는데, 실상은 그렇지 않다. 강점지능은 꼭 한 가지가 아니다. 다른 아이들에 비해 어느 한 지능이 월등히 높은 경우도 있지만 그보다는 몇 가지 지능이 비슷한 수준으로 높게 나오는 경우가 흔하다.

그럴 수밖에 없는 것이 여덟 가지 지능은 각각의 분명한 특징이 있으면서도 서로 유기적으로 영향을 주고받는다. 예를 들어 언어지능이 뛰어난 사람은 대개 자기의 생각이나 감정을 잘 표현하기 때문에 자기이해지능과 대인관계지능도 높은 편이다.

꼭 직접적인 연결고리가 없더라도 여러 영역의 지능이 높게 나오는 경우는 많다. 공부 잘하는 아이들은 운동을 잘 못할 것이라는 편견을 갖고 있는 사람들이 많은데, 언어지능이나 논리-수학지능이 높으면서 신체-운동지능이 높은 아이들도 무척 많다. 공부도 잘하고 노래도 잘 부르고 춤도 잘 추는, 이른바 다재다능한 아이들을 보는 것은 더 이상 어려운 일이 아니다.

이처럼 아이의 강점지능은 여러 가지일 수 있다. 강점지능이 다양하다는 것은 그만큼 아이의 잠재력이 무한하고, 앞으로 계발할 여지도 많다는 것을 의미하니 오히려 희망적이다.

약점지능도 마찬가지다. 강점지능과는 달리 여덟 가지 다중지능 중 낮은 지능을 약점지능이라 하는데, 이 또한 여러 개 일 수 있다. 약점지능이 여러 개라도 노력하면 얼마든지 보완할 수 있고, 어느 한 약점지능을 보완하면 다른 약점지능도 연쇄적으로 높아지는 경우가 많으니 크게 걱정하지 않아도 된다.

다중지능 평가, 일반 시험과 다르다

아이들은 기대한 만큼 성장하는 것이 아니라, 평가한 만큼 성장한다는 말이 있다. 기대하는 것은 그래주길 바라는 희망사항일 뿐이다. 평가한다는 것은 대상의 가치를 판단하는 것으로 실제 '그렇다'는 판단의 의미가 덧붙여진다. 또한 단순히 '그렇다'라는 인식에서 끝나는 것이 아니라 아이의 개별적인 발달을 비롯해 지능과 성향 등을 이해하고 파악하며 앞으로 어떤 방향으로 나아가야 할지를 결정하는 토대가 된다. 평가의 사전적 의미는 사람이나 사물의 가치를 판단하는 것으로 교육적인 측면에서는 아이에 대해 학습의 효과나 발달 등을 측정하는 것이다.

하지만 단지 측정에서만 끝나는 것은 진정한 다중지능 평가가 아니다. 다중지능을 평가하는 목적은 기술과 가능성을 파악해 본인과 주변에 정보를 제공함으로써 이를 진로와 연결시키는 데 있다. 즉 평가가 단순히 평가로 끝나는 것이 아니라 점점 더 발달해 다중지능학습에 도움이 되고, 구체적인 생활 속 문제를 해결해가는 능력을 키우는 데 보탬이 되어야 한다. 결국 다중지능의 제대로 된 평가가 매우 중요한 문제로 남는 것이다. 진정한 다중지능 평가란 무엇인지, 어떤 점에 유의해야 제대로 평가할 수 있는지 살펴보자.

평가는 아이가 자라는 매일매일 이뤄진다

기존의 평가 방식인 시험은 실생활과 분리된 환경 속에서 정해진 형식으로 지식수준을 측정하는 데 머문다. 하지만 실생활에서 책상에 앉아 종이 위에 적힌 문제를 풀며 능력을 발휘해야 하는 경우는 과연 얼마나 될까? 학교를 졸업하면 거의 없다고 해도 과언이 아니다. 대부분은 일상생활에서 혹은 작업하는 환경에서 스스로 능력을 발휘해야 한다. 따라서 제대로 아이의 능력과 재능을 평가하려면 실생활 속에서 아이가 어떻게 문제를 해결하고 성취하는지 살피는 것이 중요하다.

다중지능 평가는 이러한 점을 보완하기 위해 시점을 정해 평가하는 것이 아니라 성장 과정 중 꾸준히 시행되고, 학습과정이나 실생활 속에서 자연스럽게, 그리고 시시때때로 이루어진다. 무엇보다 다중지능을 평가할 때는 한순간이 아닌 오랜 시간 아이를 관찰하는 것이 중요하다.

한 예로 사상체질에 대한 한의학 이론을 집대성한 조선시대 학자 이지함 선생은 환자의 상태를 살필 때 그의 집에서 몇 주씩 머무르며 살펴본 뒤 태음인인가 소양인인가 등을 판단했다. 이는 한 사람의 체질을 정확하게 집어낼 수 있으려면 그 사람의 골격이나 생김새는 물론 환자가 어떤 음식을 먹고 가리는지, 잠자는 습관은 어떤지, 성격이 활달한지 아닌지, 낙관적인 편인지 그렇지 않은지 등의 평소 모습을 모두 살펴야만 가능하다고 여겼기 때문이다.

지능을 파악하는 일도 마찬가지다. 지능을 한순간이나 단기간의 관심 혹은 결과물로 판단하기에는 무리가 따른다. 시간의 흐름이나 교육의 정도, 친구, 부모의 영향 등 주변 환경에 따라 얼마든지 계발될 수 있기 때문이다. 평소 관심이 없는 분야라도 친구와 대화를 하거나 TV를 보다 우연히 관심을 가질 수도 있고, 자신도 미처 몰랐던 소질과 재능을 뜻밖의 상황에서 발견하는 경우가 종종 있으니 시간에 따른 아이의 변화를 눈여겨봐야 한다.

다양한 자료와 도구, 방법을 활용해 평가한다

아이의 지능 프로파일을 제대로 파악하기 위해서는 다양한 자료와 도구의 활용, 방법 등이 필요하다. 지필검사라는 기존의 도구만이 아닌 다양한 도구와 다차원적인 시각으로 아이를 바라보면 그동안 감춰져 있던 아이의 지능과 능력, 취향을 찾을 수 있다. 평가할 때 한 번에 끝나는 일회성 활동 외에 지속적 활동, 개인 및 협동 활동, 실내 활동, 야외활동, 실험, 응용 등 다양한 방법으로 아이가 지능을 발현할 기회를 주도록 한다.

결과만이 아니라 과정도 평가한다

아이가 지닌 잠재력을 발견하고, 그 지능 영역을 발달시키려면 결과물로만 평가하는 것이 아니라 각 지능별 문제해결 능력을 비롯해 작업 성향과 과정 등을 살펴봐야 한다. 이를 위해서는 일단 평가 주체의 폭이 넓어야 한다. 평가라는 것은 누군가의 시각을 통해 나오는 것이기 때문에 보는 사람의 각도에 따라 달라질 수 있다. 교사나 엄마도 그들 눈에 보이는 것이 그 아이의 전부라고는 확신할 수 없다. 때문에 하나라도 더 많은 시각, 다양한 시각으로 보는 다면적인 평가가 필요하다. 아이와 많은 시간을 보내는 부모를 비롯해 스스로 평가를 내리는 자기평가, 또래 친구들이 보는 관점, 그 분야의 전문가 관점까지 더해지면 더욱 객관적이고 명확한 평가가 될 수 있다.

또한 아이가 무엇을 잘하고 무엇에 서툰지 살펴야 하고, 어떤 내용으로 진행했는지, 어떤 과정을 거쳐서 결과에 이르렀는지 등 과정에 대한 관심도 필요하다. 기존의 점수나 등수와 같은 획일적인 측정 기준으로는 아이가 어떤 변화를 이뤄냈고, 어떤 성취를 얻었는지, 어떤 새로운 시도를 했는지 파악하기가 어렵다.

예를 들어 사람들은 지능에 대해 이야기할 때 단순히 '언어지능이 높다' '논리-수학지능이 약하다'라는 식의 보이는 결과만 이야기한다. 하지만 언어지능이 높다는 것을 어떻게 단정 지을 수 있을까? 대부분의 사람들은 말을 잘하거나 글을 잘 쓰거나 외국어에 능통한 정도를 떠올릴 것이다. 그렇지만 이러한 능력은 언어지능의 아주 작은 부분에 불과하다. 글을 읽을 때 문맥 파악을 잘하는 것, 낱말을 떠올리거나 어떤 기억을 다른 주제와 연결시키는 연상능력이 뛰어난 것, 말을 재미있게 하는 것, 말을 많이 하는 것 등 다양한 능력이 언어지능에 속한다.

언어지능의 분야는 이렇게 광범위하기 때문에 외국어를 잘해도 글 쓰는 게 서툴 수 있고, 글은 잘 써도 자신의 생각을 남에게 말로 전하는 게 어려울 수도 있다. 아이가 언어지능이 높고 낮음을 평가할 때 성과물은 물론 과정(그 안에는 아이가 준비 과정에서 실수하거나 채택하지 않은 결과물 등도 포함된다)을 찬찬히 살펴봐야 하는 것도 이런 이유에서다.

여러 번 이야기 했듯이 아이의 지능을 평가하는 목적은 '아이가 잘한다, 못한다' 혹은 '지능이 높다, 낮다'로 아이의 수준을 나누기 위한 것이 아닙니다. 아이의 개별적인 발달을 살피고, 그에 따라 강점과 흥미를 찾아서 강점지능은 강화하고 약점지능은 보완하는 등 부족한 부분을 채워주고, 잘하는 부분을 독려하며 아이의 성장을 이루는 데 의의가 있다.

다만 취학 전 아이라면 좀더 세심한 주의가 필요하다. 취학 전 아이들의 지능은 변화할 가능성이 커서 섣불리 강점지능과 약점지능을 단정 지을 수 없다. 그렇기 때문에 많은 것을 경험하고 익힐 수 있는 환경을 꼭 제공해줘야 한다.

다중지능의 측정,
지속적인 관찰이 핵심이다

아이의 지능은 고정된 것이 아니라 교육과 환경, 시간의 흐름에 따라 변화한다. 하지만 현재의 지능 프로파일을 파악하는 일은 큰 의미가 있다. 아이가 잘하는지 못하는지 혹은 뛰어난지 떨어지는지를 판단하기 위해서가 아니라 현재의 상태를 파악해야 아이에게 맞는 교육환경을 제공해 지능을 한층 발전시킬 수 있기 때문이다.

문제는 아이가 다중지능 중 어떤 분야에서 재능이 있는지, 어떤 지능이 잘 발달됐는지를 파악하기가 쉽지 않다는 것이다. 다중지능의 특성상 각각의 지능은 범위가 넓고 다양하며, 아이가 한 분야에서 뛰어난 지능을 가진다 해도 현실적으로 그 지능이 포괄하는 모든 범위의 활동에 있어 실력을 발휘하는 일은 불가능하다.

언어지능의 경우를 보더라도 말하고, 듣고, 글을 쓰고, 글의 요지를 파악하고, 외국어 영역 등을 나눠 세밀하게 분석한다. 다른 영역들도 마찬가지다. 그렇다 보니 계산을 잘하더라도 도형 문제 앞에서는 서투를 수도 있고, 그림을 잘 그리더라도 조각엔 형편없는 솜씨를 보이는 등 하나의 분야 안에서도 각각의 활동에 따라 격차를 보이게 된다. 자신이 지닌 지능의 특성 혹은 잠재성이 단시간에 드러나는 것도 아닌 데다가 시간에 따라 다르게 표현될 수 있기 때문에 더욱 평가가 어렵다.

그렇다면 어떻게 측정해야 할까? 아이에게 내재된 잠재성과 지능을 제대로 평가하려면 구체적으로 아이를 어떻게 볼 것인지 관점의 문제에서 시작해 학습, 태도 등을 평가하는 다면적인 시각으로 확대되어야 한다. 그러니 지필검사를 비롯해 생활 속에서 활용 가능한 실험과 놀이, 장시간 관찰해 평가할 수 있는 수행평가 등의 다양한 관찰도구를 적극 활용해보자.

지필검사와 수행평가 모두 필요하다

아이의 다중지능을 면밀히 파악하기 위해서는 지필검사와 수행평가가 필요하다. 간단한 지필검사 형태로는 각 지능별 특성에 대한 아이의 현재 상태를 체크하는 방식이 있다. 평소 아이들의 모습을 관심 있게 지켜본 부모라면 그리 어렵지 않게 각 항목과 아이의 일치 정도를 파악할 수 있다. 하지만 단순한 검사일 뿐이니 과신하지 않기를 당부한다.

지필검사가 부모가 주체가 되어 아이의 특성이나 특징을 파악하는 검사라면 수행평가는 아이가 주체가 되는 평가라 할 수 있다. 물론 활동의 내용과 방법을 설명하는 것은 부모 몫이지만 활동을 수행해나가는 주체는 어디까지나 아이이고, 부모는 관찰자적 입장에서 아이의 활동을 돕고 평가해야 한다. 규칙에 따라 게임을 하거나 문제를 풀어나가는 과정을 살펴보며 아이의 지능별 문제해결력을 관찰하는 활동이 수행평가이다. 아이의 인지발달에 관해 평가할 때 많은 이들이 언어 혹은 논리-수학지능에 초점을 두곤 하는데, 이 평가들은 좀더 광범위한 범위 안에서 아이의 지능과 잠재성을 살펴보는 데 초점을 맞췄다.

수행평가, 놀이처럼 진행해야 효과적이다

수행평가는 각 영역별로 아이의 지능 프로파일과 작업스타일을 살펴보기 위한 것이다. 영역별로 지능을 평가할 수 있는 자료를 준비했다. 수행평가는 시험이라기보다는 아이가 다양한 영역에 참가할 수 있는 기회를 준다는 데 의미가 있다. 마치 놀이를 하듯 수행평가를 하는 동안 아이의 다중지능이 발달한다는 점이 기존의 시험이나 평가와 크게 다르다. 즉 다중지능 수행평가는 평가에만 집중하는 것이 아니라 평가를 통해 다방면에서 배움을 얻거나 아이의 다중지능을 강화할 수 있다는 데 의의를 둔다.

수행평가의 본래 목적은 단지 교실이나 책 속의 문제를 푸는 것이 아닌 실생활에서 닥친 문제의 해결 능력을 평가하는 것이다. 단순히 학교라는 환경에서 효력을 발휘하는 능력이 아닌 아이가 학교를 벗어나고 사회인으로 자리매김할 때 발휘할 만한 기술을 전달하는 셈이다. 아이가 이 항목 혹은 활동들을 해결하고, 실행하는 과정을 평가함으로써 부모는 아이가 가진 강점지능과 흥미를 파악할 수 있다. 무엇보다 앞으로의 활동을 계획하고 적절한 교육법을 제안함으로써 한층 효과적으로 지능계발의 기회를 얻을 수 있다는 점이 주목할 만하다.

수행평가를 할 때는 공부 혹은 시험처럼 단시간에 집중해 문제를 해결하거나 무언가 성취해야 한다는 목적 의식을 가지고 접근하기보다 생활 속에서 일어나는 놀이처럼 접하는 것이 좋다. 이를 위해서 부모는 아이가 가지고 있는 지능과 흥미, 작업 성향을 드러낼 수 있는 기회를 제공해야 하고, 다양한 영역을 경험할 수 있는 환경을 제공해야 한다. 이와 함께 아이들이 각 영역의 과제를 수행할 때 성과물은 물론이고, 문제해결 방법이나 만족도, 집중도나 인내력 등 활동 태도, 접근 방식 등을 관찰해야 한다.

하나의 활동이 아닌 지속적으로 관찰한다

효과적인 수행평가에 있어 가장 중요한 것이 지속적인 관찰이다. 하나의 활동으로 결론을 내는 것이 아니라 오랜 시간 관찰하고, 이에 대해 구체적이고 상세히 기록해야 한다. 아이가 어떤 활동을 끝냈다면 그림이나 글, 만들기 등 아이의 활동 자료를 모아두고, 엄마가 아이에 대해 기록한 내용을 꾸준히 모아보자. 아이가 어릴 때 육아일기를 쓰듯 아이가 어떤 활동을 했고, 어떤 변화나 발달을 보였는지에 대한 내용을 적는 것도 하나의 방법이다. 이때 '아이가 무엇을 했다'라는 단순한 기록보다 활동 과정이나 이후 변화 등의 기준을 정해 상세히 적으면 나중에 아이의 다중지능과 발달상황을 파악하는 데 큰 도움이 된다.

평가 기준으로는 활동을 접하게 된 배경과 동기를 비롯해 시작 주체(엄마가 하라고 했는지, 아이가 자발적으로 했는지), 집중도(주변 사람의 움직임이나 전화 소리, 벨 소리 등에 영향을 받는지), 몰입의 정도(폭 빠져서 얼마나 오랜 시간 활동을 하는지, 화장실에 왔다 갔다 하며 산만하게 행동하지는 않았는지), 태도(재미나게 즐기면서 하는지, 억지로 하는 듯 심드렁한 표정인지), 결과물(창의적인 아이디어를 발견할 수 있는지, 완성도가 있는지), 자기만족도(활동을 하고 난 후 본인의 마음 상태), 사후 활동(한 번으로 그쳤는지 이후 몇 번씩 반복해서 그 활동을 하는지) 등이 있다.

기록을 하면서 주의해야 할 점은 관점을 다양화하라는 것이다. 가령 아이가 독서를 한다면 줄거리를 재미있어하는지, 그림 보는 것이 좋은지, 등장인물의 매력에 빠진 건지, 팝업 북이라 신기하게 생각하는지, 소리가 나는 책이라 음악을 듣고 싶은 것인지 등 책을 읽는 이유를 면밀하게 살펴야 한다. 읽고 난 후에 아이의 머릿속에 남은 이미지가 어떤 건지, 어떤 대화가 생각나는지, 주인공의 성격이나 태도가 마음에 드는지 등 다중지능을 토대로 질문을 하면 활동 이유를 찾는 데 도움이 된다.

아이의 건강 상태가 좋을 때 활동한다

수행평가를 할 때는 아이에게 공부나 시험처럼 부담을 주지 말고, 아이가 노는 시간에 "이런 놀이를 해보자."라고 편안하게 접근하는 것이 좋다. 아이가 짜증이 났다거나 몸이 아플 때는 피하고 컨디션이 좋거나 의욕적일 때 하는 것이 아이의 잠재력을 확인하는 데 가장 효과적이다.

놀이처럼 접근하되, 아이에게 이 놀이에서 가장 중요한 것은 어떠한 것인지, 어떻게 해야 잘한 활동인지 등 평가의 기준 혹은 활동의 목표를 알려주는 과정이 필요하다. 학교에서 수업을 할 때 대부분의 교사들은 '학습 목표'를 강조한 후 수업을 진행한다. 그래야 아이들이 긴 수업시간 중에 특히 중요한 부분이 무엇인지 알 수 있고, 그에 대한 내용을 진행할 때 한층 더 집중한다. 예를 들어 교사가 전래동화에서 등장인물의 성격파악이 학습 목표라고 말하면 줄거리에 대한 강의를 할 때보다 등장인물의 대사, 상황에 대한 반응 등에 한층 더 주의를 기울이게 되고, 그 결과 그날의 수업에서 목표로 하고 있는 내용을 효과적으로 얻어가게 된다.

수행평가를 할 때도 아이가 어떤 부분이 중요한지를 알아야 작업하는 과정에서도 그 점을 계속 인지할 수 있고, 활동 중 어느 부분에 더 몰입하고 힘을 쏟아야 할지 파악이 가능해 성공적인 결과를 이끌 수 있다. "음악에 맞춰 몸을 얼마나 독특하게, 창의성 있게 움직이는지 볼 거야." 혹은 "신체의 한 부분이 아니라 전체 몸을 얼마나 많이 사용하는지 볼 거야." "그림을 그릴 때 얼마나 똑같이 그리는지 혹은 얼마나 다양한 동물을 그리는지 보겠어."라는 식으로 평가기준을 알려주자. 아이는 그저 '잘하겠다'라는 막연한 생각보다 '이런 이런 점을 생각해 춤을 춰야겠다' 혹은 '그런 기준에 맞춰 그려야겠다'라는 식으로 목표를 세울 수 있다. 목표를 이뤄가는 과정 속에 자연스레 자신에게 내재된 지능 프로파일을 효과적으로 표현할 수 있음은 물론이다.

지필검사로 참고하는
내 아이의 강점지능

다음 체크리스트는 다중지능의 특성을 모은 내용으로, 일차적으로 아이의 성향을 판별하는 데 도움이 된다. 앞에서 언급했듯이 아이들은 한 지능 안에서 일괄적으로 높거나 낮은 지능 프로파일을 보이지는 않는다. 아래 검사항목들은 각각의 지능 안에서 기본적으로 부각되는 성향을 모은 내용이지 정확한 척도가 아니라는 것을 명심해야 한다.

평가는 각각의 항목에 대해 ① 전혀 그렇지 않다-0점 ② 별로 그렇지 않다-1점 ③ 보통이다-2점 ④ 그런 편이다-3점 ⑤ 매우 그렇다-4점을 부여한다. 각각 점수를 매긴 다음에는 영역별 점수를 비교해보자. 점수가 높은 영역이 아이가 강점을 보이는 지능이고, 점수가 낮은 영역은 보완이 필요한 약점지능으로 보면 된다.

언어지능 체크리스트

1. 발표력이 좋다.
2. 자신이 원하는 바를 표현하거나 전달하는 데 뛰어나다.
3. "왜?"라는 질문에 이유를 잘 설명한다.
4. 친구들의 이름을 잘 기억한다.
5. 나이에 비해 풍부한 어휘력을 가지고 있다.
6. 원하는 대로 되지 않을 경우 말로 설명하는 편이다.
7. TV나 책에서 새로운 말이 나오면 무슨 뜻인지 물어본다.
8. 책 읽는 것을 좋아한다.
9. 끝말잇기나 낱말 맞추기 등 낱말놀이를 즐긴다.
10. 사물이나 사람의 모습을 자신만의 낱말이나 말로 표현한다.
11. 친구 집이나 친척 집에 놀러 가면 제일 먼저 책장에 다가간다.
12. 옛날이야기를 해달라고 조른다.
13. 이야기할 때 책에서 봤거나 다른 곳에서 들은 이야기를 자주 한다.
14. 유치원(혹은 학교)에서 했던 놀이, 그날의 간식 등 하루 일과를 줄줄 말한다.
15. 말을 유머러스하게 해 주위 사람들을 잘 웃긴다.
16. 말수가 많다.
17. 인형이나 장난감 등 사물에 이름을 붙이는 습관이 있다.
18. 영어 배우는 것을 재미있어한다.
19. 속담 등을 상황에 맞게 잘 표현한다.

20. 한글을 알고 있지만 맞춤법은 매번 틀린다.

논리-수학지능 체크리스트

1. 셈이 빠르다.
2. "~가 무엇을 한다면 어떨까?"라는 가정형의 질문을 많이 한다.
3. 장기나 바둑 같은 게임에 흥미가 높다.
4. 계산게임을 하면 제일 먼저 답을 말한다.
5. 생일이나 명절 등 특별한 날짜를 잘 기억한다.
6. 숫자를 외우고 쓰는 것에 흥미를 보인다.
7. "왜?"라는 질문을 자주 한다.
8. 책을 읽으면 줄거리나 요점을 잘 파악한다.
9. 수수께끼놀이에 강하다.
10. 게임을 할 때 새로운 규칙을 만들어 놀곤 한다.
11. 자신의 감정을 표현할 때 이유와 근거를 들어 설명한다.
12. 친구들과 놀 때 규칙을 잘 이해하지 못한다.
13. 시간과 관련된 질문을 많이 한다.
14. 문제가 생기면 엄마 등 주변에 도움을 요청하는 경우가 많다.
15. 접시 위에 과자나 책장 위의 책 등을 세어보는 등 셈하며 노는 경우가 많다.
16. 숙제를 하거나 문제를 해결할 때 체계적으로 풀어나가는 데 어려움을 느낀다.

17. 말할 때 '왜냐하면' '그래서' 등의 낱말을 자주 사용한다.

18. 조립식 장난감을 좋아한다.

19. 이해력이 빠르고 똑똑하다는 평을 듣는다.

20. 사람들의 말에서 논리적 오류를 잘 발견한다.

자기이해지능 체크리스트

1. 친구들과 여럿이 놀기보다 혼자 놀기를 좋아한다.

2. 공놀이보다 책 읽기를 좋아한다.

3. 장래희망에 대해 종종 이야기한다.

4. 자기소개를 재미있게 잘한다.

5. 생활계획표 짜는 것을 좋아한다.

6. 원하는 것을 잘 표현한다.

7. 좋아하는 일과 싫어하는 일이 확실하다.

8. 일기쓰기를 밀리지 않고 잘한다.

9. 화가 날 때면 소리 지르고 짜증내기보다 차근차근 그 이유를 설명한다.

10. 감정표현을 능숙하게 한다.

11. 피아노나 수영 등 무엇이든 가르치면 열심히 한다.

12. 계획을 세우면 대체로 잘 지킨다.

13. 자신의 기분이나 느낌을 섬세하게 표현한다.

14. 이것저것 하고 싶은 일이 많다.

15. 잘못한 일에 대해 반성하고, 똑같은 일을 안 저지르는 편이다.
16. 무언가를 결정하고 선택할 때 다른 사람의 의견을 따르기보다 자신의 의견이 중심이 된다.
17. 자신감이 강한 편이다.
18. 자기가 좋아하는 일에 대해 애착이 강하다.
19. 몸이 아플 때면 어디가 어떻게 불편한지 잘 표현한다.
20. 동화책을 읽을 때 감정이입을 해서 읽곤 한다.

대인관계지능 체크리스트

1. 전학을 가거나 새로운 동네에 이사 가도 금세 친구를 사귄다.
2. 혼자 놀기보다 여럿이 어울려 노는 것을 즐긴다.
3. 엄마나 아빠의 몸 상태, 기분 변화 등을 잘 감지한다.
4. 예의 바른 아이라는 평을 듣는다.
5. 다양한 나이대의 사람들과 잘 어울린다.
6. 슬픈 만화를 보거나 책을 읽으면 금세 눈물이 글썽거린다.
7. 다른 사람의 일에 호기심이 강하다.
8. 친구나 형제가 울면 함께 운다.
9. 형, 누나, 동생과 잘 싸우지 않는다.
10. 친구들이 싸우면 화해시키기 위해 노력한다.
11. 다른 사람이 얘기를 하면 잘 듣는다.
12. 보드게임처럼 여럿이 함께하는 게임을 즐긴다.

13. 주변에 친구들이 많다.

14. 자기가 알고 있는 것을 다른 사람에게 잘 가르쳐주는 편이다.

15. 아이를 따르는 친구들이 있다.

16. 사람의 감정이나 입장에 대해 설명하면 잘 이해한다.

17. 자기 물건을 종종 친구에게 주는 일이 있다.

18. 아픈 친구의 가방을 들어주는 등 다른 사람을 배려한다.

19. 협동학습에서 두각을 드러낸다.

20. 인사를 잘하고 다닌다.

음악지능 체크리스트

1. 청각이 예민해 작은 소리도 잘 듣는다.

2. 음악 듣는 것을 좋아한다.

3. 노래를 듣다가 음정이 고르지 못한 것을 알아챈다.

4. 평소에 노래나 멜로디 등을 자주 흥얼거린다.

5. 사람의 목소리를 잘 기억한다.

6. 노래를 잘한다.

7. 흥분했을 때 차분한 음악을 틀어주면 이내 가라앉는다.

8. 음악만으로 과거의 상황을 기억해낸다.

9. 무슨 노래든 잘 따라 부른다.

10. 음악만 나오면 손으로 박자를 맞추거나 어깨를 들썩거리곤 한다.

11. 소리만 듣고도 어떤 악기인지 구별해낸다.

12. 평소 놀 때 음악을 틀어놓는다.

13. 피아노, 바이올린, 플루트 등 악기를 배우고 싶어 한다.

14. 자신이 좋아하는 노래가 있거나 좋아하는 종류의 음악이 있다.

15. 춤을 추다가 박자의 변화에 따라 움직이는 속도도 달라진다.

16. 음악에 따라 '슬프다' '기쁘다' 등의 표현을 하고 감정변화를 보인다.

17. 음의 높낮이를 판단할 줄 안다.

18. 개사하거나 스스로 노래를 지어 부른다.

19. 다양한 음원기기에 관심이 많다.

20. 엄마와 아빠가 좋아하는 노래나 곡을 기억해둔다.

공간지능 체크리스트

1. 그림 그리기를 즐긴다.

2. 방 청소나 책상 정리, 장난감 정리를 좋아하고 깨끗하게 한다.

3. 길을 알려줄 때 말로 하는 것보다 그림을 그려주면 잘 찾아간다.

4. 전시회를 가거나 앨범을 보는 것을 좋아한다.

5. 상자 쌓기나 퍼즐 쌓기 등 뭐든 세우기를 좋아한다.

6. 한 번 가본 길은 잊는 법이 없다.

7. 물건의 위치를 잘 기억한다.

8. 사람의 얼굴을 잘 기억한다.

9. 이야기만 듣고도 그림으로 잘 표현한다.

10. 지도놀이나 지구본 보며 놀기를 좋아한다.

11. 친구 집에 가는 길에 어떤 가게가 있는지 잘 기억한다.
12. 사람을 표현할 때 '머리카락이 구불구불해' '눈의 쌍꺼풀이 진해'라는 식으로 시각적인 세부 묘사에 뛰어나다.
13. 미로게임에 뛰어나다.
14. 공부를 가르칠 때 도표나 그래프 등을 활용하면 쉽게 이해한다.
15. 자동차 등 장난감을 분해하기를 좋아한다.
16. 여기저기 낙서하기를 즐긴다.
17. 길이나 넓이를 짐작으로 잘 알아맞힌다.
18. 장기나 체스놀이를 재미있어한다.
19. 주변 사람들이 그림 그리기나 만들기를 잘한다고 종종 칭찬한다.
20. 블록이나 조립식 장난감을 좋아한다.

신체-운동지능 체크리스트

1. 돌도 되기 전에 걸었다.
2. 달리기를 잘하는 등 운동신경이 뛰어나다는 이야기를 듣는다.
3. 실내보다 실외에서 노는 것을 좋아한다.
4. 운동이나 춤추는 것을 좋아한다.
5. 다른 사람의 몸짓이나 특징을 잘 흉내 낸다.
6. 연극놀이를 좋아한다.
7. 자신의 감정이나 생각을 표정이나 제스처 등으로 잘 전달한다.
8. 가수들의 춤을 쉽게 따라 한다.

9. 스케이트나 자전거를 빨리 배웠다.

10. 새로운 운동 규칙을 쉽게 익힌다.

11. 우아한 움직임을 연출할 줄 안다.

12. 상대방의 신체언어를 잘 읽어낸다.

13. 체육시간이나 미술시간을 재미있어한다.

14. 기계 작동법 등을 설명할 때 직접 해봐야 잘 이해한다.

15. 스포츠 경기 보는 것을 좋아한다.

16. 한시도 가만히 있는 법이 없다.

17. 공, 줄넘기, 훌라후프 등 운동기구에 관심이 많다.

18. 음악이 나오면 고개를 끄덕이거나 어깨를 들썩이는 등 몸부터 움직인다.

19. 손과 눈의 협동감각이 좋아 공구놀이나 조립식 만들기 등에 뛰어나다.

20. 균형감각이 뛰어나 잘 넘어지지 않는다.

자연친화지능 체크리스트

1. 강아지나 고양이 등의 애완동물을 키우고 싶어 한다.

2. 공원이나 산 등 야외활동을 좋아한다.

3. 나뭇잎이나 꽃 등 자연물 관찰에 집중도가 높다.

4. 사물의 차이점과 비슷한 점 등을 잘 구별한다.

5. 물소리, 빗소리 등 자연의 소리 듣기를 즐긴다.

6. 장난감을 정리할 때 소재나 크기, 종류별로 잘 분류한다.

7. 공룡이나 동물 모양의 장난감을 좋아한다.

8. 나무와 꽃 등 식물의 이름을 잘 기억한다.

9. 산이나 바다에 놀러 가면 자신만의 공간을 만들곤 한다.

10. 개미를 밟지 않는 등 생명체에 존중감을 갖고 있다.

11. 날씨의 변화에 예민하다.

12. 곤충이나 벌레도 징그럽게 생각하지 않는다.

13. 식물에 직접 물을 주고 잘 가꾼다.

14. 자연 관찰 책이나 우주 등 과학책을 즐겨본다.

15. 쓰레기는 꼭 쓰레기통에 버린다.

16. 숲 속을 걸을 때 동물 발자국이나 새 둥지 등에 관심이 많다.

17. 옷장이나 책상 정리 등을 잘한다.

18. 감수성이 풍부하다.

19. 놀이동산보다 동물원이나 식물원 나들이를 더 좋아한다.

20. 별자리나 달, 하늘 등에 대해 호기심이 강하다.

여덟 개 영역 체크리스트에 모두 점수를 매겼다면 각 영역별 총합 점수를 적어보자. 여덟 개 영역 중 어떤 지능의 점수가 높고 낮은지 한눈에 보인다. 점수 총합이 높으면 강점지능, 낮으면 약점지능이다.

구분	점수 총합	강점지능	약점지능
언어지능			
논리-수학지능			
자기이해지능			
대인관계지능			
음악지능			
공간지능			
신체-운동지능			
자연친화지능			

일상 속 놀이로 발견하는
상상력과 잠재력

앞에서도 이야기했지만 수행평가를 통해 아이의 강점지능을 찾는 데는 시간이 걸린다. 시간을 두고 반복적으로 다양한 활동을 수행했을 때 비로소 아이의 강점지능을 확실하게 찾을 수 있기 때문이다. 지필검사가 일회성 평가라면 수행평가는 지속적 평가인 셈이다.

수행평가는 평가라기보다는 놀이에 가깝다. 아이에게 시험이라는 부담감을 주지 말고 재미있는 놀이를 하듯이 분위기를 만들어주는 것이 핵심이다. 각 영역별로 아이의 지능을 평가해볼 수 있는 재미있는 활동들을 소개했다. 기본적인 활동 내용은 물론 나이별 활용법, 평가방법까지 상세히 소개했으니 큰 어려움은 없을 것이다.

평가는 기본적으로 1. 돌봄 필요 2. 노력 필요 3. 보통 4. 잘함 5. 아주 잘함 등 모두 5단계로 이루어진다. 아이가 수행평가를 하는 과정을 잘 살펴보면 어느 단계에 해당하는지 알 수 있을 것이다. 또한 수행평가는 각 지능 영역별로 세부적인 평가 방법까지 제시하였으므로 같은 영역의 지능 중에서도 어떤 부분에 강점이 있는지를 알 수 있다. 예를 들어 언어지능의 경우 어휘력이 뛰어난지 상상력과 독창력이 뛰어난지 아니면 표현력 부문에서 강세인지 파악 가능하다.

언어지능 수행평가

활동 1 | 사진 보고 이야기하기

아이와 가족, 친척에 대해 알아보는 게 목표이며 할머니, 할아버지, 삼촌, 이모 등 각자에 대한 호칭과 이름, 생일, 성격, 직업 등에 대해 이야기를 나눈다. 다음으로 다양한 배경으로 찍은 가족사진을 늘어놓고 함께 감상한 뒤 사진 속 상황에 대해 상상해서 이야기를 만들어보자고 한다. 아이에게 꼭 사실과 같지 않아도 된다고 얘기하고, 이야기할 때 직접화법으로 이야기를 한다든가, 목소리 톤을 바꿔가며 이야기를 하는 등 다양한 표현 방법을 사용하면 흥미를 끌 수 있다.

아이가 미적거리면 엄마가 먼저 바닷가 백사장에서 찍은 가족사진을 가리키며 "뒤에 파라솔 보이지? 이날 비가 오려고 했거든. 그래서 엄마, 아빠가 모래사장에 누워 있다가 '어머나! 이게 무슨 일이야? 소나기가 오나 봐'하고는 이 파라솔 밑으로 피했어. 그런데 갑자기 바닷가에서 커다란 물고기가 나타난 거야."라는 식으로 이야기를 들려준다. 이후 아이에게 새로운 이야기를 덧붙여보라고 해본다. 아이가 망설이면 새로운 사진을 보며 이야기를 해도 좋다. 주요 목적은 물건이나 배경 등을 가리키며 하고 싶은 이야기를 하도록 돕는 것이다.

| 나이에 따른 활용법 |

아이의 나이가 어리다면 사람의 수가 적은 사진, 아이가 함께 찍힌 사진, 상황이나 배경을 아는 사진 등을 활용한다. 아이의 나이가 많다면 친척들의 사진 외에도 엄마, 아빠의 결혼식 사진, 아빠의 직장 동료 사진 등 사람들이 많은 사진이나 영화 포스터, 드라마 스틸 사진 등 다양하게 활용해본다. 책을 읽는 두 자매나 발레 수업 등 여러 인물이 등장하는 명화 등 그림을 활용하는 것도 좋다. 이때 단순히 사진 속 배경이나 상황에 대한 설명 외에 사람들의 얼굴 표정을 읽고 감정과 기분 등에 대해 이야기할 기회를 마련한다.

| 평가 |

상상력 & 독창성

1(돌봄 필요) | 사진 속 물건이나 사람에 대한 단어 몇 개만 나열한다.

2(노력 필요) | 문장을 만들어 이야기를 하지만 사진 속에 보이는 사람의 상태나 상황에 대해 단순한 설명만 이어진다.

3(보통) | 과거 자신에게 일어났던 일 혹은 동화책 속 이야기를 사진 속 장면과 연결해 이야기한다.

4(잘함) | 새로운 인물을 만들어내거나 사진 속 인물에게 과거에 일어난 일 혹은 그 후에 일어난 일 등 새로운 시제에 대한 이야기를 꾸며낸다.

5(아주 잘함) | 다양한 등장인물이 나오고, 사진을 보기 전에 얘기한

각자의 직업, 성격 등과 연결지어 재미난 에피소드를 곁들이는 등 정말로 있을 법한 이야기를 들려준다.

줄거리의 전개 및 이야기 구조

1(돌봄 필요) | 별다른 줄거리 없이 한두 마디만 이야기한다.

2(노력 필요) | 이야기를 하지만 서로 연결되지 않는다.

3(보통) | 하나의 주제로 이야기를 이어나간다. 줄거리는 다소 단순하고 평면적이다.

4(잘함) | 일관성 있는 주제로 줄거리가 이어지면서 앞뒤 문장을 조리에 맞게 연결한다.

5(아주 잘함) | 하나의 주제로 길게 이야기한다. 배경이나 상황이 달라져도 이야기를 중단시키는 일 없이 전 상황에 맞춰 전개하고, 초반에는 평이하게 나가다가 절정 등의 효과를 보이는 단계를 지나 무리 없는 결말로 끝을 맺는다. 인과나 부연설명을 곁들이는 등 탄탄한 구성 능력이 돋보인다.

어휘력

1(돌봄 필요) | 명사와 동사 등 몇 가지 낱말만 나열한다.

2(노력 필요) | 문장으로 표현하지만 형용사나 부사 등 어떤 물건이나 상황에 대한 상태를 나타내는 표현이 거의 없다.

3(보통) | 상황이나 배경, 사건 설명을 적절한 낱말이나 표현법을 사용해 전달한다. 형용사와 부사 등으로 뜻을 분명하게 하는 능력을 보인다.

4(잘함) | 명사, 동사, 형용사, 전치사 등을 다양하게 사용한다.

5(아주 잘함) | 다양한 형용사와 명사, 접속사 등을 활용해 상황과 장면, 분위기를 정교하면서도 실감나게 묘사한다. 어떤 사물을 표현을 할 때도 같은 낱말이 아닌 다양한 낱말(예를 들어 조용했다고 한 번 표현했다면 고요하다는 식으로)을 활용해 이야기한다.

이야기체 목소리의 사용 등 극적인 능력

1(돌봄 필요) | 직접화법을 사용하거나 이야기를 들려주는 식으로 이야기 하지 않는다.

2(노력 필요) | 이야기 속에 대화가 적고, 평소 엄마와 말하는 식으로 평이하게 표현한다.

3(보통) | 누군가에게 새로운 이야기를 들려주는 식으로 상세하게 말하며 가끔 의성어, 의태어 등을 사용하는 등 효과음을 낸다.

4(잘함) | 새로운 등장인물이 나타날 때마다 다양한 목소리로 각각의 역할을 표현하며 노래를 부르거나 자세한 묘사, 설명 등을 곁들인다.

5(아주 잘함) | 다양한 대화를 포함해 이야기를 이어가며 목소리만이 아닌 표정과 말투의 변화 등으로 극적인 효과를 보인다. 비밀스러운 이야기를 할 때 목소리를 작게 하거나 놀라게 하려고 큰소리를 내는 등 뛰어난 표현력도 보인다.

활동2 | 엄마에게 책 읽어주기

아이와 함께 서로 책을 읽어준다. 먼저 엄마가 좋아하는 책을 골라 아이에게 읽어주고, 엄마에게 읽어 주고픈 책을 고르게 한다. 내용이 궁금하다며 읽어달라고 한다. 1대1로 엄마와 서로 읽어줘도 좋고, 아빠, 언니 혹은 동생 등 여러 사람을 모아놓고 그룹으로 읽어줘도 좋다. 동화책 외에 동시나 노랫말을 들려줘도 좋은데, 엄마가 한 줄 읽고 아이가 한 줄 읽는 식으로 번갈아가면서 읽는 방법도 있다.

| 나이에 따른 활용법 |

아이의 수준에 맞는 책을 고르는 것이 중요하다. 아이의 나이가 많아질수록 등장인물이 많고, 인물들의 감정이 다양하게 표현되는 이야기 혹은 상황이 복잡하게 전개되는 책을 고른다. 가능할 경우 영어책을 시도해보는 것도 좋다.

| 평가 |

1(돌봄 필요) | 제대로 읽지 못하고 떠듬떠듬 읽는다. 모르는 글자가 많고, 글자는 제대로 읽어도 낱말의 뜻을 모른다. 그림책만 좋아하고 책을 고를 때도 싫어하는 표정이 역력하다.

2(노력 필요) | 책이나 글의 내용을 파악하지 못하고 글자를 읽기만 한다. 읽다가 어물거리는 등 전달이 잘 되지 않는다. 엄마에게 책을 골라 달라고 한다.

3(보통) | 읽는 데 막힘이 없고, 낱말의 뜻과 책의 내용을 알고 읽는다. 스스로 책을 고른다.

4(잘함) | 또박또박 명확하게 책을 읽는다. 책의 내용을 잘 파악해 줄거리나 등장인물들에 대해 물어보면 막힘없이 설명한다. 단순히 읽는

것이 아니라 감정을 넣어 읽어낸다. 책을 고를 때도 다양한 도서에 관심이 많다.

5(아주 잘함) | 유창하게 책을 읽고 줄거리는 물론 교훈이나 비유 등 글의 숨은 뜻을 잘 파악한다. 등장인물의 대사를 읽을 때 감정 표현은 물론 줄거리에 따라 긴장감이나 즐거움 등을 섬세하게 표현한다. 긴 내용의 책도 꾸준히 읽으며 다양한 책을 고를 줄 안다. 간혹 글이 많거나 조금 어려운 책을 고르기도 한다.

활동3 | 할머니께 편지 쓰기

예쁜 카드나 편지지를 준비한 뒤 새해를 맞아 혹은 생신을 맞이한 할아버지, 할머니께 편지를 쓰게 한다. 아이에게 왜 편지를 쓰는지, 어떤 내용을 쓸 것인지 생각하게 한 후 스스로 써보게 한다. 편지를 다 쓰면 봉투에 직접 받는 사람의 이름을 쓰고 우체국에 가서 보낸다.

| 평가 |

1(돌봄 필요) | 글자를 알아보게 쓰지만 몇몇 낱말만 나열할 뿐 완전한 문장을 만들지 못한다.

2(노력 필요) | 글을 통해 무언가 전달하려고 하지만 단순한 사실만 쓴다.

3(보통) | 어떤 내용을 쓸지 계획하고 어휘와 문법에 맞게 글을 쓴다. 편지를 쓰는 목적이 글에 잘 표현되어 있다. 마침표나 물음표 등을 자유자재로 사용하며 '그리고' 등의 접속사를 활용한다.

4(잘함) | 글을 쓰는 목적이 명확하게 드러나며 이야기가 '발단-전개-절정-결말' 순으로 원활히 전개된다. 사물에 대한 묘사를 잘하고 자신의 감정을 능숙하게 표현한다.

5(아주 잘함) | 상황에 적절한 낱말과 표현을 풍부하게 사용한다. 하고 싶은 이야기를 분명하게, 논리적으로 전달할 수 있으며 글을 통해 감동을 느낄 수 있다. 산문만이 아닌 시나 노랫말을 곁들이는 등 다양한 장르로 편지를 쓴다.

논리-수학지능 수행평가

활동 1 | 컵이 몇 개?

양푼처럼 큰 그릇, 컵과 다양한 크기의 계량컵 2~3개, 밤이나 대추, 작은 구슬 등을 준비한다. 작은 계량컵에는 대추가 몇 개나 들어갈지, 중간 크기의 계량컵에는 몇 개 들어가는지 등을 생각해보도록 한다. 그런 다음 실제 대추를 채우며 몇 개의 대추가 들어가는지 세본다. 이어서 아이에게 몇 컵의 대추를 부어야 양푼이 가득 찰지, 그렇게 하면 총 몇 개의 대추가 양푼에 들어갈지 예측해서 숫자를 적게 한다. 실제 측량컵을 활용해 양푼에 대추를 넣어 컵의 수와 실제 대추 수의 차이도 비교해본다. 아이에게 다양한 크기의 컵과 콩이나 쌀, 강냉이 등 다양한 재료를 준 뒤 몇 컵이 될지 추측하고, 비교하도록 한다.

| 나이에 따른 활용법 |

아이가 어릴 때는 각각의 컵에 대추가 몇 개 들어가는지 살펴보며 수를 분별하는 활동과 컵의 크기 별로 대추가 10개 이상 들어가는 컵이 어떤 컵인지, 20개 이상 들어가는 컵은 어떤 컵인지 등을 알아보도록 한다. 위의 활동을 수월하게 한다면 컵 외에 다양한 크기의 대접, 양푼 등과 콩, 쌀, 강냉이, 호두 등 크기가 다른 재료를 준비해 위의 활동을 해본다.

| 평가 |

대추 수 예측

1(돌봄 필요) | 답을 하지 못한다.

2(노력 필요) | 틀린다.

3(보통) | 이것저것 대답을 하다가 우연히 맞힌다(한두 개만 맞힌다).

4(잘함) | 어렴풋이 대추의 크기와 컵의 부피 등을 가늠하면서 예측한다(혹은 한두 개만 틀리고 대략적으로 맞힌다).

5(아주 잘함) | 대추의 부피와 각각 컵의 크기 차이를 파악하는 모습을 보이며 수도 잘 맞힌다.

양푼에 들어가는 컵의 수 예측

1(돌봄 필요) | 답을 하지 못한다.

2(노력 필요) | 틀린다.

3(보통) | 진지하게 생각하고 추리하기보다 어렴풋이 느낌으로 대답하거나 우연히 맞힌다.

4(잘함) | 컵에 들어가는 대추의 수, 컵과 양푼의 부피 차이 등을 살펴

보면서 대답한다.
5(아주 잘함) | 양푼의 용량과 컵의 용량 등을 비교해 정확하게 답을 낸다.

의사소통

1(돌봄 필요) | 왜 그런 답 혹은 결과를 냈는지 설명하지 못한다.
2(노력 필요) | 무언가 설명하려 하나 그 문제와 관련이 없거나 수학적인 이야기를 하지 않는다.
3(보통) | 수학적인 설명을 조금 곁들이지만 명확하게 파악하지 못하고 두루뭉술하게 이야기한다.
4(잘함) | 왜 그런 예측을 했는지 명확하게 설명하고, 크기, 양 등의 수학적 표현을 적절하게 한다.
5(아주 잘함) | 자기가 내놓은 대답에 대한 해결책을 확실히 말하고, 어떤 방법을 사용했는지, 컵의 용량이 몇이고, 컵이 몇 개면 양푼의 용량과 같은지 등을 절차대로 명확하게 설명한다.

수 세기(유아용)

1(돌봄 필요) | 답을 하지 못한다.
2(노력 필요) : 틀린다.
3(보통) | 이것저것 말하다가 우연히 맞힌다.
4(잘함) | 망설이면서 센다.
5(아주 잘함) | 확실히 알고 센다.

활동2 | 마트놀이

아이와 함께 마트놀이를 한다. 선반 위에 사과나 배, 딸기 등 과일 모형이나 케이크, 아이스크림 모형 등을 준비해 늘어놓고, 250원, 500원 등 임의로 물건의 가격을 정해 포스트잇에 써서 붙여놓는다. 50원, 100원, 1천 원 등 돈을 마련하고 장난감 계산기나 일반 계산기도 준비한다. 엄마는 마트 직원을 맡고, 아이는 손님을 맡는다. 아이에게 3천 원(나이와 아이의 수준에 따라 아이가 사용해야 하는 액수는 1만 원, 물건의 가격은 170원, 1천 310원 등으로 바꿀 수 있음)을 준 뒤, 남아도 안 되고, 모자라도 안 되게 3천 원에 꼭 맞게 돈을 써야 한다고 말한다. 단, 아이가 한 번에 쓸 수 있는 액수는 500원, 횟수는 8회 이내로 제한한다. 아이가 살 것을 정하면 엄마는 물건과 거스름돈을 내준다. 이때 일부러 거스름돈을 잘못 줘보기도 한다. 아이는 계산이 맞는지 살피고 종이에 무엇을 사고 얼마를 썼는지, 얼마가 남았는지 기록한다.

| 나이에 따른 활용법 |

나이와 아이의 수준에 따라 준비한 물건 수를 늘리거나 줄이고, 아이가 사용해야 하는 액수를 3천 원 이하로 낮추거나 1만 원 이상으로 올려도 좋다. 물건 가격 역시 100원, 200원 등으로 단위가 떨어지게 맞추거나 170원, 1천 310원 등으로 바꿔도 좋다. 위의 활동을 수월하게 해낸다면 가격표에 1천 500원에서 100원 할인, 10% 할인, 2개 이상 구입할 시 100원 할인 등의 문구를 적어 복잡하게 바꾸는 것도 방법이다.

| 평가 |

계획하고 결정하기

1(돌봄 필요) | 자신이 가진 돈의 액수와 상관없이 이것저것 물건을 집는다. 얼마를 써야 할지 계획하는 모습이 없다.

2(노력 필요) | 액수와 한도에 맞게 돈을 쓰려 하지만 어떻게 돈을 써야 할지, 한 번에 얼마만큼 써야 하는지 잘 파악하지 못한다. 물건 앞에서 망설이고, 물건을 고를 때도 규칙에 맞게 하고 있는지 엄마의 눈치를 살핀다.

3(보통) | 한도 내에서 돈을 쓰려 하고, 몇 번에 걸쳐 쓸지, 어떻게 써야 할지 신중한 태도를 보인다.

4(잘함) | 한 번 구입할 때 사용해야 할 금액과 몇 회에 걸쳐 돈을 쓸지에 대한 계획이 분명하다. 하지만 500원 한도 내에서 구입 계획을 세울 때 수량이 다양하지는 않고, 한두 개 정도에 머무른다.

5(아주 잘함) | 처음부터 몇 회에 걸쳐 돈을 쓸지 계획하고, 그에 따라 수학적 추론이나 계산법을 사용해 물건을 구입한다. 한 회차 때 한두 개가 아닌 여러 개의 물건도 구입할 수 있다.

셈하기

1(돌봄 필요) | 자신이 얼마를 썼는지, 얼마를 거스름돈으로 받아야 하는지 계산하지 못한다.

2(노력 필요) | 500원이라는 액수 안에서 쓰려고 하지만 셈하는 능력이 서툴러 물건을 사는 데 오래 걸린다. 거스름돈을 잘못 내줘도 잘 알아차리지 못한다.

3(보통) | 500원 단위에 해당하는 물건으로 여섯 차례 사면서 3천 원의 한도에 딱 떨어지게 돈을 사용한다.

4(잘함) | 두 개 이상을 사면서 한 번에 500원에 맞춰 총 3천 원의 한도를 넘지 않는다.

5(아주 잘함) | 몇 개를 사든 한 번에 500원보다 적거나 맞게 사며 횟수와 상관없이 3천 원의 한도를 맞출 수 있다.

대인관계지능 수행평가

활동1 | 친구가 뭘까?

〈너를 만나 행복해〉 등 우정에 대한 책을 아이와 함께 읽는다. 읽은 다음 강아지와 소녀가 어떻게 만났는지, 어떻게 친해졌는지 등 강아지와 소녀 사이의 우정에 대해 아이와 대화를 나눈다(꼭 이 책이 아니더라도 우정을 소재로 한 책이면 된다). 다음으로 친구란 무엇인지, 무엇이 친구 사이를 끈끈하게 만드는지, 어떤 친구가 좋은 친구인지, 좋은 친구가 되기 위해서는 어떻게 행동해야 하는지, 친구끼리 싸웠을 때는 어떻게 해야 하는지 등에 대해 이야기한다. 아이가 어려워하면 실제 친구의 예를 들어 이야기를 유도해도 효과적이다.

| 나이에 따른 활용법 |

아이가 나이가 많다면 실제 겪은 친구와의 다툼이나 한 사람이 아닌 두세 사람이 얽힌 문제 등에 대해 이야기한다. 아이 친구가 아닌 어른들끼리의 문제를 주제로 어떻게 해야 할지 물어보는 것도 아이의 관심을 높일 수 있는 방법이다.

| 평가 |

1(돌봄 필요) | 질문에 대한 대답을 잘하지 못한다. 친구에 대해 관심이 없어 보인다.

2(노력 필요) | 대답은 하지만 친구에 대해 깊이 생각해본 적이 없거나 다른 사람의 입장보다 자신의 입장 위주로 이야기한다.

3(보통) | 실제 친구의 예를 들어가며 얘기하는 등 다른 사람과 친밀하게 지내는 듯한 감성을 표현한다.

4(잘함) | 다양한 친구의 이름이 나오며 "○○가 좋아, ○○랑 놀면 재미있어, ○○가 선물을 해줘서 편지를 써보냈어." 등 친구에 대한 애정을 표현한다. 또 갈등을 주제로 이야기할 때도 친구가 왜 그랬을지 생각해보는 등 타인의 감정을 이해하려는 태도를 보인다.

5(아주 잘함) | 4의 태도를 보이며 평소 우정과 친구에 대해 많은 것을 느끼고 생각해본 듯 상세하면서도 진지한 답을 한다. 이와 함께 친구와 싸웠다면 왜 싸웠는지, 자신이 무엇을 잘못했는지, 앞으로 어떻게 해야 이런 일이 또 발생하지 않을지 등을 고민한 후 사과했다는 등 적극적으로 타인의 감정을 존중하는 모습을 보인다. 그로 인해 자신이 어떻게 변화했는지 등 타인이 자신에게 미치는 영향 등에 대해서도 설명한다.

활동2 | 찰흙성을 지어요

아이의 친구를 집에 초대해 함께 어울리는 시간을 갖는다. 블록이나 찰흙 등을 준비해 다 함께 작품을 만들어보자고 한다. 만들기 전에 어떤 작품을 만들지 서로 의견을 나누고, 계획을 짜는 시간을 갖는다. 서로 의견이 분분하더라도 최대한 간섭하지 않고 아이들끼리 활동하도록 한다.

| 평가 |

협동 과정

1(돌봄 필요) | 친구들과 함께 작업하는 데 흥미를 보이지 않는다. 한쪽에서 혼자 논다.

2(노력 필요) | 친구들이 모인 자리에 있되 함께 작업하기보다 혼자 일에 몰두한다.

3(보통) | 여럿이 어울려 이야기하며 활동한다.

4(잘함) | 3의 태도를 보이되 적극적으로 만들기에 임하며, 자신이 맡은 일 외에도 주변 친구들의 작업을 도와주거나 조언하는 모습을 보인다.

5(아주 잘함) | 4의 태도를 보이면서 전체적으로 작품이 만들어지는 과정을 살펴보고 원활하게 활동이 진행되도록 돕는다. 재미있는 말을 하거나 큰 웃음을 짓는 등 유쾌한 분위기를 조성한다.

의견 조율과 사회적 역할

1(돌봄 필요) | 아이들의 의견이 분분해도 가만히 있는다.

2(노력 필요) | 다른 사람의 의견에 집중하지 않고 자신의 이야기만 한다.

3(보통) | 친구의 의견에 귀 기울이고, 자신의 의견을 내놓는다.

4(잘함) | 3의 행동을 하되 각각의 의견을 비교해보고, 어떤 것이 더 좋을지 고민하는 모습을 보인다.

5(아주 잘함) | 4의 태도를 보인 후 논리적으로 설명하거나 설득하는 말이나 행동을 통해 한데로 생각을 모으는 역할을 한다. 각자에게 맡은 바 임무를 분담하고, 어떻게 활동을 해야 할지 리드하고 설명한다. 재료가 모자랄 때 더 챙겨온다는 등 문제해결에 앞장선다.

활동3 | 누구게?

엄마를 비롯해 할머니, 할아버지, 형제자매, 사촌, 이모, 고모 등 가족과 친지들의 어릴 때 사진을 준비한다. 아이에게 누구인지 말해주지 않고 보여준 뒤 사진 속 인물이 누구인지 맞춰보는 시간을 갖는다. 일단 아이가 어려워하더라도 사진을 보고 누구인지 떠올려본 뒤 이름을 적어보게 한다. 다음으로 사진 속 인물에 대한 힌트를 하나씩 줘보고 그에 따라 자신이 원래 생각한 사람이 맞는지 아니면 이름을 바꿔 쓸지 선택하게 한다. 아이에게 왜 그 사람이라고 생각하는지 물어본 뒤 아이가 생각한 사람이 사진 속 주인공과 동일인물인지 확인한다. 어떤 사람을 쉽게 알아볼 수 있었는지, 어떤 사람이 현재와 많이 다른지 등에 대해서도 이야기를 나눠본다.

| 나이에 따른 활용법 |

다양한 나이 때의 사진을 준비해 하나씩 더 보여주거나 그 사람의 외모와 관련된 별명이나 직업 등 명확하게 드러나는 힌트를 준다. 나이가 많

다면 힌트를 알려줄 때 성향이나 성격, 취미 등 사람에 대해 깊이 생각해보고 말할 수 있는 이야기를 들려준다. 친척이 아니라도 인터넷에서 구할 수 있는 유명인사의 과거 사진 등을 활용하면 아이의 관심을 높일 수 있다.

| 평가 |

1(돌봄 필요) | 누구인지 전혀 맞히지 못한다.

2(노력 필요) | 사진을 보고 처음에는 전혀 맞히지 못하고, 힌트를 줘도 이 사람, 저 사람인지 궁금해한다.

3(보통) | 처음엔 헷갈려 하지만 사진을 오래 들여다보면서 몇몇 사람들을 맞히고, 힌트를 듣고 나서는 틀린 답을 맞게 고치기도 한다.

4(잘함) | 사진을 보고 누구인지 구별한다. 망설이기도 하지만 힌트를 들으면 헷갈리던 사람의 이름을 정확하게 수정한다.

5(아주 잘함) | 사진만 보고도 바로 누구인지 대답하고, 왜 그런지 얼굴 특징 혹은 배경 등을 보고 설명한다. 사진 속 인물 중 "이모와 외삼촌이 닮았다."라고 하거나 "이모는 어릴 때부터 눈이 컸구나." 등 각각의 특징을 정확하게 집어낸다.

태도

1(돌봄 필요) | 다른 사람의 사진에 전혀 관심을 갖지 않고, 재미없다고 이야기한다.

2(노력 필요) | 한 번 쓱 보고 이내 흥미를 잃는다.

3(보통) | 사진을 들여다 보며 관심을 갖는다.

4(잘함) | 사진을 열심히 보고 "이모는 어릴 때 이랬구나." "작은 아빠

는 운동을 좋아했었나 봐." 등 각각의 특징을 살핀다.

5(아주 잘함) | 사진 속 인물에 대해 적극적으로 이것저것 물어보고, 다른 사람의 사진이 담긴 앨범 등을 열심히 본다. 다음번에도 같은 놀이를 하자고 한다.

자기이해지능 수행평가

활동1 | **나는 ○○○해요**

도화지에 자신의 모습을 그리게 한 뒤 자신을 표현하는 것들을 적게 한다. 아이가 어려워하면 아이에게 좋아하는 음식, 좋아하는 색깔, 친한 친구, 장래희망, 좋아하는 책, 어려운 과목, 좋아하는 놀이 등 아이와 관련된 질문을 한다. 도화지에 자신이 대답한 것들을 글로 쓰던지 그리게 해보자.

| 나이에 따른 활용법 |

아이가 수월하게 활동을 할 경우 위에 제시한 질문처럼 단순한 질문보다 "혼자서 책을 보는 시간이 좋아? 아니면 친구들과 함께 술래잡기를 하는 게 좋아?"라거나 "과학 동화가 좋아? 위인전을 읽는 게 좋아? 판타지 소설이 좋아?"라는 식으로 성향과 개성들을 파악할 수 있는 구체적인 질문을 한 뒤 그 이유까지 상세히 설명하도록 한다.

| 평가 |

1(돌봄 필요) | 물어보는 것에 전혀 대답하지 못한다.

2(노력 필요) | 몇 가지만 답하되 말했다가도 대답을 바꾸는 모습을 보인다.

3(보통) | 망설이면서도 물어보는 질문에 모두 답을 한다.

4(잘함) | 좋아하거나 싫어하는 것, 되고 싶은 것 등에 대해 확실하게 답한다.

5(아주 잘함) | 물어보면 바로 대답하고, 왜 그런지, 언제부터 그랬는지 등 이유 등을 명확하게 설명한다.

활동2 | 내 기분은 이래요

동화 『너는 특별하단다』처럼 자신의 감정과 느낌에 대해 나와 있는 책을 읽는다. 아이에게 "할머니 집에 가는 날이야?" "오늘 학교에서 시험 보는 날이야?" "친구가 생일파티에 초대 했어?" "동생이 울고 있어서 네가 달래줬어?" 등의 질문을 하면서 그때 기분이 어떤지 물어본다. 큰 종이에 큰 네모를 그린 뒤 9~12개의 칸을 만들어 각 칸에 '슬프다' '행복하다' '뿌듯하다' '속상하다' '가슴이 두근거린다' 등의 감정이나 정서를 표현하는 낱말을 적는다.

다음으로 아이에게 각 칸에 쓴 감정을 느껴볼 기회를 마련한다. 예를 들어 아이에게 내일 놀이동산에 다녀오자고 한 뒤 지금의 감정과 같은 느낌의 칸을 고르라고 하고 "뭐가 우리 ○○를 이렇게 기분 좋게 했을까?"라고 묻고, 지금의 기분을 날씨에 빗대 보게 한다. 반짝반짝 해가 뜬다, 비바람이 친다, 흐리다 등의 말로 표현해도 좋고, 그림으로 그려 표현하는 방법도 있다. 누군가가 아이의 장난감을 망가뜨리는 등 화가 나거나 속상함을 느낄 때는 현재의 감정을 표현하게 한 뒤 그러면 "어떻게 해야 기분이 좋아질까?"하고 묻는다.

| 나이에 따른 활용법 |

나이에 따라 낱말을 설명하는 칸의 수를 9개 이하, 혹은 12개 이상으로 줄이거나 늘린다. 반대로 나이가 많다면 '좋다, 나쁘다, 행복하다' 등의 단순한 감정 상태가 아니라 '설렌다, 새삼스럽다, 민망하다' 등 더 세심한 감정의 변화를 표현하는 낱말을 기재하고, 친구와 오해가 생겼을 때나 가게에서 사온 물건을 바꿔야 할 때 등 더 미묘한 감정을 표현할 낱말을 마련한다. 다만 아이의 언어 습득이 느릴 경우 표현을 어려워할 수 있으니 여러 상황을 감안해야 한다.

| 평가 |

감정 파악과 표현

1(돌봄 필요) | 자신의 기분과 감정 상태에 대해 관심이 없고, 현재 느끼는 감정에 대해서도 잘 표현하지 못한다. "기분이 어때?"하고 물으면 잘 대답하지 못하거나 맞지 않는 표현을 선택한다. 그림으로 표현할 때는 기분이 좋은데 흐린 날을 그리는 식이다.

2(노력 필요) | 자신의 감정을 어렴풋이 파악하고, 감정을 표현하려 하지만 조금 헷갈려 한다. "네가 친구에게 도움을 줬어. 기분이 어때?"등의 감정을 묻는 질문을 하면 오래 망설인 후에 대답하고, "슬퍼. 아냐 아냐, 화가 나." 식으로 답을 바꾸기도 한다.

3(보통) | 자신의 기분이 어떠한지, 어떤 감정을 느끼는지 알고 있다.

상황에 맞게 '즐겁다, 화가 난다, 슬프다'로 정서 상태를 표현한다.

4(잘함) | 자신의 감정과 느낌을 정확하게 파악하고 표현한다. '기분 좋다'는 감정을 '즐겁다, 재미있다, 기쁘다' 등 상황에 따라 다양하게 표현한다.

5(아주 잘함) | 자신의 감정과 느낌을 정확하게 파악하고 표현하고, "놀이기구 탈 생각을 하니까 신나.""친구 생일파티에 초대받아서 맛있는 음식 먹을 생각 하니까 즐거워." 등 왜 그런 기분이 드는지 이유를 명확하게 집어낸다.

행동 변화

1(돌봄 필요) | 기분에 따라 마음 내키는 대로 행동한다. 신이 나면 흥분해서 뛰어다니고 화가 날 때도 소리를 지르거나 물건을 던지는 등 조절 못하는 모습을 보인다. 주의를 받아도 전혀 개선되지 않는다.

2(노력 필요) | 기분에 따라 행동하고 행동이나 말투를 조절하려는 모습이 전혀 없다. 주의를 주면 따르려고 하나 잘 되지 않는다.

3(보통) | 기분이나 느낌을 조절하려는 모습을 보인다.

4(잘함) | 감정을 조절하려고 노력한다. 자기가 하는 행동의 원인이 무엇 때문인지 알고 있고, 자기 기분의 변화 때문에 소리를 지르거나 화를 낸 후에도 반성하는 모습을 보인다.

5(아주 잘함) | 4의 상태를 보이며 자신의 감정 때문에 어떤 행동이 나왔는지 정확하게 파악하고 있다. 따라서 기분과 감정이 상해있을 때 스스로 바꾸려고 노력하거나 격려하는 모습을 보인다. 예를 들어 동생이 블록을 망가뜨려 화가 났을 때 "어떻게 해야 할까?" 하고 물으면 "다시

만들면 기분이 나아질 것 같아. 대신 동생이 망가뜨리지 않도록 이 방에 못 오게 해줘."라고 말하거나 "엄마가 안아주면 마음이 가라앉을 것 같아. 놀이터에 나갔다 오면, 마음이 풀릴 것 같아?"라는 식으로 스스로 해결책을 찾는다.

음악지능 수행평가

활동1 | 노래 이어 부르기

아이에게 노래와 관련된 게임을 하자고 한 뒤 함께 부르고픈 노래를 맞춰보게 한다. 예를 들어 "엄마가 좋아하는 노래가 뭐지? 우리 ○○랑 산책 갈 때 부르는 노래야. 숲속이라는 낱말도 들어가."라는 식으로 수수께끼를 낸다. 아이와 평소 자주 부르는 노래가 없었다면 크리스마스 캐럴이나 자장가 등 기념일이나 특별한 때에 부르는 노래를 선택하면 좋다. 아이가 제목을 맞히면 계속 노래 불러보자고 한 뒤 번갈아가며 노래를 부르기로 한다. 아이가 이해를 못하면 "엄마가 먼저 불러볼게. 잘 자라 우리 아가. 이 다음엔 네가 하는 거야." 하는 식으로 첫 소절을 부르고 아이가 다음 소절을 부르게 한다. 나머지도 이런 식으로 번갈아가며 부른다.

| 나이에 따른 활용법 |

나이가 어리다면 짧은 노래를 선택하고, 나이가 많다면 긴 노래를 선택한다. 아이가 활동을 쉽게 생각하면, 다양한 멜로디와 리듬이 섞인 노래를 골라보자. 엄마(혹은 아빠)와 직접 번갈아 노래한 뒤 음원을 활용해 음원한 소절, 아이 한 소절 하는 식으로 이어 부르기를 해본다. 이와 함께 '시계' '동네 한 바퀴' 등 돌림노래를 해보는 것도 좋다.

| 평가 |

1(돌봄 필요) | 음표의 길이, 박자 등이 맞지 않는다. 엄마의 노래에 귀 기울이지 않고 이어 부를 때의 타이밍을 놓친다.

2(노력 필요) | 가끔 음정이나 박자 등이 불안정한 모습을 보인다. 타이밍에 맞춰 노래를 부르지만 표현력이나 음색 등이 떨어진다.

3(보통) | 정확한 박자와 음정으로 부르고 감정을 담아 부른다. 상대의 노래를 잘 듣고 이어 부를 때 가사와 멜로디 등을 헷갈리는 일이 없다.

4(잘함) | 리듬과 음정, 박자, 멜로디 등을 확실하게 인지하고 노래를 부른다. 스스로 즐기는 모습을 보이며 가사전달과 표현력이 좋다.

5(아주 잘함) | 리듬과 음정, 박자, 멜로디를 완벽하게 인지하고 노래를 부르되, 노래를 자신의 스타일대로 바꿔 부르는 등 변형 능력을 보인다. 음색이 맑고 곱고, 음에 대한 지각력과 변별력이 뛰어나는 등 음악에 대한 전반적인 이해도가 높다.

활동2 | 어느 소리가 크게?

속이 보이지 않는 작은 페트병을 여러 개 준비한 뒤 쌀, 콩, 팥 등 곡물이나 통후추, 모래 등을 넣은 병을 2개씩 만든다. 아이에게 각각 다른 재료가 들어간 병들을 준 뒤 소리를 들어보게 한다. 위아래로 흔드는 것과 병의 전체를 손바닥으로 감싸고 흔드는 것, 마개 부분을 잡고 옆으로 흔들 때의 차이를 얘기하도록 유도한다. 다음으로 소리의 크기에 따라 병을 나열해보도록 하고, 아이가 나열하면 다시 병을 섞은 뒤 과정을 한 번 더 반복한다. 다음으로 같은 재료가 들어간 병들과 섞어놓은 뒤 같은 소리를 내는 병끼리 다시 모아본다.

| 나이에 따른 활용법 |

나이가 어리다면 쌀과 팥, 모래, 구슬 등 소리의 종류와 크기가 확연히 구별되는 재료를 활용하고, 나이가 많다면 쌀, 보리 등 비슷한 소리를 내는 재료를 활용한다. 병에 같은 재료를 넣을 때 양을 달리한 뒤 같은 재료끼리 찾는 등 다양한 방법으로 활용해본다.

| 평가 |

1(돌봄 필요) | 내용물이나 흔드는 방법에 따른 소리의 차이를 지각하지 못한다. 소리의 크기에 따라 병을 나열할 때도 때마다 다르게 나열하고, 같은 재료가 들어간 병을 잘 찾아내지 못한다.
2(노력 필요) | 각 병들의 소리의 차이를 잘 모른다. 소리에 있어서 큰 차이가 나는 병들은 구분하되 미묘한 차이가 있는 것들은 헷갈려 한다.
3(보통) | 소리의 크기에 따라 병을 잘 나열하고 같은 재료가 들어간 병을 골라낸다.
4(잘함) | 3의 상태는 기본으로 가지고 있고 부드럽다, 거칠다, 소리가 높다, 낮다 등 소리의 지각을 잘한다.
5(아주 잘함) | 4의 상태를 보이고 페트병 안의 내용물이 어떠한 크기와 재질인지를 짐작한다. 예를 들어 조와 같이 작은 알갱이들이 들어

있다든가, 통후추처럼 큰 알갱이가 들어있다는 식으로 소리의 역동성에 대해 세심하게 지각하고, 각각의 음높이를 분별한다.

신체-운동지능 수행평가

활동1 | 식물의 한살이 표현하기

한해살이 식물에 대해 배워본다. 한해살이 식물의 종류가 무엇인지, 한살이란 어떤 건지, 식물의 모양이 시간의 변화에 따라 어떻게 달라지는지 이야기를 나눠본다. 이에 대해 책을 찾아보며 사진을 보거나 그림을 그려봐도 좋다. 그렇게 변하면 식물의 기분이 어떨지 상상해본다. 아이와 음악을 틀어 놓고, 느낌이나 음악의 분위기에 대해 이야기를 나눈다. 시간의 흐름에 따라 달라지는 식물의 생김새, 혹은 식물의 기분을 몸으로 표현해본다.

| 나이에 따른 활용법 |

나뭇잎이나 한해살이 식물을 접하는 활동을 할 때 감자 등의 채소에 나뭇잎 도장을 만들어보거나 나뭇잎 위에 종이를 대고 연필로 칠해 잎맥을 살펴보는 등 나이에 맞는 활동으로 넓혀본다. 이와 함께 몸으로만 식물 혹은 나뭇잎을 표현하는 것이 아니라 보자기, 리본, 공 등을 활용해보자. 예를 들어 나뭇잎이 우수수 떨어지는 모양은 공을 두두두두 때리면서 표현하고, 한 장이 외롭게 떨어지는 모양은 공을 가지고 의자 위에 올라가 한 번 쓱 떨어뜨리는 식으로 할 수 있다. 부모가 먼저 보여주기보다 아이 스스로 하게 한다.

| 평가 |

기본 운동 능력

1(돌봄 필요) | 별다른 움직임을 보이지 않는다.

2(노력 필요) | 팔 다리를 휘젓는 식으로 움직임을 보인다. "이렇게 해 봐."라고 하면 따라 하지만 능숙하지 못하고, 균형감이 없거나 신체 조절력이 부족한 듯 보인다.

3(보통) | 새로운 동작을 만들어내지만 동작 연결이 미숙하고, 한 가지 동작만 반복한다.

4(잘함) | 자신만의 움직임을 만들어내고 부드럽게 이어가며 움직인다. 옆 사람의 동작을 똑같이 따라 하는 수준이지만 온몸을 균형감 있게 움직이며 유연함을 보인다.

5(아주 잘함) | 다리를 벌리거나 팔을 위로 올리며 주저앉는 등 어려운 포즈를 취한다. 유연함이 돋보이는 움직임을 보이며 신체를 효과적으로 움직이거나 자신이 원하는 포즈를 만드는 데 어려움이 없다. 자기가 하고싶은 대로 몸을 조절할 수 있다. 이리 저리 돌아다니며 움직이는 등 공간을 자유자재로 활용한다.

리듬감

1(돌봄 필요) | 움직이지 않거나 혹은 박자, 리듬에 상관없이 몸을 무작정 움직인다.

2(노력 필요) | 움직임은 있지만 리듬을 타기보다 움직임에만 신경을 쓴다.

3(보통) | 살짝 리듬을 타는 모습을 보인다. 몸 전체를 리듬에 싣지 못

하고, 팔이나 다리만 흔드는 식으로 신체의 한 부분만 움직인다.

4(잘함) | 리듬을 타되 머리부터 다리까지 움직이는 모습을 보인다.

5(아주 잘함) | 지속적으로 몸 전체를 리듬에 맞추거나 규칙적인 움직임을 보이는 등 자신만의 흐름을 만든다. 보기에도 부드럽고 아름다우며 능숙하다.

표현력

1(돌봄 필요) | 별다른 움직임이 없다.

2(노력 필요) | 움직임을 보이기는 하지만 단조롭거나 신체의 한 부분만 움직인다.

3(보통) | 무표정한 얼굴에 무엇을 표현하는지 잘 모르겠다. 같은 동작을 반복하며 엄마나 언니 등 옆의 사람을 따라 하는 경향이 있고, 어디서 본듯한 움직임을 보인다.

4(잘함) | 다양하게 자기만의 움직임을 만든다. 규칙적으로 작은 움직임과 큰 움직임을 보인다.

5(아주 잘함) | 팔, 다리는 물론 얼굴 표정까지 나뭇잎을 표현한다. 얼굴을 찡그리거나 팔, 다리는 물론 표정까지 바꿔가며 몸 전체를 사용해 표현한다. 나뭇잎이 부서지는 모습, 혹은 소리가 들리는 듯한 분위기와 이미지에 맞는 표현을 조성한다.

만족도

1(돌봄 필요) | 쑥스러워하며 거의 움직이지 않는다.

2(노력 필요) | 움직이되 재미없는 듯한 표정을 짓거나 "왜 이걸 해?"

등의 반응을 보인다.

3(보통) | 잘하지 못해도 이것저것 해보려고 하고 다른 사람의 동작을 따라 한다. 엄마가 준비할 때 "뭐 하는 거야?"라고 물으며 관심을 보인다.

4(잘함) | 열심히 움직이며 하면 할수록 재미있다는 표정을 짓는다. 옆에서 움직이는 형제나 엄마들에게 "이렇게 하면 어때?" 하며 열의를 보인다.

5(아주 잘함) | 정말 재미있다고 표현을 하며 또 하고 싶어 한다. 적극적으로 움직이는 것은 기본이고 "다른 음악을 틀고 해볼까?" 등의 의욕을 보인다. "나 잘하지?"와 같은 자신감을 표현한다.

활동2 | 허들게임

온 가족이 함께 아파트 마당이나 놀이터 등 넓은 공간에서 허들게임을 펼쳐보자. 작은 의자, 플라스틱 화분 등 장애물을 가져다 놓고 장애물 코스를 만든다. 엄마나 아빠가 먼저 한 번 뛰어보고 안전하게 설치되었는지 확인한다. 아이와 스트레칭을 한 뒤 어떻게 하는 놀이인지 시범을 보인다. 아이에게 직접 뛰어보게 한다.

| 나이에 따른 활용법 |

나이에 따라 장애물의 종류를 선택한다. 아이가 장애물을 쉽게 넘는다면 연속으로 놓거나 장애물의 넓이와 높이, 개수를 조절한다. 장애물을 연속으로 놓는 등의 변동을 줘도 좋다.

| 평가 |

신체 조절

1(돌봄 필요) | 별다른 움직임을 보이지 않거나 움직이더라도 장애물 앞에서 멈춰 선다.

2(노력 필요) | 장애물을 뛰어넘으려 하지만 뛰어야 할 적당한 위치를 파악하지 못하거나 점프력이 약해 걸려 넘어진다.

3(보통) | 동작이 미숙하지만 의도한 바에 따라 장애물을 넘는다.

4(잘함) | 자신이 계획한 대로 도움닫기를 하고 장애물을 뛰어 넘는다. 넘기 전이나 넘은 후에도 안정감이 느껴진다.

5(아주 잘함) | 어느 시점에서 힘을 주고 어느 때 빼야 하는지를 효과적으로 조절하고, 장애물을 무리 없이 뛰어넘는다. 손으로 v자를 그리거나 팔을 들어 올리는 등 자신만의 포즈를 취하면서도 과제를 원활히 수행한다.

속도, 균형감 및 민첩성

1(돌봄 필요) | 별다른 움직임을 보이지 않고 움직이더라도 아주 천천히 움직인다.

2(노력 필요) | 또래에 비해 느리지 않게 움직인다. 가끔 장애물 넘기에 성공하더라도 허들 앞에서 머뭇거리거나 도움닫기를 할 때 혹은 착지한 후 뒤뚱거리거나 발의 순서가 맞지 않는 등 균형감을 잃는다.

3(보통) | 또래에 걸맞은 속도로 움직이고 장애물 앞에서 머뭇거리지 않는다.

4(잘함) | 빠른 속도로 뛰어와 균형감 있게 장애물을 넘는다. 간혹 발이

걸리는 등 실수가 있더라도 넘어지지 않고 이내 균형을 찾는다.

5(아주 잘함) | 빠른 속도로 뛰면서도 안정감을 잃지 않는다. 가까운 간격으로 놓인 장애물이나 곡선, 지그재그 등의 위치로 놓인 장애물을 넘을 때도 방향 전환이 빠르고 행동에 무리가 없다.

공간지능 수행평가

활동1 | 꿈꾸는 방 그려보기

자신이 원하는 방의 풍경을 상상해보게 한다. 어떤 분위기가 나면 좋을지, 어떤 가구나 물건, 장난감 등을 놓아두고 싶은지 등을 얘기해본다. 이때 책상이라면 구체적으로 어떤 모습의 책상인지, 어떤 색의 커튼을 달고 싶은지, 어떤 분위기로 꾸미고 싶을지 이야기를 나눈다. 친구 집에 갔을 때 본 친구의 방, TV 등에서 본 방 등 마음에 드는 방에 대해 얘기해보는 것도 좋다. 아이에게 직접 원하는 방을 그려보게 한다. 스케치만이 아니라 색연필, 크레파스, 물감 등으로 색을 입혀보도록 한다.

| 나이에 따른 활용법 |

아이가 어리다면 내가 갖고 싶은 인형의 집 등으로 규모를 줄이고, 나이가 많다면 꿈꾸는 집 혹은 놀이터, 학교 등으로 규모를 넓히고, 실내, 실외 등 그리는 공간의 종류와 대상을 다양화한다.

| 평가 |

그리기

1(돌봄 필요) | 무엇을 그렸는지 형태를 파악하기가 어렵다.

2(노력 필요) | 수직, 대각, 곡선 등 다양한 형태를 사용하지만 그리려고 계획한 것이 잘 표현되지 않는다.

3(보통) | 다양한 선과 도형 등을 활용해 그림을 그린다. 실제 대상과 똑같지 않지만 무엇을 그렸는지 잘 파악할 수 있다.

4(잘함) | 그리려는 대상의 윤곽이 또렷하고 크기나 모양 등이 실제 대상과 비슷하다.

5(아주 잘함) | 다양한 선과 점, 면, 도형 등으로 대상을 표현하고 사물의 특징을 세밀하게 그려낸다. 크기나 비율 등이 실제 대상과 비슷하고 주제에 맞게 원하는 것을 체계적이고 정교하게 그릴 줄 안다.

색감

1(돌봄 필요) | 한두 가지 색만 사용하거나 색을 골고루 칠하지 않고 한 부분만 칠한다.

2(노력 필요) | 두세 개의 색만 사용하고, 서로 어울리지 않거나 실제 대상과 맞지 않는 색을 칠해 놓는다.

3(보통) | 대여섯 가지 색을 사용하지만 서로 어울리지 않는다.

4(잘함) | 다양한 색을 사용하고 색의 선택에 규칙성이 있다. 색을 칠함으로써 그림을 더 돋보이게 한다.

5(아주 잘함) | 다양한 색을 사용하되 서로 어울리는 색감으로 전체적인 조화를 이룬다. 표현하고자 하는 분위기가 색을 통해 전달되며 실제

대상과도 비슷한 색을 선택한다.

구도

1(돌봄 필요) | 공간에 비해 그림의 크기가 크거나 작고 구도에 대한 개념이 전혀 없다.

2(노력 필요) | 크기는 적절하지만 좌·우, 위·아래 등 기본적인 배경이 허술하다.

3(보통) | 기본 구조는 잡혀있지만 한쪽으로 그림이 치우쳐져 있거나 여백이 없는 등 공간과 구조에 대한 개념이 부족한 모습을 보인다.

4(잘함) | 크기, 위치, 여백 등 공간 구조를 균형 있게 잡을 줄 알고 기본 구도와 배경에 대한 개념도 분명하다.

5(아주 잘함) | 대상의 크기와 모습 등을 고려해 서로 조화롭게 자리 잡았으며 원근감을 표현하는 등 뛰어난 공간 처리 감각을 보인다.

활동2 | 나만의 자연경치 표현하기

아이와 함께 공원이나 아파트 정원 등 자연을 접할 수 있는 곳에 나간다. 나뭇잎이나 꽃잎의 색깔, 풀잎의 키, 돌의 크기 등 자연에 대해 이야기하면서 돌멩이나 나뭇가지, 풀잎, 단풍잎, 은행잎 등 다양한 낙엽 등을 모아 온다. 집에 와서 밖에서 관찰했던 것, 집에 가지고 온 것들에 대해 이야기를 나눈 뒤 스케치북이나 큰 종이에 나만의 공원, 정원 등을 그려보게 한다. 재료가 별로 없다면 집에 있는 곡식이나 채소 혹은 색종이 등을 다양하게 활용한다.

| 평가 |

1(돌봄 필요) | 재료의 색을 조화롭게 활용하지 못하고 마구잡이로 재료를 사용한다. 또한 무엇을 표현하려는지 형태를 알 수 없으며 여기저기 재료를 흩어놓았다.

2(노력 필요) | 재료가 가진 색을 다양하게 활용하지 않고 단조롭게 표현한다. 형태를 명확하게 구분할 수 없으며 아주 작게, 혹은 한쪽으로 대상을 표현하는 등 종이의 공간을 제대로 활용하지 않는다.

3(보통) | 무엇을 그리는지 알 수 있으며 나무기둥 부분은 나뭇가지로, 무성한 나뭇잎은 초록색 풀로 표현하는 등 현실의 대상과 맞게 표현한다. 여백이나 한쪽으로 치우침 없이 공간의 기본 구조가 잡혀있다.

4(잘함) | 다양한 색을 현실에 맞게 사용하면서 나무기둥은 높게, 꽃의 줄기는 낮게 표현하는 등 사물의 비율을 실제 대상과 비슷하게 표현한다. 위쪽에는 하늘이 있고, 아래에는 땅이 있는 식으로 공간 구성도 제대로 잡혀있고, 나무 밑은 작은 풀로 표현하는 등 세심한 묘사를 한다.

5(아주 잘함) | 표현하려는 대상의 윤곽이 사실적이며 다양한 재료의 질감과 색을 현실에 맞게 표현하면서도 각각의 대상이 조화를 이루고 있다. 종이 한 장을 균형감 있게 채웠으며 멀리 있는 나무는 작게, 가까이 있는 나무는 크게 그리는 등 원근감을 표현한다. 바람이 부는 장면을 표현하기 위해 나뭇잎이나 꽃잎을 한쪽으로 치우치게 하는 등 역동적인 표현력도 돋보인다.

자연친화지능 수행평가

활동1 | 콩 싹 틔우기

아이와 함께 식물이 자라는 이야기가 담긴 책을 읽어보며 식물이 어떻게 싹을 틔우고, 열매를 맺는지 등 자라나는 과정을 살펴본 뒤 직접 콩을 키우는 실험을 하자고 말한다. 콩을 키우기 위해서는 어떤 준비물이 필요할지 이야기를 나눠본 뒤 그에 따라 작은 그릇이나 화분, 솜이나 흙, 콩 등을 준비한다. 다음으로 콩이 잘 자라기 위해서는 무엇이 필요한지 생각해보고 준비물을 어떻게 활용해야 콩이 자랄 수 있는지 이야기를 나눈다. 작은 그릇, 솜, 강낭콩(혹은 화분과 토마토, 흙 등)을 준비하고 그릇에 솜을 편편하게 깔아놓은 후 강낭콩을 올리고 물을 준다. 아이에게 콩을 잘 키워보라고 하고 정기적으로 물을 주며 관찰하는 시간을 갖도록 한다.

| 나이에 따른 활용법 |

아이가 나이가 어리다면 식물을 키우기 전, 식물이나 곡식과 관련된 책, 영상물 등을 보면서 배경지식을 쌓게 한다. 아이의 나이가 많다면 콩 하나만이 아니라 허브, 상추, 토마토 등의 씨앗과 모종 등 여러 종류의 식물을 키우며 각각 비교하면서 실험한다.

| 평가 |

식물에 대한 이해 및 실험과정

1(돌봄 필요) | 콩을 기르는 데 필요한 준비물이나 콩이 자라는 환경에

대해 물어도 전혀 대답하지 못한다.

2(노력 필요) | 몇 가지 대답을 하지만 불필요한 것들을 말한다.

3(보통) | 필요한 준비물과 환경에 대해 화분, 그릇, 흙, 물 등 실험과 연결된 것들을 대답한다. 하지만 실험준비를 할 때는 부모의 도움이 필요하다.

4(잘함) | 준비물과 필요한 것들을 말한 뒤 별다른 도움 없이 엄마의 지시에 따라 그릇에 솜을 깔거나 화분에 콩을 심는 등 직접 실험을 한다. 정기적으로 물을 주는 등 관심을 기울인다.

5(아주 잘함) | 별다른 도움이나 지시 없이도 그릇에 솜을 깔고 콩을 올리고 물을 주는 등 목적에 따라 스스로 실험을 설계한다. 정기적으로 물을 주고 지속적으로 식물의 변화를 관찰하는 모습을 보인다.

관찰 및 자연에 대한 관심

1(돌봄 필요) | 관련된 책을 읽거나 실험을 할 때 전혀 관심이 없다.

2(노력 필요) | 실험을 할 때나 콩을 키울 때 잠깐씩 호기심을 보이지만 곧 흥미를 잃는다.

3(보통) | 가끔씩 관심을 보인다. 직접 콩을 키운 후 다른 식물에 대한 관심이 커지기 시작한다.

4(잘함) | 자고 일어나서나 외출했다 돌아왔을 때 등 시시때때로 들여다보며 즐거워한다.

5(아주 잘함) : 4번의 태도를 보이며 자신이 키운 식물을 자랑스러워한다. 또 다른 식물을 길러보고 싶어 한다. 일지를 쓰거나 사진을 찍는 등 콩이 자라는 과정을 기록하고, 이런 활동에 관심이 많다.

실험결과

1(돌봄 필요) | 어떤 실험을 했는지, 어떤 변화가 일어났는지 파악하지 못한다.

2(노력 필요) | "싹이 났네, 콩이 열렸어."라고 결과만 알고 있을 뿐 어떤 과정을 거쳐 그런 결과가 일어났는지 이해하지 못한다.

3(보통) | 결과는 알지만 어떤 과정을 거쳤는지 어림짐작하는 정도. 과학적인 논리 혹은 절차에 대한 설명이 없다.

4(잘함) | 실험에 대한 결과를 알고 있고, 실험과정과 절차에 대한 이해를 하고 있다.

5(아주 잘함) | 콩이 잘 자라기 위해서는 어떤 요소가 필요했는지, 어떤 과정을 거쳐 콩에 싹이 났는지 순서에 맞게 명확하게 설명한다. 다른 식물의 성장 과정과 비교해 답을 하기도 하며, 문제가 생길 때도 왜 그런 일이 발생했는지 파악하고 반성한다.

활동2 | 거미와 문어에 대해 비교하기

거미와 문어 모양의 인형이나 모형, 그림 등을 준비해 아이와 함께 논다. 역할놀이를 해도 좋고, 거미와 문어가 나온 책을 보거나 그림을 그리는 것도 좋다. 잠시 후 아이에게 두 생물이 무엇이 같고, 무엇이 다른지 살펴보게 한다. 아이가 어려워하면 다리 수, 먹는 것, 사는 곳 등 몇 가지 힌트를 준다.

| 나이에 따른 활용법 |

아이의 나이가 많다면 확연히 분류되는 다른 종에 속한 생물이 아니라

포유류의 맹수 안에서 호랑이와 사자를 비교해보는 식으로 비슷한 생물을 골라본다. 이 역시 수월하게 해낸다면, 공룡 중에서 티라노사우루스와 다이노사우루스, 어류인 문어와 오징어, 상어와 고래, 고양이과인 치타와 표범 등 같은 종에 속한 생물을 비교해보는 식으로 활동 수준을 높인다.

| 평가 |

관찰력

1(돌봄 필요) | 모형을 가지고 놀지 않는다. 잠시 쳐다보았다가 이내 다른 곳으로 관심을 돌린다.

2(노력 필요) | 모형을 들여다보기는 하나 눈으로 보거나 손으로 만지는 정도다.

3(보통) | 모형을 이리저리 만져보고, 굴려보거나 들여다보는, 살짝 혀로 핥아보고 흔들어보는 등 오감을 활용하는 모습을 보인다.

4(잘함) | 오감뿐 아니라 자로 크기를 재어보거나 무게를 재어보는 등 다양한 도구를 활용해 관찰한다. 이를 통해 각각의 특징을 날카롭게 집어낸다.

5(아주 잘함) | 오감은 물론 다양한 도구를 사용해 모형에 대한 객관적인 특징을 파악하며 주어진 모형 외에 집에 있는 동화책에서 본 거미나 문어의 그림, 다른 재질로 된 문어 인형 등을 찾아 생김새나 색깔을 비교해보는 등 적극적으로 사물을 관찰한다.

분류능력

1(돌봄 필요) | 무엇이 다르고 같은지 잘 모른다.

2(노력 필요) | 공통점과 차이점에 대해서는 대답하나 문어는 다리가 8개, 거미는 눈이 2개 등 같은 기준으로 비교하지 못하고 간혹 잘못된 답을 한다.

3(보통) | 엄마의 분류 목록에 따라 공통점과 차이점을 구별한다.

4(잘함) | 몇몇 분류 목록을 생각해내고, 수 세기, 그림 그려보기, 만져 보기 등 다양한 활동을 통해 각각의 공통점과 차이점을 파악한다.

5(아주 잘함) | 다리 수, 먹는 것, 사는 곳 등 어떤 기준으로 공통점과 차이점을 비교하고 대조할지 스스로 다양하게 분류 목록을 정하고, 그에 따라 정확하게 공통점과 차이점을 집어낸다. 거미와 문어 외에 또 어떤 생물이 이들과 공통점 혹은 차이점이 있는지도 연결시킨다.

부모와 교사, 아이가 함께 찾아가는 다중지능

아이의 지능을 평가할 때는 문제해결 능력에만 초점을 맞추어서는 안 된다. 아이가 여러 개의 강점지능을 갖고 있을 때 어떤 부분에 있어서 더 뛰어난 능력을 발휘하고 어떤 분야에 더 관심을 보이는지를 파악하는 일도 중요하다. 이런 부분은 단순히 점수나 결과물만이 아니라 아이의 발달 수준과 개인차를 인지해 아이의 태도와 수행과정을 주의 깊게 살펴봐야만 알 수 있다.

이처럼 아이를 제대로 이해하려면 다각적인 평가가 필요하다. 부모들과 이야기를 하다 보면 부모가 보는 아이와 선생님이 보는 아이가 다른 경우가 많다. 부모나 선생님이 보는 자신과 아이 스스로가 생각하는 모습이 달라서 혼란을 느끼는 아이들도 허다하다. 이처럼 누가 보느냐에 따라 사람의 평가는 달라질 수 있기 때문에 제대로 아이를 평가하려면 다양한 시각에서 다각적인 방법으로 평가하는 것이 바람직하다.

아이를 제대로 평가하는 데 도움이 될 수 있는 사람은 부모와 교사, 또래 친구 그리고 자기 자신이다. 아이와 가장 많은 시간을 보내는 부모를 비롯해 객관적인 시각으로 조언해줄 수 있는 교사, 내적 마음 상태를 가장 세심하게 살펴볼 수 있는 아이 자신, 또래의 시각을 전해줄 수 있는 친구, 전문가적 조언을 건네주는 전문가 등이 함께 평가한 내용을 종합하면 좀더 정확한 결과를 도출할 수 있다.

하지만 어떤 부분에 초점을 맞추고 어떤 점을 주의해야 하는지 알아야 아이를 제대로 바라보고 평가할 수 있으며 적합한 교육방법을 제대로 알려줄 수 있다. 다각적인 평가를 위해 꼭 알아두어야 할 노하우를 정리했다.

부모의 역할과 자세가 평가를 좌우한다

아이와 가장 많은 시간을 보내고, 또 가장 많은 관심을 기울이는 사람은 단연 '부모'다. 가장 가까이서 아이의 발달과정을 지켜보고 실생활 속에서 아이의 지능과 강점을 시시때때로 볼 수 있는 사람 역시 부모이기 때문에 다중지능을 평가할 때는 부모의 역할은 아주 중요하다.

하지만 부모이기 때문에 놓치는 부분도 많다. 부모의 욕심이 개입되는 순간 객관적으로 아이를 바라보지 못하는 우를 범하기도 한다. 그만큼 아이를 보고 평가할 때 조심해야 할 부분이 많다는 얘기다.

전문적인 관점에서 아이를 볼 수 있어야 한다

무엇보다 아이의 다중지능과 발달상황을 명확하게 파악하고 싶다면 다중지능이 무엇인지, 아이들의 신체와 정서가 어떤 과정을 거쳐 발달하는지, 두뇌교육이 무엇인지를 알아야 한다. 전문적인 관점에서 아이를 보는 것도 중요하다. 아이를 관찰할 때 '그림을 잘 그리는구나'로 인식하는 것이 아니라 '공간지능이 높구나' 그중에서도 '색채 인식이 뛰어나구나'와 같이 상세하고 전문적인 관점으로 아이를 바라볼 수 있어야 한다. 그래야 아이의 강점을 정확하게 파악하고, 어떤 방향으로 안내할 것인지를 알 수 있다. 또한 단순히 공부를 잘한다, 못한다는 식의 시각을 벗어나 신체-운동지능, 자기 관리, 사회성 등 다양한 시각으로 바라보며 미래의 발달을 꾀할 수 있어야 한다.

객관적인 시각으로 아이 바라보기

조선시대에는 '격대교육'이라 해서 할아버지는 손자를, 할머니는 손녀를 맡아 생활 속에서 가르치는 교육방법이 있었다. 부모가 아이를 가르치면 기대가 높아 욕심이 앞서고 조바심을 내는 등 감정에 이끌리기 때문에 오히려 해를 끼칠 수 있다. 하지만 조부, 조모의 경우 이미 자녀를 길러낸 경험으로 여유를 가지고 있는 데다가 아이를 사랑하되 부모보다는 감정을 절제한 상태에서 가르침이 가능해 조금 더 객관적인 교육법으로 인식되었다.

많은 부모가 자기 아이는 특별하다고 생각한다. 특히 아이가 어릴 때는 더 그렇다. "엄마!"라는 말만 해도 "우리 애는 천재인가 봐!"라며 호들갑을

떤다. 다 자식에 대한 기대가 많기 때문이다. 자식에게 기대하는 게 나쁜 것만은 아니지만 그 기대 때문에 오히려 객관성을 잃게 된다는 게 문제다.

학교에서 여러 학부모들을 만나다 보면 아이에 대해 과대평가를 하는 부모들이 많음을 실감한다. 아이를 긍정적으로 바라보거나 아이에게 꿈을 심어주고, 기대치를 높이는 것은 문제가 되지 않지만 그 때문에 욕심을 부려 아이에게 부담을 주는 것, 더 나아가 아이를 부모가 원하는 길로 억지로 끌고 가려는 태도는 분명 개선해야 할 부분이다.

아이를 제대로 평가하려면 객관성을 가져야 한다. 그러려면 우선 또래 아이들의 전반적인 발달단계를 알 필요가 있다. 아이가 조형물을 만드는 데 재능이 있어 보여도 또래들의 활동 정도를 알거나 기준점이 있어야 내 아이가 어느 정도의 수준인지, 정말로 잘하는 것인지, 엄마 눈에만 그래보이는 것인지 판별이 가능하기 때문이다.

구체적으로 칭찬하는 것도 도움이 된다. 많은 사람들이 은연중에 "우리 아이가 참 똑똑해요." "우리 아이는 참 영리해요."라는 말을 한다. 평소에 이런 말을 들을 때마다 "어디가 어떻게 똑똑한가요?"라고 물어본다. 뭉뚱그려 칭찬하게 되면 하는 사람도 받는 사람도 그 이유를 제대로 파악하지 못하기 때문이다. 더구나 이런 표현은 지극히 주관적이어서 정확한 근거도 없이 칭찬만 하는 것은 부모의 기대치만 스스로 높여놓는 상황이 되고 만다. 그러니 아이를 칭찬할 때는 수학 문제를 풀 때 응용력이 좋았다든가 논설문을 쓸 때 논리적으로 자신의 주장을 펼쳤다든가 혹은 그림을 그릴 때 색감을 다양하게 썼다든가 하는 식으로 구체적으로 칭찬하는 습관을 들인다.

대리만족을 주의한다

자식에 대한 욕심은 종종 대리만족으로 이어지기도 한다. 몇 년 전에 본 한 드라마 속에는 이런 과정을 고스란히 밟고 있는 엄마와 딸이 등장했다. 대학에서 무용을 전공했지만 일찍 결혼하는 바람에 가정주부가 된 엄마가 딸에게 엄마 대신 발레리나의 길을 강요한다는 줄거리였는데, 정작 이 딸은 작가를 지망하고 있었다. 엄마는 자신의 동창들처럼 딸이 무대 위에서 멋지게 공연을 하길 바랐던 것이다.

하지만 어릴 적 춤을 곧잘 추던 딸은 엄마가 기대하는 모습으로 성장하지 못했다. 예술중학교 입학 이후 더 이상 무용에 흥미를 느끼지 못한 채 소설에 몰두하기 시작했고, 오히려 이야기를 쓰는 일을 즐기기 시작했다. 그러다 보니 체중관리에 소홀해져 살이 찌고 학교에서는 친구들에게 놀림을 받곤 했다. 그런데도 드라마 속 이 엄마는 "네가 어릴 적에 발레복 입고 춤을 추면 얼마나 예뻤는데!"라며 끝까지 고집을 부렸다. 그 과정 중 엄마도 딸도 큰 상처를 받는다는 게 주 내용이었다.

이런 일이 비단 드라마에서만 벌어지는 것은 아니다. 얼마 전 한 교육 다큐멘터리에서 엄마들에게 아이의 존재에 대해 묻자 대부분이 '아이는 자신의 삶이고, 삶의 이유'라며 분신처럼 여기는 모습을 보였다. 이러한 생각 속에 많은 엄마들이 무의식적으로 자신의 꿈을 아이에게 강요하게 된다. 공부든 그림이든 아이가 그쪽에 재능을 보인다고 말하지만 혹시 아이가 그쪽에 재능을 보이길 바라면서 아이의 진짜 속마음은 외면하고 있는 것은 아닐까? 자신은 미처 깨닫지 못하지만 부러운 누군가의 모습, 마음속 깊이 파묻혀있던 어린 시절의 꿈 등을 아이에게 투영하지 않았는지 자신의 마음을 살펴볼 시간이 필요하다.

자신을 돌아보라

명절이 끝나면 이혼하는 부부가 많다고 한다. 그동안 고부갈등이나 집안일 등으로 쌓여온 감정이 명절을 기점으로 폭발하기 때문이다. 사소한 싸움이 크게 번져 차마 입에 담기 어려운 끔찍한 사고를 당했다는 뉴스도 점점 증가하는 추세다.

화기애애할 명절에 다툼이 많이 일어나는 이유는 서로에 대한 이해가 부족하기 때문이다. 나는 학생들이나 학부모들에게 명절이나 집안 어른 생신 등 집안 식구들이 모이는 날에는 대인관계지능을 더욱 활용하라고 조언하곤 한다. 서로의 기분을 상하게 할 이야기 대신 서로의 어린 시절의 얘기를 들려줄 기회로 삼으라는 것이다. 엄마의 어린 시절, 아빠의 학창시절의 얘기를 통해 친인척, 가족들의 유전적인 소인을 파악할 수 있고 서로 잘 맞는 친척들 중 아이의 멘토를 만들어 줄 수도 있다.

친척들을 만날 때면 본인의 어린 시절에 대해 물어보자. 자신이 기억하는 과거의 모습도 다른 사람의 관점으로 보면 분명 다를 수 있기 때문이다. 같은 사건에 대해서도 본인이 기억하는 것과 다른 사람의 기억은 상이할 수 있다. 어린 시절의 나를 가까이에서 지켜본 사람들의 시선은 스스로를 객관적으로 볼 수 있고, 이를 바탕으로 부모는 아이의 성향을 파악할 수 있다. 한 사람의 지능 형성 과정에 있어 외부적인 교육의 효과는 지대하다. 하지만 대대로 물려받은 유전적인 성향도 무시할 수는 없으며 이를 통해 아이의 지능을 조금 더 세밀하게 파악할 수 있다.

객관적인 자료를 모은다

교육 현장에서 경험한 일들 중 의미 있었던 사건을 들라고 하면 나는 주저하지 않고 담임을 맡았던 시간들이라 답할 것이다. 나는 담임을 맡을 때마다 아이들에 관한 성장 포트폴리오를 1년 동안 정리하곤 했는데, 그 다음해에 다른 담임교사에게 자료를 전해주는 작업이 무척 의미 있게 느껴졌다. 교장이 되어서는 전교생을 대상으로 다면적 포트폴리오를 만들어 담임이나 학부모들이 직접 보고 채워가도록 했다. 그것은 학교와 모든 교직원이 한 아이에 관한 특징을 이해하고 수시로 아이를 격려해 자신감을 키워주는 멘토 역할을 하게 하려 함이었다. 학부모 상담 자료 또한 함께 철해두면 아이들과 개별 접촉할 때 유용한 자료가 될 수 있다.

학습과 생활 전반에 걸쳐 아이의 성장을 파악하면 모든 자료가 그 아이의 다중지능 프로파일이 된다. 한쪽 벽에는 전교생의 사진과 함께 강점과 약점, 진로, 현재 가장 큰 고민거리 등을 붙여놓고 수시로 보고 기억해두었다가 우연히 마주쳤을 때 그 아이에게 관심 어린 한마디를 건네곤 했다. 이런 방법은 교사와 제자 사이의 허물을 없애는 역할을 한다.

자기 자신을 들여다볼 때는 객관적인 시각도 필요하다. 그럴 때 그림이든 글이든, 사진이든 자신이 해온 활동과 작업을 모아놓으면 한 사람의 지능을 파악하는 근거자료가 된다. 모은 자료를 바탕으로 살펴보면 아이가 좋아하는 것과 잘하는 것의 경계를 파악할 수 있다. 모아둔 자료가 없다고 아이와 어린 시절을 떠올리며 이야기를 하는 것은 그리 좋은 방법이 아니다. 오히려 "내가 그랬었나?" "우리 아이가 그랬나?" 등의 혼란만 야기할 수 있기 때문이다. 시간이 걸리더라도 아이가 어렸을 때 쓴 일기, 성적표,

친구들과 주고받은 편지, 상장 등을 찾아보자.

　아이가 아직 어려서 앞으로 자랄 날이 더 많다면 미리부터 이런 자료를 조금씩 축적해두길 권한다. 유치원에서 그린 그림이나 방학숙제 등 모두 소홀히 하지 말자. 당시에는 눈에 들어오지 않아도 시간이 흐른 뒤에 보면 아이의 취향이나 특별한 재능을 보여주는 훌륭한 자료가 될 수도 있다. 설령 지능 발견에 별다른 소득이 없다고 해도 아이에게 행복한 추억을 선물할 수 있으니 그것만으로도 충분한 가치가 되지 않을까?

✅ Tip● 적용하기

부모 평가의 원칙
1. 욕심을 버리고 객관적으로 아이를 바라본다.
2. 나의 꿈을 아이에게 투영시키지 않도록 주의한다.
3. 어린 시절 자신의 취향이나 지능, 관심분야는 무엇이었는지 부모부터 돌아본다.
4. 그림이나 글, 상장, 일기 등 아이의 지능과 성향을 살펴볼 수 있는 자료를 모은다.
5. 아이의 발달 과정과 좋아하는 활동, 취향 등을 꾸준히 기록한다.

선생님의 시선을 빌려온다

먹고 사는 데 급급했던 시절에는 대부분의 부모가 아이를 학교에 보내면 그걸로 끝이었다. '가르치는 게 주 업무인 교사가 있으니 알아서 잘해주겠지' '나보다 전문가이니 어련히 알아서 할까' 하는 생각도 있었던 듯싶다. 하지만 이제는 더 이상 그런 마음으로 아이를 맡기는 부모는 없어 보인다. 아이가 학교생활을 잘하고 있는지, 친구 관계는 어떤지, 부족한 부분을 어떻게 채워야 하는지 고민하는 부모들이 많다. 하지만 그런 열성에 한 가지 빠진 것이 있다. 바로 학교 교사와의 소통이 그것이다. 학교 따로, 부모 따로 교육을 하게 돼 간혹 아이 교육에 대한 방침이 흔들리는 것을 보게 된다.

이러한 허점을 막기 위해서는 부모와 교사와의 소통이 필수다. 간혹 유치원이나 학교에서 전화가 오면 용건을 듣기도 전에 혹시 아이가 무슨 문제가 있는지부터 걱정하는 학부모들이 대부분이다. 아이에게 문제가 있지 않으면 교사와 소통하는 걸 불편해하는 부모들이 많은데, 그래서는 안 된다. 아이를 잘 파악하려면 잘못된 행동 수정도 중요하지만 점차 발전되고 있는 부분에 대한 격려가 더욱 중요하다. 그래서 많은 시간을 아이와 생활하는 교사들의 의견을 들을 필요가 있다. 집과 다른 환경에서 나타나는 아이의 행동을 알게 되고 다른 사람의 관점, 그중 교육전문가인 교사의 입장을 알게 되면 아이의 강점을 보다 잘 파악할 수 있다.

물론 각 기관에서 연간 정기적인 학부모 상담 기간이 있긴 하지만 아이에 따라 좀더 긴밀하게 교사와 의견을 나눠야 할 경우가 있다. 특히 학습장애나 주의력결핍과잉행동장애, 그 외 각별한 도움이 필요한 아이들이 이 경우에 해당한다. 경험에 의하면 내 아이의 작은 장애도 솔직하게 인정하고 함께 방법을 모색하는 부모가 아이의 좋은 변화를 더 빨리 보게 된다.

처음에는 망설여지겠지만 조금만 노력하면 엄마에겐 보이지 않던 아이의 새로운 모습을 알아가는 재미를 느낄 수 있고, 문제해결 능력과 아이의 강점과 약점에 대한 전문적인 정보를 얻을 수 있다. 큰 부담 없이 아이에 대한 교사의 의견을 구하고 교사와 아이에 대한 다양한 정보를 교환하며 소통할 수 있는 몇 가지 팁을 살펴보자.

한 달에 한 번 편지를 쓴다

아이들의 담임을 맡던 시절에는 한 달에 한 번씩 부모님께 편지를 보냈다. 30명이 넘는 반 전원에 대한 기록으로 이런 저런 사연을 적기보다 학습과 생활로 세밀하게 부분을 나눠 아이가 어떤 과목, 어떤 활동에 관심을 보이는지 친구들과 생활하는 모습은 어떤지, 지난달보다 더 나아진 점, 고쳐야 할 것에 대해 대화체로 아이가 벌인 재미있는 일화들을 곁들여가며 풀어나갔다. 일반적인 평가지는 쓰는 사람도 받는 사람도 경직이 되기 때문에 대화체로 쓰면서 아이들의 구체적인 일상을 곁들이기 위해 노력한 것이다. 마지막에는 이런 부분은 집에서 잘해주었고, 이런 것은 앞으로 도와주면 좋겠다는 당부와 함께 편지를 마쳤다.

가정과의 연계 교육은 향후 아이들의 학습 효과를 향상시키고 다중지능 프로파일을 축적하는 데 큰 도움을 준다. 실제로 함께 아이의 다중지능을 파악하며 교육을 펼치면 진로 지도에 필요한 객관적 판단이 가능해지고 이를 통해 다양한 교육을 제공할 수 있게 된다.

교사의 입장과 다르게 학부모는 아이들의 학교 혹은 유치원 생활에 대해 간단한 메모 이상으로 편지를 써달라고 하면 부담을 느끼기도 한다. 그렇다면 반대로 아이들의 일상을 학교에 적어보내는 것은 어떨까? 교사가 귀찮아하진 않을지, 극성 엄마로 비추어지진 않을지 걱정할 필요 없다. 아이들에게 관심 있는 교사라면 가르친 것을 아이가 잘 소화하고 있는지, 학교와 집에서 아이의 생활이 어떻게 다른지 등이 당연히 궁금할 것이다. 아이가 학교에서 돌아와 엄마에게 무슨 이야기를 했는지, 특별히 자랑하는 것은 없었는지, 예전과 달리 어떻게 변했다든지 하는 내용을 교사에게 보낼 편지에 적어보자. 또 아이가 평소 관심 보이는 것에 대해 구체적으로 적어 의견을 물어도 좋다.

그래도 편지가 부담스럽다면 알림장을 활용하자. 유치원이나 저학년 반에서는 대부분 알림장으로 부모와 교사가 소통한다. 단순히 "아이가 이랬어요, 저랬어요."가 아닌 자세하고 성의 있게 평소 궁금했던 부분을 써본다. 예를 들어 "수업시간에 잘 집중하나요?"가 아닌 "아이가 예전과 달리 집에서 책 읽기에 관심을 보이고 있는데, 학교에서도 그런 모습을 보이나요? 쉬는시간에도 책을 읽는 모습을 보이는지요?" 등의 성의 있는 질문을 하면 교사의 관심을 불러일으킬 수 있고, 아이의 학교생활을 파악할 만한 피드백이 돌아온다.

엄마도 아이의 학교 홈페이지에 관심을 보여라

요즘엔 교육용 소셜 네트워크 서비스가 바람직한 소통의 매개체가 되고 있다. 아이들 사진과 활동하는 모습, 수업자료 혹은 공지사항을 올리는 반 홈페이지를 가정과의 소통구로 활용하는 것이다. 아이가 학교나 반 홈페이지를 보고 있다면 컴퓨터 앞에 앉아 있다고 잔소리하지 말고 엄마, 아빠도 여기에 관심을 가져보자. 아이가 학교에서 어떤 활동에 열심인지, 어떤 수업시간에 지루해하는지, 여러 친구들과 활달하게 어울리는 스타일인지, 몇 명의 아이와 조용히 사귀는 성향인지 등은 사진만 봐도 조금은 파악이 가능하다. 여기에 정성 어린 댓글까지 달면 선생님과의 소통이 원활해진다.

또한 인터넷 홈페이지는 바른 인터넷 문화를 가르치면서 교사와 소통할 수 있는 장이 된다. 반 홈페이지가 없다면 엄마가 가족 홈페이지를 만들자. 요즘 아이들은 초등학생만 되도 블로그를 만들어 좋아하는 글이며 사진을 올려놓는다. 예전에 아이들에게 방 사진을 찍어 올리라든가 책상이나 책장 사진을 올리라고 가끔 숙제를 내주곤 했다. 간혹 방 한구석에 자기만의 갤러리를 만들어 좋아하는 그림을 붙이거나 작품 등을 설치하는 숙제를 내주기도 했다. 아이의 책장에 주로 어떤 책이 꽂혀 있는지, 어떤 그림을 좋아하는지를 살펴 아이의 소질, 관심사 등을 파악했던 것이다. 가정이든 학교든 한쪽에서만 보는 아이의 모습은 단편적일 수밖에 없고, 활동에도 제약을 받게 된다. 하지만 가정과 학교, 양면의 모습을 보게 되면 아이에 대한 다면적인 평가를 할 수 있다.

이런 방식으로 부모가 아이와 과제를 수행해도 좋다. 오늘의 아침 식탁 풍경을 사진으로 올리고 어떤 반찬을 먹었는지, 밥을 먹으면서 어떤 이야기를 했는지 등을 올려보자. 교사는 학교에서도 말을 잘하더니 집에서도 잘한다든가 등의 평가를 해줄 것이다. 처음에는 번거롭고 쉽지 않을 수 있다. 하지만 아이를 위해서 허물어야 할 벽임을 잊지 말자.

물론 아이들의 전자기기 사용 시간이 점차 늘고 있어서 역기능을 염려

하는 부모들이 많다. 하지만 스마트기기를 비롯한 인터넷 사용 시간을 제한해 교육하면 어느 정도 걱정을 덜 수 있다. 이런 '제한의 날'은 주기적으로 지정하고, 그날만큼은 아날로그 감성을 자극할 수 있는 자연친화적인 시간을 부모와 아이가 함께 갖도록 하자.

아이만 느끼는 재능이 있다

다면적인 평가 중 하나가 스스로 자신의 활동을 되돌아보는 자기평가다. 엄마나 형제, 교사 등 다른 사람의 시각으로도 아이가 만든 결과물이나 활동에 대한 평가는 가능하다. 그럼에도 불구하고 자기평가를 하는 이유는 계획과 실천과 평가를 통해 스스로를 돌아볼 수 있고, 다음 활동에 이 평가 관점을 반영할 수 있기 때문이다. 이런 자기평가 과정 속에서 아이는 스스로 자신이 무엇을 잘하고 무엇이 부족한지, 어떤 분야에 자신이 있고 어떤 활동을 좋아하는지 깨닫게 된다.

자기평가가 필요하다고 하면 어리기만 한 유치원이나 초등학교 저학년 아이가 과연 스스로를 객관적으로 바라보고 파악할 수 있을지 걱정하는 부모들이 많다. 하지만 이러한 염려는 기우에 불과하다. 나이에 따라 어떤 식으로 평가하고 표현하는지는 정도가 다르지만 그 안에서 아이는 자신을 표현할 능력을 점점 갖춰갈 것이다.

글을 읽을 줄 모르는 어린 아이라면 아이의 나이에 맞춰 쉬운 말로 단순하게 질문하면 된다. 예를 들어 어린 아이에게는 "이 작품 만들면서 뭐가 가장 재미있었어?" "무슨 생각을 하면서 이 장난감을 만든 거야?"라거나

"생각했던 모양이랑 똑같이 나왔어? 어떤 점이 마음에 들어?" " 다시 만들면 어떤 부분을 고치고 싶어? 내일 또 이 놀이를 해볼까?" 하는 식으로 단순한 질문을 던질 수 있다. 아이의 원래 의도를 파악할 수 있고, 아이가 활동을 통해서 느낀 점이나 호감도 등을 파악할 수 있다.

글을 읽고 쓸 줄 아는 6, 7세 이상의 아이에게는 평가표를 만들어 직접 체크하게 한다. 이때 평가표에는 활동 참여도, 자신감, 집중도, 끈기, 계획, 자부심, 주의력, 호기심 등에 대해 적는다. 글을 쓸 줄 아는 초등학생에게는 평가 이후의 소감까지 글로 쓰게 한다. 이를 통해 부모는 아이를 바라보는 또 다른 시각을 얻고, 아이는 평가하는 자체만으로도 자신이 어떤 활동을 했는지, 활동의 의미는 무엇인지, 스스로 어떤 태도로 그 시간을 보냈는지 다시 한 번 생각해볼 기회를 갖게 된다.

부모평가와 마찬가지로 자기평가 역시 잘했다, 못했다의 개념이 아닌 몇 가지 기준을 가지고 접근해야 한다. 활동의 시도에서부터 과정, 결과물 등을 넓은 안목으로 바라봐야 하며, 언제 평가를 하고 어떤 기준으로 활동을 돌아봐야 하는지 등을 고려해 적절한 질문과 방법을 구상하는 것이 좋다. 적절한 방법에 대한 이야기는 다음의 내용을 살펴보자.

의도와 과정, 결과물에 대한 평가를 한다

자기평가 역시 부모평가와 같은 기준으로 진행된다. 특정 활동이 하고 싶었던 이유부터 과정의 심미적 즐거움, 성실하게 임했는지에 관한 태도와 과정, 결과물까지 세세히 챙겨야 함을 명심하자.

일단 원래 기획의도와 결과물이 같은 의도선상에 있는지를 파악해야 한다. 다르다면 왜 그런지 이유를 찾아야 한다. 이때 다른 더 좋은 아이디어가 있어서 그랬는지, 아니면 계획이 뜻대로 이뤄지지 않았는지, 혹시 초반의 아이디어가 무모하고 실현 가능성이 없었던 것은 아닌지에 대해 생각해 보게 한다. 아무리 창의적인 아이디어라 해도 그에 따른 결과물이 나오지 않는다면 계획이 무모했거나 혹은 계획을 실현할 논리적 접근에 실수가 있었을 가능성이 크다.

결과만큼 과정 역시 중요하다. 지금까지 우리 사회 속에 결과 지향주의로 인해 생긴 문제가 얼마나 많은가. 그러다 보니 노력하지 않고 욕심만 내는 사람이 생기고, 결국 그런 생각이 모여 불성실한 사람을 만들게 된다. 한 아이의 인생에서는 매 순간이 소중하고, 그런 만큼 과정에 어떻게 임했는가도 그냥 지나칠 수 없는 부분이다. 주기적인 과정평가를 통해 아이가 이 의미를 인식하면 현재를 의미 있게 살아가는 생활의 자세를 배우게 된다. 그런 시간들이 차곡차곡 모이면 꽤 괜찮은 인생이 만들어짐을 간과하지 말아야 한다.

평가는 그 자체가 더 발전된 미래 행동을 지향하는 것이니 '이렇게 했다' 정도로 그치지 말고 반드시 '다음에는 이렇게 해야겠다'는 식의 사고를 아이 스스로가 가질 수 있도록 유도해야 한다. 예를 들어 미술 활동을 할 때 '이번에 활동을 할 때 재료를 다양하게 사용하지 못했다'라고 평가했다면 왜 그랬는지를 짚어보는 것이 좋다. "손에 익은 재료가 쉽고 편해서요." "그리기가 시작되니까 다른 것에 신경을 쓰지 못했어요." 등의 대답을 했다면 "다음에는 어떤 재료를 사용해보고 싶어?"라는 질문을 던져보는 것이다. 이런 평가를 통해 아이는 다음에는 '어떤 재료를 활용한 예술품을 예시로 찾아봐야겠다' '활동을 할 때 모든 재료가 눈에 띄도록 일렬로 책상 위에 둬야겠다' 등의 목표를 갖게 된다. 장기적으로는 활동을 할 때마다 조금씩 발전된 결과물을 도출할 것이다.

가드너 교수는 무언가를 배우면 그것을 사회 속에서 응용 가능하도록 하는 게 교육의 진정한 목표라고 말했다. 이렇게 하나의 활동을 학습으로 끝내는 게 아니라 보완해서 조금씩 진전시킨다면 아이들의 미래는 어른들이 예상하는 것보다 더 변화무쌍한 모습을 보여줄 것이다.

열린 질문 속에 자기평가가 이뤄진다

자기평가가 중요하다는 것은 다들 인식하겠지만 무작정 아이에게 자기평가를 해보라고 하면 부담스러워 할 수 있다. 그렇다고 조금 자란 후에 혹은 책도 읽을 수 있고 글 쓸 능력이 된 뒤에 하자고 미뤄두면 분명 늦는다. 평가의 수준이 일차원적이라 해도 어릴 때부터 이런 과정을 습관처럼 가져갈 수 있게 준비하자.

어린 아이일 경우 자기평가가 꼭 어떤 활동을 한 뒤일 필요는 없다. 평소 아이에게 질문을 많이 하는 습관을 들이는데, 이때 '응, 아니' 혹은 '이거야, 저거야'라는 등의 단답형 질문을 피한다. 예를 들어 아이가 놀이터에서 놀다 온 후에도 "재미있었어?"라고 물어보는 것이 아니라 "오늘 학교에서 친구들이랑 놀면서 무슨 얘기하고 놀았어?" "놀이터에서 얼마나 놀았어?" "혼자 그네 탈 때가 더 재미있어?" 등의 구체적인 질문을 한다.

물어보는 것만으로도 아이에게는 활동을 한 번 더 떠올리는 기회가 되고, 자신이 무엇을 좋아하는지 생각해보는 시간을 갖게 한다. 부모 역시 아이가 평소 어떤 놀이를 하며 시간을 보내는지, 그 활동에서도 구체적으로 어떤 시간을 즐거워하는지, 달리기를 좋아했는지, 밖에 나가 노는 것에 흥미를 느꼈는지 등을 살펴볼 수 있다. 이 외에도 요즘 관심거리가 무엇인지, 친구가 많은지 적은지 등을 통해 아이의 강점과 취향, 호기심 등을 판단할 수 있다.

아이가 어리거나 질문에 대답하길 어려워하면 밥을 먹을 때 "맛이 어때? 색깔이 어때? 이 맛하고 비슷한 음식이 어떤 게 있지?" "양념이 뭐, 뭐 들어갔는지 맞춰 봐."라는 식으로 간단히 묻고 대답하는 놀이를 하자. 이런 과정 속에 아이는 부모와 묻고 답하는 습관을 들이고 말하는 것에 대한 부담감을 떨칠 수 있다.

평소 자신이 한 일에 대한 기분이나 정도를 수치나 양 등으로 표현하는 혹은 무언가에 비유하는 연습도 필요하다. 예를 들어 "오늘 유치원에서 공부한 내용을 1부터 10으로 표현한다면 얼마나 이해한 것 같아?"라는 질문을 하는 것이다. 자신이 무엇을 하며 시간을 보냈는지, 그 시간 속에 재미, 지루함, 즐거움, 화남 등 어떤 감정을 느꼈는지 등의 감정을 정리할 수 있고, 상대에게 한층 논리적으로 자신의 생각을 표현하게 된다. 물론 이런 대화를 통해 부모 역시 아이의 감정을 조금 더 세밀하게 살필 수 있다.

특별한 순간이 아닌 일상을 되돌아본다

어떤 사건이나 상황에 대해 아이와 대화하는 습관을 기르는 것도 좋다. 할머니 생신잔치에 다녀왔다면 차를 타고 오는 도중에 "오늘 할머니네 집에 다녀온 후 가장 머릿속에 남는 장면이 뭐야?" "오늘 들은 말 중 무슨 말이 가장 기억에 남아?"라는 식으로 상세하게 물어본다.

아이가 "할머니네 새로 산 강아지가 정말 예뻐."라고 대답한다면 "강아지를 좋아하는구나. 언제부터 동물에 관심이 있었어? 강아지의 어떤 부분이 마음에 들어?"라고 이야기하거나 "식당에서 오래 기다려서 짜증났어."라고 답한다면 "오래 기다려서 엄마(혹은 아빠)도 지루했어. 아까 기다리는 동안 뭘 하면 좋았을까? 차를 타고 가거나 혼자만의 시간이 생길 때 주로 어떤 놀이를 하면 시간이 금방 갈까?"라는 식으로 아이가 자신의 성향을 알 수 있는 질문을 이어간다. 이때 단순히 엄마나 아빠와 단둘이 대화하기보다 모두가 참여해서 얘기하는 분위기를 만드는 것이 좋다. 아이는 이런 일상적인 대화를 통해 무슨 일을 하든지 어디를 가든지 생각하는 습관을 기를 수 있다. '아이가 크면 해야지' 하고 계획만 세우다가는 때를 놓쳐 남 앞에서 말하는 것을 쑥스러워하는 아이로 자랄 수 있으니 주의한다.

일기쓰기 역시 생활 속 자기 자신을 돌아보는 가장 좋은 방법이다. 한 시간에 학습한 것을 다시 써보는 것이 수업 평가라면, 일기는 하루의 평가다. 평소 일기 쓰는 습관을 갖고 때로는 말로, 때로는 글이나 그림으로 매 순간을 '평가'라는 이름으로 반추해보자. 거기에 대해 얼마나 성실하게 했는지, 앞으로 어떻게 할 계획인지 다짐하는 것만으로도 아이에게는 큰 의미가 있다. 부모는 아이의 솔직함을 통해 또 하나의 시선을 갖게 된다.

이와 함께 자신의 평가만이 아닌 엄마 혹은 아빠의 요리를 평가한다든가 언니의 피아노연주를 평가하는 등 평소 다양한 평가 기회를 갖도록 하자. 이를 통해 평가를 할 때 어떤 부분을 중점적으로 바라봐야 하는지, 어떤 부분을 고쳐야 하는지, 자신의 활동이 다른 사람의 활동에 비해 어떤지 등 좀더 섬세하게 들여다볼 수 있다. 또한 그렇게 평가를 내리는 습관은 미래의 아이가 자신을 명확하게 판단하는 토대가 되며, 평가 내용에서 부모는 아이가 평소 중요하게 생각하는 것이 무엇인지, 음악에 관심이 있는지, 음악을 들을 때 어떤 요소를 중점적으로 보는지 등을 발견하게 된다.

선호하는 평가 방법을 선택한다

아이의 성향이나 수준, 상태 등에 따라 다양한 방식으로 자기평가를 하는 것도 좋다. 위에서 글을 읽고 쓸 줄 모를 경우 엄마가 쉬운 말로 풀어서 설명하라 권했는데, 설사 아이가 글을 읽고 쓴다 하더라도 별로 좋아하지 않는다면 억지로 자기평가를 그 방식에 맞출 필요는 없다. 예전에 가르친 학생 중에 책을 읽고 글을 쓰는 것보다 운동하는 것, 춤추는 것을 좋아하는 아이가 있었는데, 그 녀석에게 "오늘 한 시간 동안 공부한 것을 얼마나 알았는지 표현해볼래?" 하자 두 손바닥을 마주하더니 미꾸라지처럼 요리조리 왔다 갔다 하는 흉내를 냈다. 무슨 뜻이냐고 묻자 "알 것 같다가 모르겠고, 모르겠다가 알 것 같고, 그래요."라는 대답을 했었다. 그 모습이 어찌나 귀엽고 재치가 넘치던지 한참을 웃었던 기억이 난다.

글쓰기를 좋아한다면 글을 통해, 노래를 좋아한다면 하고 싶은 말을 개사한 곡으로, 춤추는 것을 좋아하는 아이라면 기분을 춤으로 표현해보도록 한다. 자신이 좋아하는 활동으로 기분을 표현한다는 것은 아이들에게 멋진 기분을 선사한다. 평가에 대한 표현도 아이의 성향과 스타일을 살릴 수 있도록 적절한 방법을 고민해보자.

자신에 대한 과소 혹은 과대평가를 주의하라

자기평가할 때는 과소평가를 한다든가 반대로 과대평가하는 것을 주의해야 한다. 일단 평소 아이의 입버릇이나 말투, 친구와의 관계 등을 통해 아이의 성향을 파악해 아이가 하는 이야기를 곧이곧대로 듣지 말고, 걸러낼 수 있어야 한다. 대개 자신감이 부족하거나 부모와 애착형성이 잘 이뤄지지 않은 아이들이 자기 자체에 대해 과소평가하는 경향을 보이는데, 이때는 아이를 지지하고 이해하는 포근한 시각으로 바라봐야 한다. "넌 왜 만날 그렇게 자신감이 없니?" 등의 말이 아닌 "엄마(혹은 아빠)가 보기엔 우리 ○○가 이런 부분을 참 잘한 것 같은데, 너는 어떻게 생각해?"라는 식의 긍정적인 말을 들려준 뒤 평가를 하게 해본다.

아이의 입에서 부정적인 얘기가 나오지 않도록 질문을 하는 것도 좋은 방법이다. 예를 들어 추석에 큰댁에 다녀왔다면 "엄마가 보니까 사촌동생들이 너를 참 좋아하더라. 작은 엄마도 너보고 참 차분하다면서 칭찬을 많이 했어. 우리 ○○는 사촌동생들 중에 누구랑 얘기를 하면 잘 통할 거 같아?" 하는 식으로 질문하면 좋다, 싫다 등의 대답 대신 긍정적이고 호의적인 내용의 대답이 나오게 된다.

자신을 과소평가하게 되면 자신감을 잃게 되고, 자기 심리상태가 점점 위축되어 오히려 더 부정적인 상태가 된다. 인간은, 특히 인간의 뇌는 습관의 동물인데, 부정적으로 자신을 생각하고, 그것을 입 밖에 내서 말하고, 자신의 귀로 다시 듣다 보면 부정적인 스트레스 호르몬이 지속적으로 나와서 악순환을 일으킨다.

과대평가하는 태도 역시 좋은 것만은 아니다. 과대평가가 지속되면 아이는 깨닫지 못하더라도 점차 허황된 꿈을 꿀 수 있고, 하고 싶은 일은 있지만 그것을 실행할 체계적인 계획을 세우지 못한다. 후에 현실을 직시하게 되면 좌절할 수 있으며 도피형 아이로 자라난다. 과대평가를 한다는 것 자체가 남을 의식하는 것이고, 남을 의식한다는 것은 자신을 도드라지게 드러내고 싶은 마음에서 생기는 것이다. 그래서 과대평가를 하는 아이 중에는 남의 말을 잘 듣지 않고, 타인에 대한 배려가 부족한 경우가 더러 있다.

아이가 과대평가하는 경향이 있다면 가끔은 냉정한 평가를 통해 타인의 말을 듣게 하고, 체계적으로 목표를 세워 이뤄갈 수 있도록 객관적인 자료를 보여줄 필요가 있다. 자기평가를 할 때 엄마며 형제자매 등의 평가를 보여준다든가 또래의 활동 정도 등을 보여주는 것도 도움이 된다. 의욕을 꺾을 필요는 없지만 엄마나 선생님이 하는 평가를 냉정하게 들을 기회를 주어야 한다. 이때 "너는 이래."라고 말하는 것이 아니라 "이 부분이 조금 모자라니 조금 더 노력해야 한다."는 등의 말로 조언하도록 한다. 아이가 긴장과 이완 속에서 '좀더 노력하면 될 것 같다'는 다짐을 할 수 있도록 독려하기 위함이다.

평가에 자유를 준다

아이가 자기평가를 할 때 부모는 자신의 기준과 생각에 관계없이 아이의 의견에 귀 기울여야 한다. 그런 태도를 보여야 아이도 지속적으로 자기평가를 시도할 수 있다. 아이에게 자신감을 줘야 한다는 생각에 부풀려 말하는 것은 좋지 않다. "결과가 생각과 다르게 나왔어요."라고 말하는 아이에게 "엄마(혹은 아빠)가 보기에는 피카소 작품만큼 훌륭한데?"라고 대답하면 아이는 부모가 괜히 칭찬을 한다고 생각할 뿐, 개선의 여지를 찾지는 못한다.

그럴 경우에 "어떤 부분이 그랬어? 왜 그렇게 나왔지?" 등으로 아이의 평가에 대한 이유를 묻고, "그렇구나. 다음에 이런 활동을 할 때 어떻게 해야 할까?"라고 상황을 인정하며 발전적인 방향으로 이끄는 것이 좋다. 아이가 평가하는 부분을 그대로 받아들여야 아이를 제대로 바라볼 수 있기 때문이다. 또 아이의 평가에 대해 "엄마도 그렇게 생각했는데."라든가 "엄마(혹은 아빠)는 미처 알아채지 못했었는데, 그렇게 볼 수 도 있구나."라는 식으로 아이의 평가 자체를 지지해주자. 아이는 자신의 생각을 그대로 표현해도 된다고 느껴 부담 없이 자신의 활동을 평가하고, 자신이 느끼는 그대로를 이야기하며 수용하게 된다.

 Tip • 적용하기

자기평가의 원칙

1. 결과만이 아닌 시작부터 과정까지 평가하도록 한다.
2. 구체적인 질문으로 아이가 자신의 행동이나 생각, 활동에 대해 생각해볼 시간을 갖게 한다.
3. 아이가 원하는 방법으로 평가하도록 한다.
4. 성향에 따라 때로는 냉정하게, 때로는 긍정적인 태도로 균형을 맞춘다.
5. 아이의 평가를 있는 그대로 받아들이고 지지해준다.

자기평가 기준표

내용	그렇다	아니다
재미있게 활동했다 (활동 참여도)		
잘할 자신이 있었다 (자신감)		

집중해서 활동했다 (집중도)		
꾸준히 끝까지 해냈다 (끈기)		
활동을 어떻게 진행할지 미리 계획을 세웠다 (계획성)		
재료나 활동에 호기심을 갖게 되었다 (호기심)		
내가 만든 결과물이 마음에 든다 (자부심)		
결과물과 원래 의도가 동일하다 (성취도)		

또래의 눈은 신선하다

아이들은 또래의 문화가 있어 그 안에 속해 있고 인정을 받으면 마음이 안정된다. 또래의 이야기에 민감하기 때문에 부모의 열 마디 조언보다 친구의 한마디 반응에 더 귀를 기울일 수 있다. 그렇기 때문에 다양한 또래 아이들의 시각과 평가를 듣게 되면 아이에 대해 한결 더 깊이 이해할 수 있다. 무엇보다 단체활동을 할 때 밖에서 보는 것과 직접 그 안에서 함께하며 느끼는 것은 상이할 수 있기 때문에 친구들의 이야기를 듣는 것이 도움이 된다. 형제자매와 자리를 마련해도 좋고, 동네 사랑방처럼 간식거리를 마련해놓고 또래 친구들과 아이를 한자리에 불러 모아도 괜찮다. 함께 어울려 글짓기나 요리하기, 그림 그리기 등을 하면서 평가할 기회를 마련해보자.

평가의 이유를 물어본다

어린 아이들에게 평가 기준 없이 무작정 "평가해 봐."라고 말하면 머뭇거리는 것이 당연하다. 아이가 어려워하면 "○○가 만든 작품의 색깔은 어때? 그림과 제목이 잘 어울려?" "함께하는 동안 너도 재미있었니? 누군가가 도와주었으면 더 잘했을까?" 등 질문을 미리 만들어보는 것도 도움이 된다. 이때 단순히 "좋다." "함께하는 것이 재미없었다."라는 대답만이 아닌 왜 그런 평가를 했는지 이유를 반드시 설명하게 한다. 그래야 아이에게 도움이 되고, 다음 활동에 어떤 점을 개선해야 하는지, 어떤 부분이 부족한지 효과적인 평가가 가능하다.

또래 평가를 하게 되면 평가 받는 아이만이 아니라 스스로 객관적 시각을 취할 수 있어 평가하는 아이 역시 성장하는 토대가 될 수 있다.

주위 의견에 동화되지 않도록 주의한다

주의해야 할 것은 아이들은 너무 솔직하기 때문에 평가의 의도 혹은 목적과 달리 친구에게 상처가 되는 말을 할 수도 있고, 어리다 보니 스스로의 판단보다 자기가 좋아하는 친구나 리더가 되는 아이의 의견을 따른다는 점이다.

그렇기 때문에 어떤 관점에서 봐야 하는지, 어떤 사항에 대해 말해줄지 등 기준을 잡아주는 것이 좋다. 예를 들어 글짓기에 대해서라면 주제가 글에 잘 나타났는지, 제목이 전체 글과 어울리는지, 글이 매끄럽고 읽기 쉽게 쓰여졌는지 등에 대해 말해달라고 미리 관점을 제시해주자.

전문가의 눈은 남다르다

천재 화가로 불리는 피카소가 서너 살 무렵에 어머니에게 연필을 달라고 하더니 동그라미를 그렸다. '혹시 화가인 아버지를 닮아 그림에 재능이 있나?'라는 기대감으로 아이를 바라보던 어머니는 아이의 입에서 '과자'라는 낱말이 나오자 '역시 아이구나'하고 웃어 넘겼다. 남편이 집에 돌아오자 아내는 아들이 그린 동그라미를 보여주었는데, 아버지는 "당신이 그린 그림이야?"라는 말로 아내를 놀라게 했다고 한다. 그림의 선이 망설임 없이 쭉 힘있게 이어지고, 시작하는 점과 끝나는 점이 정확하게 일치해 어린 아들이 그렸을 거라고는 생각하지 못했던 것이다. 이렇게 전문가의 눈으로 아이의 재능을 일찍 파악했던 아버지는 어린 시절부터 피카소에게 많은 그림을 접하게 하는 등 거장으로 자라나는 토대를 마련해주었다. 만약 피카소의 아버지가 화가가 아니었다면 아이의 재능을 일찍 발견할 수 있었을까?

전문가의 지도와 부모의 협조가 필요하다

함께 많은 시간을 보내는 부모가 아이에 대해 가장 잘 아는 것은 맞다. 하지만 여기에 해박한 지식과 농후한 경험을 토대로 한 전문가의 시각이 더해진다면 한결 정확하게 아이의 지능을 파악할 수 있다. 가령 전문가에게 아이가 활동해온 프로세스폴리오(과정 누가 기록)를 보여주거나 작업하는 모습을 볼 수 있도록 기회를 마련해주자. 작품의 평가 외에 지도와 조언이 곁들여지면 한결 효과적이다. 아이에게 "이 선생님은 이쪽 분야의 전문가야."라고 말하면 아이들은 '대단한 사람이다'라고 생각하면서 엄마의 말보다 더 집중해서 듣고, 이후 "선생님이 나에 대해 이렇게 얘기하셨어."라고 자부심을 갖게 된다.

사진 찍기를 좋아한다고 해서 김중만 씨를 찾고, 바이올린을 잘 켠다고 해서 정경화 씨를 만나는 등 그 분야의 대가를 모실 필요는 없다. 음대생인 사촌동생, 논술교사로 일하는 친구, 패션회사에 다니는 삼촌도 엄마와 다른 시각으로 아이를 바라볼 수 있다. 예능 분야라면 동네 피아노학원이나 미술학원 등을 찾는 것도 나쁘지 않다. 동네 엄마들끼리 전공 분야를 나눠 아이들을 평가하는 것도 도움이 된다. 이때 전문가들은 해당 분야에는 뛰어날지 몰라도 다중지능에 대해서 사전지식이 없기 때문에 설명을 해주면 더욱 효과적인 피드백을 얻을 수 있다. 전문가의 지도 내용과 부모의 협조가 아이를 미래의 전문가로 안내할 것이다.

Chapter 03

다중지능,
발견만큼 계발이 중요하다

여덟 가지 다중지능을
골고루 계발하라

아이의 관심 영역 혹은 분야를 살펴보고 어떤 지능이 높고 낮은지를 파악했다면 본격적으로 다중지능계발을 시작해야 한다. 다중지능의 평가는 단지 강점지능과 약점지능을 알아보기 위함이 아니다. 아이의 지능 프로파일을 바탕으로 잠재력과 흥미, 관심을 한층 더 발달시키고, 익숙지 않은 영역을 계발하는 것에 그 의의를 두고 있다.

일반적으로 부모들은 아이의 강점지능을 파악하면 강점지능만을 집중적으로 계발하려 한다. 물론 강점지능은 중요하다. 하지만 이미 높은 강점지능만을 더 계발하는 것은 그리 바람직하지 않다. 아이의 잠재력은 무한하기 때문에 다른 영역도 얼마든지 변화·발전할 수 있다. 지금 당장은 약점지능으로 평가되었어도 노력하면 높아질 여지가 충분하다는 것이다. 그러니 강점지능에만 집중하지 말고 여덟 개 영역이 고루 발달할 수 있도록 노력하는 것이 좋다. 단 아이의 강점지능을 계발하든 약점지능을 보완하든 학원을 보내 주입식 교육을 시키듯 강요하는 느낌을 줘서는 안 된다. 열 살 이전의 아이들이 어느 한 분야에 뚜렷한 능력을 보인다고 해도 그것에 집착해서는 안 되며, 부모가 원하는 지능을 높이기 위해 닦달을 하는 것도 그리 좋은 방법은 아니라는 의미이다.

강점지능은 여덟 개 영역의 지능을 골고루 발달시키는 데 훌륭한 발판이 될 수 있다. 학습을 하든 활동을 하든 아이의 강점지능을 활용하면 좋은 결과를 얻을 가능성이 크다. 그렇게 강점지능을 통해 성공을 경험하고, 그로 인해 자신감을 얻으면 상대적으로 낮았던 지능 역역을 계발하기가 한결 쉬워진다. 특정한 강점지능에만 집중하지 않고 전반적으로 다중지능을 계발할 때 아이의 잠재력도 극대화된다.

그렇다면 어떻게 해야 아이의 지능을 전반적으로 골고루 계발할 수 있을까? 여덟 개 영역을 골고루 계발할 수 있는 교육 및 생활환경을 만들어주는 것이 중요한데, 구체적인 방법은 다음과 같다.

다양한 환경을 접하고 경험할 수 있도록 돕는다

아이가 여덟 개 지능을 골고루 계발하기 위해서는 여덟 개 지능을 골고루 접할 수 있는 환경을 만들어주고 경험할 수 있게 도와주어야 한다. 아이의 지능은 경험을 통해 발달한다. 아무리 언어지능이 뛰어난 아이라도 말을 들을 기회도, 말을 해볼 기회도 없는 환경에서 자란다면 과연 언어지능이 발달할 수 있을까? 대인관계지능이 뛰어난 아이라도 사람들과 자주 접촉하지 못하고 대부분 고립된 환경에서 지낸다면 자신이 사람들과 잘 지낼 수 있는 대인관계지능이 높은 지도 알 수 없을 것이다.

다양한 환경과 경험은 아이가 갖고 있는 잠재력을 발굴하는 것뿐만 아니라 아이에게 부족한 지능을 보완하는 데도 큰 도움이 된다. 노래를 부르지 못하는 아이라도 노래를 부르는 환경을 자주 접하고, 스스로 노래를 해볼 수 있는 기회를 자꾸 갖다 보면 실력이 는다.

일상에 새로움을 더하는 경험

아이에게 다양한 환경을 제공해야 한다고 하면 일단 일상에서 벗어나야 한다고 생각하는 부모들이 많다. 일상적인 공간에서는 늘 비슷비슷한 일들이 되풀이되기 때문에 다양한 경험을 하기 어렵다고 생각하기 때문이다. 하지만 아이가 다양한 경험을 할 수 있도록 도우라는 것은 아이에게 새로움을 선물하라는 얘기이지 무조건 장소를 바꾸라는 것은 아니다. 아이들의 뇌는 익숙지 않은 낯선 것을 보거나 듣고, 냄새를 맡고, 만지고, 먹어보는 것만으로도 자극을 받는다.

그렇다면 새로움이란 뭘까? 대부분의 사람들은 말이나 웃음소리 등 사람이 만들어내는 소리를 비롯해 TV나 음악 소리, 차 소리 등에 익숙하다. 이런 경우 졸졸 흘러내리는 시냇물 소리를 비롯해 새 소리, 바람결에 나뭇잎이 흔들리는 소리 등 자연에서 오는 모든 소리가 새로움이 된다.

확실히 일상적인 공간을 떠나 낯선 곳에 가면 새로움이 가득하다. 하지만 우리가 일상 속에서 쉽게 접할 수 있는 익숙한 사물도 어떻게 활용하느냐에 따라, 어떻게 오감자극을 시키느냐에 따라 새로운 경험을 선사하는 존재가 될 수 있다.

　어릴 적 어머니는 가끔씩 집에서 직접 도넛을 튀겨주곤 했다. 당시 간식이라고는 찐 감자나 고구마가 전부이던 시절이었는데, 도넛은 생각만 해도 신이 나는 간식거리였다. 어머니가 커다란 양푼에 하얀 밀가루를 반쯤 담아주시면 일단 부드러운 밀가루의 감촉을 느끼고, 한 줌 집어 '후' 불어보며 풀풀 날리는 모습을 보고, 물을 넣어 직접 반죽하면서 조금씩 쫀득해지는 밀가루 반죽의 탄력을 느끼곤 했다. 다음으로 널따란 도마에 밀가루 반죽을 펴놓고 반죽을 둥글려 늘리기도 하고, 동그란 틀로 눌러서 만들고 싶은 모양을 찍어내며 놀았다. 그 부드러운 반죽을 기름에 퐁당 빠뜨리면 이내 '지지지지' 하고 들리던 고소한 소리, 입에 침이 돌게 만드는 냄새, 환상적인 맛까지 모든 것이 내겐 새로운 경험이었다.

　많은 엄마들이 밀가루며 모래놀이며 다양한 소재를 직접 만지는 체험 행사에 아이들을 데려간다고 한다. 그런 장소에서는 더 다양한 재료를 접할 수 있겠지만 조금만 부지런해지면 집에서도 얼마든지 아이들에게 새로운 경험을 제공할 수 있다.

　쌀을 씻을 때 물과 함께 쌀이 섞여서 손가락 사이를 흘러내리는 감촉도 새로움이다. 빨래를 하고 난 뒤 아이에게 옷에서 무슨 냄새가 나는지 맡아보게 하는 것도 좋다. 찌개 재료인 호박을 반으로 뚝 잘라 코에 대주거나, 오이향은 어떤지, 피망에서는 어떤 냄새가 나는지 물어보자. 이 모든 것은 아이의 오감을 자극하고 발달시키는 활동이 된다.

　장소 역시 마찬가지다. 꼭 멀리 여행을 가거나 해외를 찾아야 하는 것은 아니다. 마트만 해도 훌륭한 교육의 장이 될 수 있다. 아이를 학원에 보낸 뒤 엄마 혼자 장을 보면 편하긴 하겠지만 아이들을 데리고 가서 새로 나온 상품을 보여주면 무척 좋아한다. 요즘은 마트에 데려가면 아이들이 장난감을 사달라고 해서 엄마들이 골치라고 하는데, 가기 전 아이와 장난감을 사지 않는 대신 게임을 해보자고 제안해보자. 어떤 새로운 상품이 나왔는데, 오늘 가서 그것을 보고 모양에 대해서, 상품의 이름에 대해, 포장지에 대해서, 색깔에 대해서 생각해보자고 한 뒤 집에 와서 그것을 그려본다든가 그 상품에 대해 느낌이 어떠했는지 이야기해보는 것이다. 그냥 장 보러 가서 이것저것 구경만 하고 오는 것과 어떤 주제를 가지고 가는 것은 다르다. 무언가를 할 때, 어떤 자세로, 어떤 준비를 해서 하느냐에 따라 늘 익숙한 우리 주변이 새로운 대상을 만나는 교육의 장으로 바뀔 수 있다.

온몸으로 느끼게 한다

자주 쓰는 말 중에 "Tell me, I forget. Show me, I remember. Involve me, I understand."라는 문장이 있다. 말 그대로 단순히 듣기만 하면 곧 잊어버리지만 '백문이 불여일견'이라 눈으로 한 번 보면 기억할 수 있고, 직접 일을 행하거나 참여하면 온몸으로 받아들이고 이해하게 된다는 뜻이다. 이는 지식이나 정보를 효과적으로 흡수하고 받아들이는 방법을 설명한 말이다.

아이들의 정보 인식은 본능을 통해 어림짐작하기도 하지만 자신이 직접 경험한 것들은 더 잘 받아들인다. 특히 오감을 총 동원해 무언가를 접하면 온몸의 감각과 세포가 움직이면서 새로운 경험을 받아들이고 곧 익숙해진다. 이때 우리 두뇌 역시 골고루 반응할 것이다.

집 밖에서의 체험활동은 그 자체가 훌륭한 자극이다

엄마의 열정과 노력 여하에 따라 집에서도 충분히 새로운 것을 느끼고 경험하게 할 수 있지만 집을 나서서 이뤄지는 활동은 그 자체만으로 의의가 있다. 집과는 다른 바깥의 공기를 마시고 가족이 아닌 다른 사람의 존재를 접하는 것만으로도 아이들은 많은 사람들과 함께 살고 있다는 것을 느끼고, 그 안에는 따라야 할 규칙과 질서가 있다는 것 등을 알게 되기 때문이다.

요즘 부모들은 아이와 함께 볼 전시회나 공연, 체험놀이 등의 정보를 미리 챙기고, 어떤 작품이 전시되어 있는지, 작가가 누구인지 미리 살펴본다. 이왕이면 단순히 사실에 대한 정보 수집 차원을 넘어서 "이런 전시는 왜 열릴까?" "어떤 것들을 볼 수 있을까?" "우리 ○○는 여기서 뭘 보고 싶어?" 등 생각할 거리를 던져줄 필요가 있다.

새로운 장소에 가자마자 아이에게 "우리 조용히 감상하자."라거나 "저기서 체험해 봐."라고 말하는 부모들이 있는데, 이런 접근은 좋지 않다. 아이가 차분히 주변의 분위기를 살필 여유를 주고, 또래의 아이들이 그곳에 가서 어떻게 감상을 하는지, 사진을 찍거나 견학노트에 적는 등 어떻게 자료를 수집하는지, 체험활동에서 어떻게 노는지 등 다른 아이의 활동을 보며 스스로의 활동을 준비하도록 시간을 주자.

그렇게 분위기를 파악했다면 다음에 "이제 어떻게 하고 싶어? 다른 아이들과 어떻게 차별성을 둘 거야?"라고 물어보고 활동에 몰입하게 한다. 이렇게 다른 아이들이 하나의 놀이기구나 재료를 가지고 어떻게 노는지 보기만 하는 것도 커다란 공부가 된다.

마지막으로 그날의 활동을 정리하는 시간을 갖는 것도 중요하다. 일기로 써봐도 좋고, 그림으로 그리거나 간단히 말로 표현해도 좋다. 자기가 그 날 한 활동에 대해 돌아보고, 스스로 자기평가를 하면 활동이 더 기억에 잘 남고, 아쉬운 점 혹은 뿌듯한 부분이 생기면서 '다음번엔 이렇게 해야겠다'는 계획을 세울 수 있다. 또 스스로에게 인상적인 기억으로 남아 그와 연결된 주제 활동을 할 때 더 큰 관심을 가질 수 있다.

PLUS TIP

다중지능계발에 도움이 되는 체험학습 장소

키자니아
병원, 학교, 방송사 등 다양한 시설이 마련되어 있어 소방사, 경찰관 아나운서 등 자신이 원하는 실제 직업을 선택해 체험해볼 수 있다.

1544-5110 / www.kidzania.co.kr

헬로우 뮤지움
국내 최초의 어린이 전문 미술관으로 작가와의 만남, 만들기, 그리기 등 다양한 예술체험이 가능하다. 나이에 따라 체험 관람과 예술 아카데미가 마련되어 있다.

02-562-4420 / www.hellomuseum.com

삼성 어린이박물관
국내 최초의 어린이박물관으로 신체, 미술, 언어, 인지 등 아이들의 발달에 적합한 체험전시와 프로그램이 다양하게 준비되어 있다.

02-2143-3600 / kids.samsungfoundation.org/

탄탄 스토리하우스
파주출판 도시 내에 자리한 어린이 문화 공간. 마술, 인형극 등 다양한 공연을 볼 수 있는 공연장과 그림동화 갤러리, 북카페 등이 마련되어 있다.

031-955-7660 / www.tantanschool.co.kr

남이섬 환경학교
환경운동연합의 교육센터에서 운영하는 공간으로 건강한 먹거리와 재활용

PLUS TIP

으로 생태 예술 만들기, 남이섬 생태벨트 체험 등 다양한 교육을 실시한다.
031-580-8123 / www.ecoschool.or.kr

아차산 생태공원
자생식물원과 나비정원, 습지원 등이 갖춰진 생태공원으로 연중 24시간 무료로 개방하고 있다. 유아부터 성인을 대상으로 개구리교실, 곤충탐험, 자연으로 그리는 그림 등 다양한 체험학습이 마련되어 있다. 프로그램 참가비 역시 무료다.

02-450-1114 / www.gwangjin.go.kr/achasan

두물머리 애벌레 생태학교
양수리 두물머리에 위치해 있으며 야생화 들판과 연꽃밭, 나무숲, 갈대와 연꽃, 부레옥잠 등 다양한 수생식물을 만날 수 있다. 한지 만들기, 두부 만들기, 감자 캐기 등 계절별로 다양한 체험 프로그램이 준비되어 있다.

031-771-0551 / younhees.com/

어린이 해양문화체험관
아이들에게 해양문화와 역사를 더욱 친근하게 이해할 수 있도록 한 놀이 학습 공간. 우리나라 최초의 어린이 해양역사 박물관으로 바다놀이터, 수중유적 발굴게임 등을 통해 역사 공부는 물론 바다의 문화를 느낄 수 있다.

061-270-2000 / www.seamuse.go.kr

남해 원예예술촌
원예전문가들이 작품으로 꾸민 집과 정원이 모여있는 마을. 스페인풍, 네덜란드풍, 프랑스풍 등 나라별 이미지와 테마를 살려 조성된 정원들을 만날 수 있다. 딸기와 코코아를 이용한 수제 초콜릿 만들기, 나무를 이용한 액세서리 만들기 등 체험 프로그램이 준비되어 있다.
055-867-4702 / www.housengarden.net

평강식물원
포천에 위치해 있으며 아스팔트 한 평 없는 흙길 식물원으로 자연 그대로의 기운을 느낄 수 있다. 고산습원, 이끼원, 습지원, 잔디광장, 암석원 등 열 두 종류의 생태정원을 갖추고 있다. 씨앗그림 그리기, 야생화 분갈이, 손수건 물들이기 등의 체험학습을 운영한다.
031-531-7751 / www.peacelandkorea.com

판교 생태학습원
숲과 습지 등의 생태계를 관찰할 수 있는 곳으로 동식물을 관찰하고 표현하는 다양한 체험 프로그램이 마련되어 있다. 대개 환경교육 프로그램으로 자연친화기능을 높일 수 있는 공간이다.
031-8016-0100 / psh.snpark.net/

국립중앙박물관 어린이박물관
아이들이 직접 유물을 만져볼 수 있도록 박물관에 전시된 유물을 복제해 전시한 곳. 관찰과 체험을 통해 문화와 역사에 대한 호기심을 키울 수 있다.
02-2077-9000 / www.museum.go.kr/main/index/index006.jsp

경기도 어린이박물관
일방적으로 보고 관람하는 것으로 끝나는 것이 아니라 체험을 통해 상호작용할 수 있는 전시가 진행되는 박물관이다. 계절의 변화에 따라 달라지는

PLUS TIP

자연을 맛볼 수 있는 자연놀이터, 운동과학의 원리를 배울 수 있는 튼튼 놀이터를 비롯해 신체에 대해 배워보는 공간과 나만의 건축물을 만들고, 재활용품을 이용해 나만의 예술품을 만들 수 있는 공간 등 다양한 프로그램이 마련되어 있다. 예약 필수.

031-270-8600 / www.gcmuseum.or.kr

제주도 휴애리
제주도의 자연생활체험 공원으로 제주 전통초가집과 다양한 동식물을 만날 수 있다. 다람쥐, 흑돼지, 토끼 등 동물 먹이주기 체험, 승마체험, 곤충체험, 물허벅체험 등이 준비되어 있으며 계절별로 매화축제, 감귤 따기, 군고구마 체험 등이 열린다.

064-732-2114 / www.hueree.com

베어트리 파크
40년 넘게 가꿔온 개인 정원을 개방한 수목원이다. 연기군에 위치해 있으며 수백 그루의 향나무 숲과 야생화, 이만 송이의 수련, 백오십여 마리의 반달곰, 천여 마리의 비단잉어 등 동식물이 가득하다.

041-866-7766 / www.beartreepark.com

고성 공룡박물관
우리나라 최초의 공룡 전문박물관으로 공룡화석을 비롯해 다양한 공룡을 만날 수 있다. 공룡의 탄생과 멸종 과정을 상세하게 접할 수 있다.

055-832-9021 / museum.goseong.go.kr

꿈돌이토방

대전 엑스포 과학공원 내에 자리한 체험공간. 흙 담장과 장독대, 지푸라기 움막, 토굴 등을 갖춘 시골집 마당을 배경으로 흙놀이 체험공간을 꾸몄다. 흙을 만지고 밟고, 가지고 놀 수 있는 곳이다. 흙 던져 과녁 맞추기, 공기놀이, 흙 파기, 찍기놀이 등 아이들의 창의력을 키울 수 있는 프로그램이 가득하다.

1577-4293 / expotobang.com

담양 죽녹원

울창한 대나무 숲으로 죽림욕을 즐길 수 있다. 국악 체험장, 한옥 체험장, 차 제조 및 시음을 체험할 수 있는 죽향문화 체험마을이 함께 있다.

061-380-2680 / juknokwon.go.kr

이밖에 전국의 지역별 축제, 각종 박물관, 미술관, 문학관, 과학관, 휴양림, 자연생태학습장, 음악회 등을 체험하며 아이의 강점을 강화하고 약점을 보완해줄 기회를 만들어준다. 연간계획을 세워 하나씩 실천해도 좋다.

연간계획을 세워 지속적인 활동을 하도록 한다

다중지능을 발달시키려면 한순간 혹은 단편적인 노력만으로는 부족하다. 아이를 평가할 때 지속적으로 아이의 지능을 살펴야 하는 것처럼 다중지능을 발달시킬 때도 지속적이고 체계적인 노력이 필요하다. 어느 순간에 갑자기 생각나서 '아, 언어지능을 발달시켜야지' 하고 책을 읽히고, 편지를 쓰게 한다거나 '자연친화지능이 부족한 것 같아'라는 생각에 허겁지겁 동물원에 데려가는 등의 일회성 교육은 효과가 아주 미미하다.

지속적으로 다중지능을 계발하려면 계획을 세울 필요가 있다. 미리 한 달, 더 나아가 연간계획을 세우고 체험활동이나 견학 장소를 정한다면 아이가 한층 주도적으로 활동하는 데 도움이 된다. 또한 그때그때 활동이나 장소를 정하면 알게 모르게 엄마의 성향이나 주변 환경의 영향을 받는다. 미리 계획을 세우면 쉽게 접할 수 있는 활동이나 장소만이 아니라 새로운 환경이나 익숙지 않은 활동을 제공하는 데 도움이 된다. 계획을 세우고 검토하면서 전반적인 활동을 살필 수 있어 한두 가지 지능만을 자극하는 교육이 아닌, 여덟 개 다중지능을 균형 있게 발달시키는 기회를 얻게 된다.

아이의 의견을 적극 반영한다

계획을 세울 때는 초반부터 아이를 참여시켜 어떤 활동을 하고 싶은지 의견을 듣고, 함께 계획을 세우는 과정이 필요하다. 아이가 하고 싶은 활동의 다양성이나 정보의 폭이 좁더라도 자신의 주도 아래 계획을 세울 경우 적극적으로 참여하며 한층 강한 목표의식을 갖게 된다.

예를 들어 5월에 어버이날을 맞아 할머니 댁에 가는 경우, 전날 저녁에 "내일 할머니 댁에 가자."라고 하는 것과 미리 방문 계획을 세우는 것과는 큰 차이가 있다. 직접 참여해 계획을 세우면 친구와 약속이 있다거나 숙제가 있다며 못 간다는 등 이의를 제기하지 않고 흔쾌히 할머니 댁에 간다. 할머니 댁에 가서도 아무 생각 없이 있다 오는 것이 아니라 '왜 가는 것인지, 가서 무엇을 할지' 미리 한 번 더 생각해보는 기회를 가질 수 있다.

식물원에 갈 때도 "어디 식물원에 갈까? 거기서 뭘 보고 싶어?"라고 갈 곳을 함께 고르고 기대심을 심어주면 가기 전에도 '아, 이 달에 식물원에 가기로 했는데' 하면서 식물이나 꽃, 나무 등에 관심을 갖게 된다. 식물원을 찾은 후에도 자신이 예전에 본 것들과 비교하며 주도적으로 관람한다.

계절에 맞는 활동으로 소재를 이어간다

연간계획을 짤 때 어떤 활동을 언제 해야 할지 고민이 된다면 날씨나 계절, 명절 등 시기에 따른 소재를 선택해본다. 1~2월에는 설이 있고, 3월에는 새싹이 돋고, 4월에는 꽃이 피고, 5월에는 어버이날과 어린이날이 있는 등의 설명을 하면 충분히 구상이 가능하다. 주변에서 쉽게 접할 수 있으면서도 교육적인 소재를 놓치지 않을 좋은 기회가 될 것이다.

주제를 선정하면 주제를 심화할 수 있는 하부 활동 주제와 내용을 정한다. 예를 들어 1월은 새로 한 해를 시작하는 시기로, 친척들과의 모임이 많고 하고 싶은 일도 많은 때다. 이런 시기에는 '올해 하고 싶은 일' '우리 가족과 친척' 등의 주제를 정한다면 동기부여 기회가 많아 의욕을 이끌어낼 수 있고 연관된 활동거리도 충분히 제공할 수 있다.

2월은 봄이 시작된다는 입춘이 있는 시기로, 조금씩 변화하는 날씨와 나무 등을 통해 자연을 느껴볼 수 있다. 3월은 유치원이나 학교에 입학하거나 새로 학년이 올라가는 시기로 점차 성장하는 나의 변화 등 나에 대한 것을 알아보기가 좋은 시기다.

이렇게 계절과 시의성에 맞게 주제를 정했다면 그에 맞춰 월별 세부 활동주제와 내용을 정하고, 각 주에 할 일을 세세하게 짠다. 1월에는 가족과 친척 모임이 많은 시기적 특성을 고려해 '새해, 새 가족, 새 결심'이라는 주제 아래 서로의 관계와 호칭 등을 살펴봐도 좋고, '올해 하고 싶은 일'이라는 주제에 맞게 해야 할 일을 계획하고, 실천표를 만든다.

월별 활동 주제를 위해 매주별로 세부적인 할 일을 정할 때는 다중지능의 다양한 영역을 활용할 수 있는 활동을 계획한다. 언어, 논리-수학, 공간, 신체-운동, 음악, 대인관계, 자기이해, 자연친화지능을 강화하는 학습활동을 구상해보는 것이다.

가령 '가족'을 주제로 잡았다면 가족과 친척들과의 가계도를 그려보는 활동으로 논리-수학지능을 발달시키고, 친지들에게 편지 쓰기를 통해 언어지능을, 적절한 인사법을 익히면서 대인관계지능을 발달시키는 식이다. 2월의 경우에는 나무를 관찰하고, 눈 속의 식물의 모습을 살피고, 계절의 변화에 따라 함께 달라지는 자연의 모습을 살펴보는 등의 주제를 정한 뒤, 가족과 들판에 나가 자연현상을 살피고 기록하기, 눈 속 식물들의 모습 그려보기 등의 구체적인 활동 계획을 세운다.

같은 주제 아래 다양한 지능을 활용한다

연간계획을 세울 때는 아이들이 익힐 학습 내용이나 경험을 통합적으로 다룰 수 있도록 고려해야 한다. 사람은 태어나면서부터 자아의 통합적 성장을 추구하는 속성이 있기 때문이다. 다시 말하면 사람이 하나의 정보를 입력하거나 문제를 파악할 때 두뇌의 모든 기관을 총 동원해 이해한다는 것인데, 계획에도 이 부분이 우선적으로 반영되어야 한다.

우리도 현실에서 부딪치는 문제를 한 가지 지능만으로 해결하지는 않는다. 예를 들어 누군가 길을 잃었을 경우를 생각해보자. 아마 지도를 보고 현재의 위치를 파악하려고 하거나 지금까지 왔던 길을 되짚어볼 것이다. 또 주변에 보이는 사람들에게 길을 물어볼 수도 있다. 이렇듯 문제가 닥쳤을 때 머릿속에서는 여러 가지 지능이 한꺼번에 작동된다는 사실을 인지해야 한다.

일상적인 문제 외에 진로 결정과 같은 사건을 대할 때도 마찬가지이다. 자신의 지능을 통합적으로 활용할 때 해결의 실마리가 보인다. 자신이 하고 싶은 일이 무엇인지를 생각하는 자기이해지능, 그 일을 위해 어떤 준비를 하고 어느 분야로 진학해야 하는지를 살피는 논리-수학지능 등이 골고루 필요하다.

이렇게 여러 분야, 교과, 다양한 지능이 동원돼야 해결할 수 있는 문제들이 많다 보니 하나의 주제에 대해 통합적으로 학습하는 습관이 중요하다. 이것이 가능해지면 아이들은 교과서에서 배운 내용을 생활에 보다 잘 접목하게 된다. 또 정보를 유형화하여 저장하는 두뇌의 기능과 일치해 학습이 효과적으로 이루어지며, 학습 내용과 방법의 선택권을 학습자에게 부여함으로써 학습 동기의 유발 및 자기주도적인 학습능력이 신장되는 등 교육적 성과를 거둘 수 있다.

모든 활동을 할 때 통합적이고 지속적인 지능 활용을 제공하는 것은 불가능하다. 하지만 이를 염두에 두고 1년치 계획을 세운다면 아이들은 자연스럽게 학습하는 내용이나 경험에 있어 다양한 지능을 활용하게 되고, 한층 균형 잡힌 사고력을 발휘하게 될 것이다.

여러 사람과 어울릴 수 있는 환경이 중요하다

아프리카에 '아이 하나를 키우기 위해서는 마을 하나가 필요하다'는 격언이 있다. 아이를 제대로 키우는 일은 그야말로 보통 일이 아니다. 대가족 제도 속에 엄마가 식사를 차리거나 청소를 할 때 할머니나 고모가 아이를 돌봐주던 시대도 지났다. 그러다 보니 예전처럼 어깨너머로 배우는 교육의 효과를 기대할 수 없다.

과거에는 형제자매며 사촌들이 뛰노는 모습만 봐도 공부가 됐다. 형제자매들끼리 고무줄놀이를 하거나 공기놀이, 딱지치기만 해도 옆에서 아이들이 부르는 다양한 동요, 놀이의 규칙, 이기고 지는 승부 개념 등을 쌓을 수 있었다.

지금도 그렇지만 어린 시절의 나는 책을 닥치는 대로 읽었는데, 책 읽기를 좋아했던 오빠들의 영향이었다. 우리 집 밥상머리에서는 세계를 움직인 사람들의 이야기가 많이 오갔다. 윈스턴 처칠이니 키에르케고르 등에 대한 얘기를 하면 무슨 얘기인가 궁금해하다가 대화에 참여하고 싶은 마음에 오빠들 책장을 기웃거리며 책을 읽기 시작했던 것이다.

그 이후 오빠들이 얘기할 때 자세히는 알지 못해도 "아 키에르케고르가 '절망은 죽음에 이르는 병'이라는 글을 쓴 철학자지? 나도 그 책 읽어봤어."하고 끼어들 수 있었고, "아니, 네가 벌써 이 사람을 안단 말이야?"하고 감탄하는 가족들의 반응에 뿌듯함을 느껴 더 열심히 책에 빠져들었다. 이렇게 여러 사람이 어울리는 속에서 아이들은 자기의 강점지능을 발견하고 더욱 강화할 수 있고, 약점지능을 보완할 수 있는 환경이 만들어진다.

하지만 형제가 많지 않은 요즘은 가족들 속에서 다양한 경험을 하면서 다중지능을 계발할 기회가 별로 없다. 이를 보완할 수 있는 방법은 아이 학교 혹은 유치원, 이웃과 자주 어울려 아이들에게도 만남의 기회를 만들어 주는 것이다. 아이들의 학원에 대한 정보만을 나누는 모임이 아닌 다양한 품앗이모임, 가령 이웃들과 함께 독서모임 등을 만들면 효과적이다. 엄마와 아이들이 함께 정기적으로 동네 도서관에 다니고, 책을 읽은 후 아이들이 각각 어떻게 느끼는지 이야기하는 시간을 가져보자. '친구는 이 글을 읽고 이렇게 생각하는구나' 하며 다른 사람과 자신의 차이를 알 수도 있다.

함께하는 과정 속에서 사회성과 예의, 남을 배려하는 마음도 배우게 된다. 책을 선정할 때 처음엔 우리 아이가 좋아하는 책, 다음에는 옆집 아이가 읽고 싶은 책 등 원하는 책을 선택하게 하면 책을 편식할 위험도 없고, 내가 읽고 싶은 책만 고집하지 않고 친구를 배려하고 양보하는 법을 자연스럽게 배운다. 연말에 함께 그동안 읽은 책들을 뒤돌아보며 글을 써보고, 그림을 그리는 등 자신들만의 문집을 만들면 그 과정에서 자연스럽게 맞춤법 공부와 작문 공부를 할 수도 있다.

또한 부모와 아이가 함께 구연동화를 한 뒤 이 활동에 대한 느낌을 독후감이나 그림 그리기로 표현해보는 것도 좋다. 아이들에게 다른 사람의 활동과 생각을 살펴볼 기회를 주는 것은 신선한 자극이 되기 때문이다. 활동 안에서 각자의 개성을 느끼게 되며, 책을 즐겨 읽는 친구의 모습을 통해 흥미를 갖거나 자기주도학습의 동기부여를 찾게 되기도 한다. 부모는 활동에 임하는 아이의 모습을 보며 앞으로 어떤 부분을 보완하고 계발해야 할지 계획을 세울 수 있다.

최적의 환경과 기회가
지능발달을 유도한다

다중지능은 적절한 환경과 기회를 통해 발달한다. 따라서 내 아이의 다중지능을 골고루 계발하려면 다양한 경험을 맛보게 하고, 그 활동 속에서 재미를 느껴 스스로 자신의 숨겨진 강점지능을 찾아야 한다. 여기에 약점지능 분야에도 흥미를 느낄 수 있도록 환경을 마련해주어야 한다.

여덟 개 지능이 저마다 특징과 역할이 다르듯이 여덟 개 지능이 발달하기 좋은 환경과 경험도 조금씩 다르다. 각 지능을 골고루 발달시키기 위해서는 기본적으로 모든 다중지능의 영역을 접할 수 있도록 다양한 기회를 제공하는 것이 중요하다. 극단적이지만 물감을 처음 보거나 크레파스를 처음 만진 아이들은 미술 영역에서 강점을 덜 보일 수밖에 없다. 평소 음악을 들을 기회가 적었거나 악기를 만져본 적이 없다면 당연히 음악지능 영역에 대한 관심도 적을 것이다. 벌레를 보면 움직임을 관찰하기보다 징그럽다며 피하고, 흔들리는 나뭇잎과 계절에 따라 색깔이 변하는 모습에 별다른 관심이 없는 것도 자연 속에서 뒹굴어본 경험이 부족하기 때문이다.

어떤 영역이든 아이가 호기심을 갖고 다양한 도구와 재료를 자유롭게 갖고 놀면서 자연스럽게 지능을 발달시킬 수 있어야 한다. 그러려면 책과 연필 등 흔히 보는 제한된 학습자료 외에 다양한 도구들을 활용한 실험이나 체험활동을 경험하는 것이 좋다. 다중지능을 계발하는 데 필요한 활동과 최적의 환경을 각 지능별로 소개한다.

언어지능

모든 사람이 말을 하고 글을 쓴다. 하지만 적재적소에 맞는 말과 글을 통해 자신의 생각을 효과적으로 전달하고, 원활히 소통하는 일은 소수만이 할 수 있다. 이러한 능력은 평소에 말을 많이 하고 글을 읽는 환경에서 잘 발달한다. 일상생활 속에서 아이와 대화하는 시간을 충분히 갖고 책을 좋아할 수 있는 환경을 마련해주자. 독후감이나 일기를 쓰거나 동화를 써보는 등의 창작활동, 잠자리에서 옛날이야기를 들려주거나 동화책을 읽어주는 베드타임스토리는 언어지능을 높이는 일등공신이다.

아이가 읽고 쓰는 것을 싫어한다면 관심분야를 통해 접근해보자. 축구를 좋아하는 아이에겐 유명한 축구선수와 관련된 책을 읽게 한다거나 좋아하는 선수들에게 과감하게 자신을 소개하는 메일을 보내게 하거나 그의 사이트에 안부 글을 남기도록 하는 것도 좋은 동기부여가 된다.

지역에서 열리는 백일장 대회나 시낭송 대회에 직접 참여하는 등 문학과 관련된 장소를 찾아 색다른 경험을 하는 것도 아이의 호기심과 관심을 이끌어낼 수 있다. 평소 아이와 차를 타고 가거나 식당 등에서 음식을 기다릴 때 낱말 잇기나 낱말 맞추기 게임 등 언어와 관련된 놀이를 하면 재미있게 즐기면서 언어지능을 키울 수 있다.

무엇보다 언어지능을 높이려면 아이가 말을 편하게 할 수 있는 자유로운 분위기가 조성돼야 한다. 어떤 얘기를 해도 중간에 자르지 말고 눈을 맞추며 고개를 끄덕여주는 등 표정과 눈빛으로 반응한다. 처음에는 익숙하지 않더라도 점차 자신의 이야기에 아이 스스로 재미를 느끼게 된다.

워싱턴 대통령은 정직했대

말하는 것만큼 중요한 것이 듣는 일이다. 아이들은 엄마, 아빠의 표현이나 TV 속에서 스치며 들은 말도 머릿속에 잘 축적해놓았다가 사용한다. 아이들에게 가르침을 주거나 혼을 낼 때 "이러면 안 돼, 하지 마."라고 직접적으로 지시하기보다 "조지 워싱턴은 아버지가 아끼는 꽃나무를 도끼로 잘라서 혼날 위기에 처했었지만 솔직히 잘못을 고백해 용서를 받았어."와 같은 위인들의 이야기, 동화책 속 이야기 등을 비롯해 엄마의 어린 시절의 일화를 들려주면서 은근슬쩍 깨달음을 전해주자. 이렇게 하면 아이의 잘못된 행동을 교정해주는 것은 물론 상대방의 이야기를 귀담아듣는 태도와 요점을 파악하는 등의 듣는 능력을 키워줄 수 있다.

너도 작가

아이에게 창작할 기회를 주고 자신만의 이야기를 펼치도록 두는 것도 좋다. 그림책을 읽을 때 무작정 읽게 하기보다 처음에는 그림만 보고, 자신이 작가가 돼 그림에 어울리는 동화를 지어보게 하자. 글짓기 능력은 물론 관찰력과 상상력을 기를 수 있다. 아이가 어려워하면 중간까지 이야기를 읽게 한 다음 마지막 페이지만 보지 않고 이야기를 만들어보게 해도 괜찮다.

왜 왜 왜?

하루에 본 것, 들은 것, 생각한 것 중에서 적어도 열 번 이상은 반드시 질문을 할 수 있게 하자. 배우는 것의 시작은 묻는 것이요, 그 끝은 또 다른 물음의 시작이다. 아이들의 발달 과정에서 질문을 유난히 많이 하는 만2세 즈음부터 시작되는 "왜?"라는 질문을 평소 많이 하는 사람들이 창의적 사고력이 높다.

토론은 즐거워

토론도 아이의 언어지능을 높여줄 수 있는 좋은 방법이다. 신문이나 방송 내용 또는 읽은 책 중 한 가지를 골라 알맞은 주제를 정해 가족이 함께 토론할 수 있도록 해보자. 또한 같은 뉴스가 매일 어떻게 다르게 보도되는지 잘 듣고 차이를 찾아보게 하는 것도 듣고 말하는 능력을 키우는 데 도움이 된다. 미국 케네디 대통령 가문에서는 매일 신문을 읽고 온 가족이 아침 식탁에서 토론을 하도록 교육했는데, 모두가 돌아가면서 진행하기 위해 앉는 자리를 매일 바꾸었다고 한다. 많은 가정에서 본받을 만한 사례다.

브레인스토밍

브레인스토밍은 문제를 해결하거나 아이디어를 낼 때 첫 번째로 활용되는 방법이다. 가능성 있는 모든 생각을 펼쳐보는 것으로 고정된 틀에 얽매이지 않고 머릿속에 떠오르는 이것저것을 언어로 적절히 표현하면서 자연스럽게 언어지능이 발달한다. 머릿속에 둥둥 떠다니는 것을 언어라는 매개체로 표현하려는 노력이 가해지기 때문이다. 집에서 브레인스토밍을 할 때는 아이가 어떤 이야기나 의견을 제시해도 제재하거나 비웃으면 안 된다. 주도적으로 말하는 사람이 있을 경우 다른 사람이 위축될 수 있으니 균등한 기회를 갖도록 말하는 순서를 정해 진행한다. 문제 해결이라 해서 거창한 주제토론을 해야 하는 것은 아니다. 휴가 때 어디에 놀러 갈지, 주말에 어떤 요리를 해먹을지 등 생활 속 주제로 다가가면 쉽다. 이때 경쾌한 음악을 틀어놓거나 여행과 관련된 책이나 사진을 본 뒤 이야기를 할 경우 더 능숙하게 진행할 수 있다.

녹음하기

녹음기는 아이들의 호기심을 자극하면서 언어지능을 높일 수 있는 도구다. 아이가 좋아하는 책을 읽게 한 후 녹음을 해보자. 평소 자기 목소리로 읽어봤다가 역할에 따라 목소리를 바꿔가며 읽는 등 다양하게 녹음해보면 재미있게 책을 읽을 수 있다. 주제를 정해놓고 이야기하는 것을 녹음해보거나 어버이날이나 부모님 생일에 쓴 편지를 읽어주면서 녹음하는 것도 기억에 남는 활동이다. 발표수업이 있다면 작은 선반을 마련해놓고 그 위에 올라가 발표하듯이 예행연습을 하게 하자. 그 모습을 녹음 혹은 녹화하면 긴장하고 떨리는 마음을 다잡을 수 있고 오히려 자신감을 갖게 된다.

녹음이나 녹화를 하는 것도 의미가 있지만 후에 그것을 보는 시간도 중요하다. 보기 전에 무엇을 위해 녹음하고 녹화했는지 이야기를 나눈 후 말투가 투박하다는 등 아이의 언어 습관을 바로잡을 기회를 마련한다. 아이도 촬영한 자신의 모습을 보면 어느 태도를 고쳐야 하고, 표정이나 자세, 제스처 등을 어떻게 해야 할지 구체적으로 생각해볼 수 있다.

출판하기

아이들은 어떤 작업이나 활동을 했을 때 그 결과에 따라 이어지는 작업과 활동에 영향을 받는다. 긍정적인 자극을 받으려면 이전 작업의 결과물이 잘 나와야 한다. 아이가 꾸준히 써온 일기나 독후감 등 다양한 글짓기 자료가 있다면 이를 모아 자신만의 책을 만들어주자. 자신의 글이 책이라는 형태로 출판이 되면 책에 대한 관심이 늘어나고, 글도 더 열심히 쓰게 된다. 또한 '와! 내가 이런 걸 만들 수 있구나'라는 생각에 자신감이 생긴다. 소심하고 자신감이 없는 아이라면 집에 손님이 방문했을 때 "우리 ○○가 만든 책이야."라고 자랑하며 자신감을 가질 수 있도록 북돋아 주는 센스도 필요하다.

논리-수학지능

셈이나 수학을 잘하고 어떤 일 앞에서도 원인과 결과를 잘 파악해 문제를 원만히 해결하는 능력이 논리-수학지능이다. 논리-수학지능을 발달시키려면 장을 보러 갔을 때 엄마가 돈을 지불하기 전에 아이에게 먼저 얼마인지 암산하게 하거나 지하철을 타고 가며 귓속말로 스무고개 놀이를 하는 등 생활 속에서 계산하고 추론하는 기회를 늘려주는 것이 좋다. 어린이 신문의 사설이나 논설문 등 논리적인 글을 꾸준히 읽게 하고, 새로운 게임을 만들어 규칙을 정하게 하는 등 사고력을 키워주는 놀이도 유용하다. 평소 생활 속에서 "왜 그럴까?"라는 질문을 던져 다양한 원인을 생각해보는 습관을 들이도록 한다.

수학 이야기 만들기

사칙연산이나 수량, 측정단위, 도형 등 수학과 관련해 아이가 가지고 있는 지식이나 배운 내용을 가지고 창작동화를 만들어본다. 예를 들어 '시속 3km로 토끼가 가고, 5km로 거북이가 기어가서 거북이가 이겼다. 이긴 상품으로 3g과 5g의 과자를 받았는데, 혼자 먹지 않고 토끼와 거북이 외에 여섯 명의 친구가 모여서 함께 먹었다. 사이좋은 친구들이라 공평하게 나눠 먹기로 했다'는 식으로 재미있는 이야기를 지어가며 접근해보자. 축구 게임을 만들어 저 위치에서 공을 넣으면 3점, 이 위치에서 넣으면 1점 등 규칙을 정한 뒤 게임을 해보고 승패를 가르며 노는 방법도 효과적이다. 이야기나 게임을 만드는 과정에서 아이가 어느 정도 수학적 지식을 갖고 있는지, 공부한 내용을 어느 정도 이해했는지 파악할 수도 있다.

가계도 그리기

증조할머니부터 시작해 할머니, 할아버지, 엄마, 아빠, 큰아버지, 작은아버지, 형, 나 등에 이르는 가계도를 그려보는 것도 아이의 논리-수학지능을 발달시키는 데 도움이 된다. 촌수와 대에 따라 분류하고 항렬에 따라 범주를 나누는 과정 속에 아이는 자연스럽게 논리적 체계를 접할 수 있다. 아는 사람이 나오는 일이기 때문에 아이가 흥미를 갖고 재미있게 할 수 있는 활동이다.

위인들이나 역사적 사실을 연대기표로 만드는 활동도 추천한다. 사물 혹은 사람을 객관적으로 살펴보게 한 뒤 순서에 따라 기술하다 보면 역사의 흐름과 시간의 질서를 알게 되고, 모든 일과 상황에 순서가 따른다는 사실을 깨달아 논리적 사고가 탄탄해진다.

자기이해지능

자기이해지능을 높여주려면 다양한 방법과 각도로 자신을 들여다보고, 생각을 키워나갈 수 있도록 배려해야 한다. 가끔은 혼자만의 시간을 갖도록 하고, 자신의 감정을 잘 파악하고 솔직해질 수 있도록 적절한 질문을 하는 것도 좋다. 사색이나 감정표현이 두드러진 글을 읽거나 일기와 편지 등을 통해 자신의 삶을 돌아볼 기회를 갖는 것도 중요하다. 또한 어떤 일을 할 때든 계획, 실천, 평가하는 과정을 거치며 작은 일이라도 반성하는 시간을 갖도록 한다. 반성에서 끝나는 것이 아니라 다음에는 어떻게 해야 할지를 반영하는 것이 진정한 자기이해지능이다.

내일의 계획

아침에 일어나서 허둥지둥 세수하고 옷만 갈아입고, 빵 한 개를 입에 물고 뛰어나가는 아이와 오늘은 어떤 옷을 입고, 학교에서 친구와 점심시간에 어떤 놀이를 하고, 하교해서는 어떤 책을 읽을지 생각하는 아이의 하루에는 큰 차이가 있다. 계획하고 실행하는 습관이 꾸준히 쌓이면 아이는 실패해도 좌절하지 않는 근성을 갖게 되기 때문이다.

자기 전 내일의 계획을 직접 세우게 하며 자연스럽게 습관을 들이는 방법을 추천한다. 아이에게 "내일 친구와 뭐하고 놀 거야?"라거나 "피아노 연습은 학교 갔다 와서 바로 할거야? 저녁 먹기 전에 할거야?"라는 몇 가지 질문으로도 충분히 계획하는 습관을 기를 수 있다. 그때그때 생각나는 일을 하는 게 아니라 하루의 일과를 미리 생각해보면 어린 아이라도 자신이 어떻게 생활하고 있는지 어렴풋이 느끼기 때문이다. 어렸을 때 시간을 관리하고, 목표를 세우고, 계획에 따라 실행하는 습관을 들이면 커서도 계획적인 생활이 가능하다.

계획을 세우는 것만큼이나 확인하는 것도 중요하다. 계획을 간단히 써 붙인 후 그 옆에 체크리스트를 만들어 계획을 잘 지켰는지 아이 스스로가 확인할 수 있도록 한다. 부모 역시 모범을 보여야 함을 잊어서는 안 된다.

끝으로 아이와 함께 오늘 하루를 어떻게 보냈는지, 혹시 지키지 못한 계획은 없는지, 만약 못 지켰다면 뭐가 문제였는지, 그런 일이 발생하지 않기 위해서는 어떻게 해야 할지 등의 이야기를 나눠보자.

기분이 어때?

아이가 자신에 대해 이해하게 하려면 평소 자신의 몸 상태나 기분 등을 들여다보고 표현하는 기회가 많을수록 좋다. 평소 "오늘 엄마(혹은 아빠)는 친구를 만나러 가는 날이야. 집에만 있다가 외출하니 기분이 좋아. 우리 ○○는 친구들과 놀이동산에 가면 기분이 '붕~' 날아갈 것 같지? 엄마(혹은 아빠)도 그래."라는 등의 감정을 표현하는 말을 많이 하고 아이 스스로도 감정을 솔직히 표현할 기회를 마련해준다.

예를 들어 아이가 학교에 갔다 왔을 때에도 "오늘 학교에서 재미있는 일 없었어?" "새 친구가 왔어? 말은 걸어봤어? 왜? 쑥스러워서? 아니면 친구가 별로 마음에 안 들어서?"라는 등의 질문으로 솔직한 표현을 유도하는 것이다. 마찬가지로 아이 기분이 별로일 때도 "왜 화를 내? 짜증내지 마!"라고 야단치듯 말하는 대신 "우리 ○○가 화가 났구나. 왜 그럴까? 몸이 어디 불편한가? 아니면 배가 고픈가?"라는 추측성 질문으로 아이 스스로 자신을 돌아본 뒤 기분에 대해 설명하게 한다.

일기쓰기

일기는 하루에 있었던 일을 기록하는 것이다. 자기가 한 일, 본 일, 들은 일 등 경험한 일 외에 자신의 생각과 느낀 점, 반성의 내용이 담긴다. 그러다 보니 일기를 쓰면서 하루를 돌아보면 감정이나 생각을 확실히 인지해 정확하게 표현하는 능력이 키워진다. 짧게 쓰거나 그림으로 표현하는 등의 방식은 중요하지 않다. 자신이 그날 하루에 어떤 일을 했고, 어떻게 보냈는지 생각해보는 사색의 시간이 가장 중요하다. 가끔 일기 검사를 하는 엄마들이 있는데, 이 경우에는 아이가 자신의 감정을 솔직하게 드러내지 않을 수 있으니 주의한다.

1분 침묵

매일 하루에 한 번은 정해진 때에 하루를 돌아보는 조용한 시간을 갖도록 하자. 잠자리에 들기 전처럼 조용한 시간에 불을 끄거나 차분한 음악을 켜놓아 분위기를 조성하면 더욱 효과적이다. 온 가족이 모여 잠시 이야기를 나누는 것도 좋고, 혼자만의 시간으로 활용해도 바람직하다.

네 생각은 어때?

부모들은 아이들이 어리기 때문에 생각이 짧고 판단력이 흐려 중요한 결정을 할 때 대신 해줘야 한다고 생각한다. 하지만 이런 일이 지속되면 자신의 생각이란 없고, 부모가 계획해놓은 대로 따라가는 수동적인 아이가 된다. 학원을 보낼 때도 "피아노 배울래? 다니지 말까?" 하고 물어보고 영아이가 대답하기 어려워하면 "이거 해."가 아닌 "이것과 저것 중에 어떤 게 나을까?" 하고 선택의 폭을 넓혀주거나 "네 생각은 어때? 엄마 생각은 이런데."라고 아이의 마음을 묻고 보충설명만 곁들이면 충분하다. 갑자기 "해라."가 아니라 사전에 생각할 시간을 주는 게 필요하다. 이렇게 어릴 때부터 의견을 말하고, 선택하고 결정을 내리는 습관을 들여야 자신이 무엇을 원하는지 알 수 있고, 주도적으로 인생을 이끌어갈 수 있다.

대인관계지능

아이의 대인관계지능을 높여주려면 친구들을 비롯해 다양한 연령의 사람들과 어울릴 기회를 많이 만들어주는 것이 좋다. 함께 놀거나 작품을 만드는 등의 협동활동이 도움이 된다. 그 시간이 의미가 있으려면 자신만큼 주위 사람들에게 관심을 기울여야 한다. 친구의 말을 끝까지 듣고 다른 사람의 감정을 느끼기 위해 주의를 기울이는 등 서로를 이해하기 위해 노력할 수 있도록 도와주자.

서로 선생님

잘하는 과목을 서로 가르쳐 주거나 모르는 문제를 풀어주는 등의 친구와 함께 공부하는 시간은 대인관계지능 발달에 도움을 준다. 또래 친구들은 낱말 구사 정도나 이해 능력이 비슷하고, 서로를 이해하는 폭이 넓기 때문에 서로 선생님 역할을 해주면 가르침의 효과가 높다. 친구가 뭘 모르고 뭘 아는지 이해할 수 있고, 대화를 하는 과정에서 또래의 언어를 익히며 의사전달 방법도 배우게 된다. 친구에게 한 번 더 가르쳐줌으로써 아는 내용을 다시

한 번 확인할 수 있으며 자신감이 커지는 등의 성장도 기대할 수 있다.

협동학습

협동학습도 대인관계지능을 발달시킬 수 있는 좋은 활동이다. 한 집단 안에 구성원끼리 각각 역할을 맡아 협동학습을 해보도록 한다. 세 명이 있으면 각각 기록이, 칭찬이, 섬김이 등의 이름을 붙인다. 주제를 정해 의논을 한다면 한 사람은 기록하고, 한 사람은 실험하고, 다른 사람은 나머지 둘을 칭찬하며 독려하는 것이 각각 역할이다. 집에서도 이런 활동이 가능하다.

예를 들어 장을 본다면 엄마는 생선과 해산물 등을 맡고, 딸은 공산품을 맡고, 아들은 사기로 한 물건을 다 샀는지 체크해본다. 또 다른 예로 아버지의 생일 이벤트를 준비한다면 엄마는 요리를 하고, 딸은 노래를 하고, 아들은 축하카드를 쓰면 된다. 이때 각각 어떤 일을 맡을지 정하는 것에서부터 학습이 시작된다.

활동 과정에서 무임승차하는 사람이 없도록 각자의 임무를 분명하게 수행하도록 하고, 만약 자신의 역할을 제대로 하지 않았을 때 어떤 일이 발생하는지 아이에게 미리 인식시킨다. 가령 장을 보러 갔을 때 딸아이가 사기로 한 물건을 다 구해오지 않았을 경우 왜 사오지 않았는지, 물건을 구하기 위해 어떤 노력을 했는지 등을 묻고, 책임을 다하지 않은 탓에 온 식구가 다시 물건을 사러 가거나 누군가 사올 때까지 기다려야 함을 직접 느끼게 해야 한다. 이 과정에서 아이는 책임감과 함께 협동활동의 의미를 깨달을 수 있다.

보드놀이

학교에서 아이들을 선발할 때 쓰는 방법 중 하나가 아이들을 자유롭게 놀게 하면서 그 안에서 보이는 모습을 평가하는 것이다. 예를 들어 젠가 등의 보드게임이나 도미노게임 등 여럿이 함께하는 놀이를 하게 하고, 그 안에서 규칙을 잘 지키는지, 남을 배려하는 성격인지, 자기 위주로 이끌어가려고 하는지, 다른 사람을 잘 도와주는지 등 성품과 리더십을 보는 것이다. 이러한 게임은 함께하는 놀이라는 의미 외에 규칙을 지키고, 이기고 지는 상황에서 감정을 조절하는 습관을 길러준다. 또 협동이나 경쟁을 할 때 다른 사람을 배려하는 방법이 뭔지 자연스럽게 알게 된다.

모의국회놀이와 가족회의

모의국회놀이는 아이들의 대인관계지능을 키우는 데 효과적인 방법이다. 자신이 말을 하고 싶더라도 발언권을 얻어야 하는 등의 규칙을 지켜야 하고, 자신의 주장하는 바를 인정받기 위해서는 사람들을 설득하는 등의 활동이 필요하기 때문이다. 또 상대의 말을 잘 들어야 질문을 할 수 있기 때문에 경청하는 법도 배울 수 있다.

집에서라면 국회놀이 대신 가족회의를 활용해보자. 할아버지 생신 때 무엇을 선물할지, 여름휴가 때 어디로 놀러 갈지, 컴퓨터 이용시간을 어떻게 정할지 등 아이들이 관심 주제를 택해 서로의 의견을 조율해보자. 처음에는 자기주장만 하거나 자기부터 말하려는 등 서투를 수 있기 때문에 엄마나 아빠가 사회를 맡아 아이의 부족한 점을 조절한다. 회의 내용을 기록하면 어떤 부분을 수정해야 할지 좀더 구체적으로 살펴볼 수 있다.

음악지능

음악을 자주 접하며 온몸으로 음악을 받아들일 수 있는 환경을 마련해주면 아이의 음악지능이 발달할 수 있다. 하지만 단순히 음악을 들려주는 것만으로는 부족하다. 음악을 들으면서 춤을 춘다든가 노래를 따라 불러본다든가 음악의 변화에 따라 의성어, 의태어를 곁들여 표현하는 등 다양한 표현활동이 필요하다.

꼭 악기가 있거나 클래식 음악을 접해야 음악지능을 계발할 수 있는 것은 아니다. 집에 굴러다니는 페트병, 택배박스, 깡통 등을 손이나 자로 두드리며 노래를 불러도 충분하다. 또 툭툭툭 떨어지는 빗소리나 지저귀는 새소리, 지글지글, 보글보글, 딱딱딱 요리할 때 나는 소리 등 자연의 소리를 통해서도 소리자극을 충분히 받을 수 있다. 익혀야 할 대상이라기보다 재미난 놀이로 받아들일 수 있도록 환경을 마련해주자.

랩 음악으로 공부

아이가 공부한 내용을 노래와 연결해 익혀보게 하는 것도 도움이 된다. 예를 들어 외울 것이 많은 역사나 지리를 공부해야 한다면 '독도는 우리 땅'의 노래를 개사해서 맞춰 부른다든가, 영어낱말을 외울 때 비교적 따라 부르기 쉬운 랩에 맞춰 리듬을 타며 익히는 방법이다. 구구단도 손뼉을 치거나 고개를 끄덕이는 등 리듬과 박자를 타며 외워야 효과적이다. 무작정 외울 때보다 말로 하고, 귀로 듣고, 온몸을 리듬에 맡기는 과정에서 머릿속에 오래 남기 때문이다.

음악이 뭘 말하고 있니?

음악을 들으면서 이미지를 떠올리고 신체로 표현하는 과정에서 음악에 대한 감수성과 창조성이 길러진다. 또한 음악을 듣고 느낌을 표현하다 보면 자연스럽게 음악지능이 높아진다. 아이에게 음악을 들려주고 어떤 느낌인지 표현하도록 유도해보자. 봄이 되어 햇살을 만끽한 후 비발디의 사계 중 '봄'을 들으면서 곡의 느낌을 봄과 연결해봐도 좋다. 음악을 들으면서 리듬과 박자에 따라 팔을 들어 올려 새의 날개 짓을 표현하거나 시냇물이 부드럽게 흐르는 모습 등을 따라 하며 "지금 느낌이 어때? 엄마(혹은 아빠)는 마음이 편안해지고 나른해져. 졸음이 올 것 같아." 등의 말로 아이의 감정표현을 자극한다.

디스코그래피

작곡가나 장르, 연주악기 등 특정 주제에 따른 음악을 모아놓은 디스코그래피를 활용해 음악을 비교·분석하는 작업도 음악지능을 높이는 데 도움이 된다. 예를 들어 아리랑을 배웠다면 밀양 아리랑과 정선 아리랑 등을 함께 찾아보며 지방에 따라서 어떻게 다른 느낌이 나는지, 가사나 장단은 어떻게 비슷하고 다른지를 살펴보는 것이다. 같은 곡도 한 번은 피아노로 연주한 것을 들어보고 다음번엔 바이올린으로, 또 다음에는 플루트로 연주한 음반을 들어보면서 악기에 따른 곡의 느낌을 표현해보게 하자. 각기 다른 악기로 연주한 곡의 느낌을 표현하는 동안 음악적 요소를 분석하는 두뇌가 발달할 것이다.

작곡가가 되어봐

곡을 직접 만들어보거나 기존의 곡을 변형시키는 작업도 음악지능을 높이는 데 도움이 된다. 음악지능의 주요 기반은 논리-수학지능인데, 하나의 곡은 창조하고 분석하는 과정에서 논리-수학지능을 자극할 수 있기 때문이다. 디지털 건반이나 피아노 등을 활용하면 자신의 창조물이 나오는 기쁨을 느끼면서 음악을 즐길 수 있다.

시기별 음악교육

네댓 살 무렵의 아이들은 호기심이 강한 나이로 상상을 즐긴다. 한 곡을 반복해서 들으면서 이미지를 연상하게 하거나 그 느낌을 말이나 표정, 율동으로 표현하게 하는 것도 좋다. 대여섯 살 무렵은 듣기 능력이 발달하는 시기로 다른 일을 하면서 배경음악으로 듣게 하지 말고, 집중해서 음악을 듣는 시간을 갖도록 한다.

계이름으로 읽어보거나 악기 연주를 해보는 것도 효과적이다. 일곱 살부터 초등학교 저학년 시기에는 악기 연주를 활발히 할 수 있으므로 다양한 악기를 접하게 해주고, 중창과 합창 혹은 합주 등의 단체 활동으로 조화의 중요성을 알려준다.

때에 맞는 배경음악

화가 나고 마음이 두근거릴 때 차분한 음악을 들으면 마음이 가라앉는다. 비슷한 원리로 졸음이 오지 않다가도 자장가를 들으면 나른해진다. 이렇게 음악은 우울한 날 생기를 불어넣어주기도 하고 스트레스를 해소해주는 등 분위기를 효과적으로 전환시킬 힘을 갖고 있다. 공부할 때 잔잔한 배경음악을 틀어주거나 아침에 모차르트 클래식을 들려줘 아이의 두뇌를 자극해보자. 음악을 틀어놓고 활동할 때 산만해진다는 의견도 있지만 너무 크게 틀어놓거나 이어폰으로 듣지 않으면 괜찮다. 조용한 음악을 들으면 마음이 편해지면서 두뇌가 자극된다. 특히 잡음이 많은 곳에서는 잔잔한 배경음악이 집중력을 높이는 데 도움이 된다.

공간지능

공간지능을 높이려면 시각을 자극하는 환경을 갖출 필요가 있다. 예를 들어 사전으로 낱말을 찾을 때도 일반사전보다 그림사전을 활용하고, 레고 블록이라든가 지도 등을 활용해 놀이를 하는 것이다. 공부할 때는 그래프와 도표 등으로 배운 내용을 정리하면 효과적이다. 선과 색채배합, 디자인 등의 요소를 가진 미술활동과 조형활동 역시 공간지능을 높일 수 있는 좋은 방법이다.

지식의 시각화

아이가 유치원이나 학교에서 배웠던 것을 그림이나 도표, 그래프 등으로 표현하게 하자. 예를 들어 과학 시간에 실험을 했다면 원인과 결과를 표로 만들고 역사적 사실에 대해서 배웠다면 그 시대의 모습을 풍경화로, 일식에 대해 배웠다면 해가 달을 가리는 모습 등을 간략한 그림으로 그려본다. 이런 활동을 통해 구성하고 그림으로 표현하는 능력이 생기며 이미지로 기억하면 글로 읽을 때보다 기억이 오래 지속되는 효과도 있다. 취학 전 아동의 경우 동화책을 읽어준 후 그 내용을 그림으로 표현해보는 활동이 도움이 된다. 그림을 보여주기 전에 일단 말로 설명한 후 그려보게 하면 시각과 공간 감각을 자극할 수 있다.

나는 화가다

공간 감각이 머릿속에서만 일어나는 일은 아니다. 동화책 속 그림이나 유명 화가의 작품 등 좋은 그림을 직접 따라 그리는 연습만으로도 공간지각 능력이 길러진다. 어떤 대상을 사진이나 그림으로만 보게 될 경우 아이들은 평면으로만 볼 수 있다. 하지만 자연을 직접 보면 평면이 아닌 입체감과 거리감, 공간감을 느낄 수 있으므로 주변 풍경을 그려보는 활동은 필수다.

마인드 맵

마인드 맵은 공간지능을 높이면서 이미지를 통해 기억을 증진할 수 있는 학습 방법이다. 공책에 필기를 하면서 들으면 그냥 들었을 때보다 정보를 더 잘 기억할 수 있다. 여기에 도표나 수식, 그림 등 이미지나 심볼을 활용해 필기하면 기억은 더욱 또렷해진다. 수업을 듣거나 책의 요점정리를 할 때 긴 문장보다는 핵심 낱말을 활용해 가지치기하듯 필요한 핵심만 이어나간다거나 색연필이나 사인펜 등을 활용해보도록 돕자. 하루 계획을 세울 때도 시간의 변화에 따라 화살표를 사용한다거나 계획표를 그림으로 변형시켜 만들어보면 좋다. 일상 속에서는 매월 초 달력을 보면서 생일 등 기념일에 별 표시를 하거나 빨간 동그라미를 치는 등 다양한 색상으로 기억한 날을 체크하도록 하는 것도 괜찮은 방법이다.

그림은유

나는 엄마를 그리라고 하면 별을 그리고 안경을 그린다. 늘 안경을 쓰고 계시는 어머니에게 가장 처음 배운 게 하늘의 별이었기 때문이다. 심장을 하트로 표현하는 등 어떤 대상을 시각적 이미지로 표현하는 연습을 꾸준히 하면 우뇌가 활발히 활동하면서 창의성이 발달한다.

지도 그리기

집에서 유치원까지 가는 길을 직접 그려보게 한다. 간단하게 도로나 신호등, 상가 건물, 특징 있는 나무, 아이가 자주 들르는 문방구나 분식집 등을 그리는데, 아이에게 "문방구 옆에는 뭐가 있지? 분식점 간판은 무슨 색깔이야?" 등의 질문을 던져 아이의 머릿속에 자리 잡고 있는 이미지를 그림으로 표현할 기회를 마련해준다.

신체-운동지능

신체-운동지능을 높이려면 신체를 움직일 기회를 많이 주는 것이 기본이다. 아이와 놀아줄 때도 공원이나 운동장에서 시간을 보내고, 음악을 들을 때도 가만히 앉아서 듣기보다 박자와 리듬에 맞춰 몸을 흔들고, 책을 읽을 때도 함께 역할을 맡아 연극을 해보는 등 가능한 아이가 몸을 많이 움직일 수 있도록 돕는다. 찰흙놀이나 십자수처럼 손가락을 움직이는 활동도 우뇌를 자극해 결과적으로 도움이 된다.

동물놀이

펭귄이나 오리가 뒤뚱뒤뚱 걷고, 거북이는 엉금엉금 기고, 토끼는 깡충깡충 뛰듯이, DVD나 동화책 속에 나오는 동물들의 걷는 모습을 다양한 행동과 제스처로 따라 해본다. 부모가 흉내를 낸 후 어떤 동물인지 맞혀 보도록 하거나 역할을 바꿔본다.

신체놀이

부모가 부를 때 "네."하고 말로만 대답하지 말고 가까운 거리에서라도 손을 들고 답하는 식으로 신체적 응답을 유도한다. 느낌이나 감정 또한 머릿속으로만 생각하지 말고 몸으로 표현하도록 한다. 친구에 대한 느낌을 표정으로 보여주는 등 말 대신 몸짓으로 하는 것이다. 오락 프로그램에 흔히 나오는 게임 중 낱말 카드를 보고 말 대신 표정과 몸짓으로 표현해 상대방이 맞히는 놀이도 신체-운동지능을 높이는 데 효과적이다.

생각한 후 움직이기

아이가 춤을 추거나 운동을 하기 이전에 눈을 감고 동작 하나하나를 머릿속에 그려본 다음 실행하면 더욱 효과적으로 신체-운동지능을 발달시킬 수 있다. 예를 들어 태권도를 한다면 동작을 하기 전 움직임의 과정을 떠올린 후 해보거나 수영을 할 때 머리부터 발끝까지 자세와 움직임을 그려본 뒤 하는 것이다. 신체-운동지능이라고 해서 몸만 움직인다고 생각하지 말자. 일단 머릿속으로 생각해보고 실행하면 실제 움직임에서도 도움이 된다.

자연친화지능

아이의 손을 잡고 밖으로 나가보자. 하늘을 쳐다보고, 땅도 바라보고, 옆도 돌아보는 등의 활동은 자연친화지능을 높이는 최선의 방법이다. 공원을 걷다가 작은 풀꽃이 보이면 쪼그려 앉고, 나무 아래 돗자리를 펴고 기어다니는 작은 벌레도 관찰하게 하고, 엄마 무릎을 베고 누워 하늘을 보거나 바람에 흔들리는 나뭇가지를 보고, 나뭇잎이 흔들리는 소리를 듣는 등 자연에서 얻을 수 있는 것들을 만끽하도록 돕는다.

위험하지 않은 곳이라면 신발을 벗고 맨발로 흙이며 물의 감촉을 느껴보게 하는 것도 좋다. 무언가 가르치려 하지 말고 말없이 혼자 느끼게 하는 것만으로도 충분하다. 아이가 관심을 보이면 그림 도구나 현미경 등을 준비해 다양한 활동을 시도한다. 그림 그리기, 나뭇잎 관찰하기 등의 활동 위주다. 가끔은 갯벌이나 별자리 보기 등 체험 여행에 동참하는 것도 추천한다. 일상 속 자연이 아닌 새로운 환경을 맛보면서 흥미를 자극할 수 있다.

이상한 아빠 엉뚱한 엄마

온 가족이 함께 하늘을 처다보면서 엉뚱한 질문을 해보자. "우와~ 낮인데도 하늘에 별이 저렇게나 많네. 무슨 일일까?" 그러면 아이는 놀란 표정으로 하늘 한 번 처다보고, 엄마, 아빠 얼굴을 처다보게 된다. "내 눈엔 보이는데." 그러면 아이들은 다시 하늘을 처다볼 것이다. 그때 "햇빛이 너무 강해서 지금은 안 보이지만 별은 그대로 그 자리에 있어."라며 대답해 아이들에게 자연에 대한 관심을 갖게 하자. 그 뒤로 과학적 설명을 곁들이면 아이는 즐거운 상상을 하게 될 것이다.

동식물 기르기

어린 시절 어머니는 마당에 자주 물을 뿌리곤 했다. 뜨거운 물은 꼭 식혀서 버렸는데, 마당에 여러 생물이 살고 있기 때문에 그것들을 배려한 행동이었다. 생명에 대한 존귀함을 아는 아이로 키우고 싶다면 동·식물을 직접 키우게 해보자. 자기가 키우는 대상에 애정을 가지면 그 관심이 확대되면서 모든 살아있는 것에 경외감을 품게 된다. 환경 다큐멘터리를 보거나 책을 읽는 것보다 훨씬 효과적인 방법이다.

분류와 범주

오래 전 신문에서 '천재소녀'란 별명이 붙은 윤송이 박사의 기사를 읽었다. 인공지능 전문가로 만24세에 최연소 박사학위를 받은 그녀의 커리어는 익히 알려져 있는데, 그 기사에서 눈길을 끈 것은 옷장 정리를 할 때도 색상과 디자인, 옷의 무게별로 일목요연하게 분류한다는 내용이었다. 그 기사를 읽고 윤송이 박사가 논리-수학지능뿐만이 아니라 자연친화지능도 높은 사람이라는 생각이 들었다. 비슷한 것과 다른 것 등을 나누는 것은 분류와 범주의 개념으로 자연친화지능의 기본 소양이다. 청소할 때 혼자 하지 말고 아이에게 블록 등 장난감이나 책장 정리를 하게 한다. 장난감이라면 무게, 노는 방법, 색깔 등으로, 책이라면 장르별, 작가별 등의 기준을 정해 정리하도록 알려주자. 이렇게 동일한 성질을 가진 것들끼리 모으는 것은 사물의 유형을 규정하고 분류하는 능력과 함께 관찰력과 변별력을 길러준다.

꼬마 요리사

요리는 창의성을 키워주면서 손을 움직이게 하고, 미각, 청각, 후각을 자극하는 두뇌학습의 토대가 된다. 요리를 하면서 당근이나 호박 등의 재료가 어디서 오는지, 나무에서 따오는 것인지 땅에서 파오는 것인지, 이런 열매가 열리려면 어떤 환경이 필요한지, 씨앗부터 열매가 열리기까지 얼마나 걸리는지 등에 대해 이야기를 나눠보자. 또 재료를 먹어보면서 어울리는 맛이 어떤 것인지 생각해보는 것도 좋은 학습이 된다. 머릿속으로 떠올린 후 정해진 레시피를 약간 변형해본다. 있는 재료 내에서 바꿀 수 있는 것들을 시도하는 것이다. 예를 들어 샐러드소스에 설탕 대신 꿀을 넣어보거나, 식초 대신 레몬을 넣으며 재료의 식감을 느껴본다. 이렇게 먹거리를 통해 자연을 접하는 방법은 관찰력과 탐구력, 창의성 교육은 물론 디자인과 색감 교육까지 가능하다.

나뭇잎 탁본

나무 기둥이나 나뭇잎의 탁본을 떠보자. 한지나 얇은 종이를 대고 크레파스나 연필로 칠하면 다양한 나뭇잎의 잎맥과 나무껍질의 무늬, 질감 등을 느낄 수 있다. 그냥 눈으로 보는 것과 탁본을 뜬 것이 어떻게 다른지, 이야기를 나눠본다. 탁본 뜬 것과 원래의 나뭇잎 등을 스크랩해 모으는 활동도 의미 있다.

✔ **Tip • 적용하기**

다중지능 영역별 학습 활동과 자료

영역	활동	자료 & 준비물
언어지능	일기, 창작, 농담, 토론, 낱말게임, 이야기하기, 독서 등	책, 녹음기, 타자기 등

영역	활동	자료 & 준비물
논리-수학지능	부호 해독, 수수께끼, 스무고개, 삼단논법, 암산, 숫자게임, 과학실험, 도표 구조화 등	계산지, 과학실험도구, 블록, 퍼즐 등
자기이해지능	일기, 정신 집중, 혼자만의 시간 갖기 등	일기장, 자기 사진 등
대인관계지능	편지쓰기, 협동학습, 역할놀이, 봉사활동 등	바둑, 장기, 인형, 편지지 등
음악지능	리듬학습, 노래, CD 듣기, 귀 기울이기 등	녹음기, 악기 등
공간지능	미술활동, 지도 제작, 체스게임, 사진 찍기, 상상게임 등	그래프, 지도, 레고, 다양한 미술재료 등
신체-운동지능	춤, 역할극, 스포츠, 블록 등	찰흙, 운동기구, 조립식 도구 등
자연친화지능	관찰, 견학, 등산, 여행, 자연보호, 동·식물 기르기 등	식물, 원예도구, 동물, 망원경 등

'나를 찾아가는' 신비로운 학습법에 주목!

가끔 면담을 할 때면 진지한 표정으로 "선생님. 수학만 해도 덧셈, 뺄셈, 곱셈, 나눗셈만 익히고, 국어는 읽고 쓰기만 할 줄 알면 살아가는 데 문제가 없잖아요. 그런데 왜 함수나 지수, 로그처럼 실생활에 필요 없는 공부를 해야 하나요? 글을 읽을 때도 왜 시간적 배경이니 공간적 배경이니 하는 것들을 살펴봐야 하는지 잘 모르겠어요."라고 묻는 아이들이 있다.

이런 질문을 받으면 아이들이 시험을 보거나 진학하기 위해서만 공부하는 것이 아님을 열심히 설명한다. 실제로 수학은 단순히 계산 능력만을 키우는 학문이 아니다. 수학 문제를 풀고 결과를 산출하는 과정 속에서 논리적인 사고력을 기를 수 있고, 하나의 문제를 여러 시각으로 돌려보면서 창의력도 높일 수 있다. 국어도 마찬가지다. 누군가와 제대로 의사소통을 하려면 그 사람이 하는 말도 중요하지만, 그 말이 나오게 된 배경을 알아야 정확히 이해할 수 있고, 그에 맞춰 적절히 반응하게 된다.

이처럼 공부는 단순히 지식을 습득하는 것이 아니라 실생활에 필요한 여러 다중지능을 계발하고, 문제해결 능력을 키우는 데 초점을 맞춰야 한다. 그럼에도 불구하고 우리나라 교육은 일상생활과 동떨어진 교수법이 주를 이룬다. 결과적으로 아이들은 공부를 실생활에 필요한 학문이 아닌 시험이나 진학을 위한 공부, 지식 쌓기만을 위한 공부로 생각해 당연히 흥미나 관심을 잃는 경우도 생긴다.

아이들이 흥미를 갖고 공부를 하면서 삶을 살아가는 데 필요한 지식도 쌓고, 다중지능을 발달시킬 수 있는 효과적인 방법 중의 하나가 '프로젝트 학습'이다. 프로젝트 학습이 무엇인지, 어떻게 프로젝트 학습을 해야 효과를 극대화시키고 다중지능을 계발할 수 있는지 알아보자.

프로젝트 학습이 다중지능발달을 돕는다

프로젝트 학습은 아이가 관심 있는 주제를 선택해 스스로 학습을 계획하고 연구·조사한 후 그것을 발표하고 평가하는 활동이다. 단순히 책을 보거나 교사의 설명을 들으며 지식을 쌓는 것이 아니라 시청각자료의 활용이나 현장 견학, 설문조사 등의 방법과 내용을 능동적으로 탐색해 구상한다. 아이들은 이 과정 속에서 사고의 폭을 확장하게 된다.

방학숙제 중 자유탐구학습과 비슷하다고 생각하면 이해하기 쉬울 듯하다. 예를 들어 고아원 봉사활동을 위한 경비 마련에 있어서 재활용 프로젝트 계획을 세운다면 동네에 살고 있는 주민의 수를 살펴보고 매주 각 가정에서 버리는 재활용 쓰레기의 양, 재활용 활동에 참여하는 주민의 수 등을 조사해 폐품의 수거와 활용까지를 계획하게 되는 것이다.

다중지능이론은 아이들이 단순히 지식을 암기하는 것이 아니라 이해하는 것을 중요시한다. 수학공식만 외운다면 계산은 할 수 있어도, 응용문제 앞에서는 막막해질 수밖에 없다. 마찬가지로 단순히 정보를 암기하고 머릿속에 넣어두는 것만으로는 새로운 상황에서 지식을 적용하기 어렵다. 아이들이 자신의 말과 생각으로 개념을 이해해야 어떤 상황에서든 그것을 적절히 활용할 수 있다.

아이들이 효과적으로 개념을 이해하고 삶에 적용하는 데는 프로젝트 학습이 효과적이다. 이 활동은 기본적으로 모든 지식의 기반을 삶에 두고 있다. 책 속 세상이 아닌 현실의 세계를 바탕으로 누구나 살아가며 겪을 법한 문제로 주제를 도출하는 것이다. 더불어 실생활에서 필요한 지식과 기술을 습득할 수 있도록 돕는 것이 프로젝트 학습의 주된 목표이다. 실생활에서 필요한 주제 내에서 프로젝트를 진행하고 해결방법을 찾는 활동은 아이들에게 적극적으로 지식을 습득할 수 있도록 동기를 부여하고, 온몸으로 삶의 지혜를 체득할 수 있는 기회를 마련해준다.

프로젝트 학습의 가장 큰 특징은 실행하는 아이들의 자율과 자유를 존중한다는 것이다. 아이들은 스스로 목표를 설정하고 계획을 구상하며 그 계획을 적절하게 수행하는 과정에서 자연스럽게 필요한 능력을 배운다. 예를 들어 프로젝트 학습에는 자료 조사와 수집이 기본이다. 그렇기 때문에 학습에 참여하는 아이들 모두가 자료 조사와 수집 능력이 향상되고, 조사할 때 활용할 수 있는 다양한 방법을 익히게 된다. 또 그렇게 얻은 정보 가운데 양질의 정보, 문제해결에 꼭 필요한 정보 등을 스스로 판단하게 된다.

여러 정보를 통합하고 조직화하는 경험을 하게 되므로 당면 과제 해결을 위해 결론을 도출하는 과정 속에서 가설 검증과 추론 능력, 사고력이 발달하는 것도 당연한 수순이다. 프로젝트를 마친 후에는 그에 대한 결과 보고를 하면서 언어지능도 기를 수 있다.

무엇보다 주제 선택이나 내용을 구성할 때 자연스레 자신의 관심분야와 강점지능, 약점지능을 파악할 수 있다는 점이 프로젝트 학습의 장점이다. 어떤 지능이 높고 낮은지 아이의 지능 프로파일을 파악하면 그에 맞게 지능별 보완학습이나 강화학습이 가능하다. 기본적으로 프로젝트 학습은 아이들이 흥미 있는 것을 선택하도록 하기 때문에 누가 강요하지 않아도 스스로 활동을 즐기게 된다. 그만큼 프로젝트에 몰입해 참여할 수 있으므로 자기주도학습능력과 책임감도 기를 수 있다.

아이의 흥미를 자극하는 프로젝트 학습 실행법

확실히 프로젝트 학습은 아이들의 흥미를 자극하고 참여도를 높여 결과적으로 다중지능을 발달시키는 데 큰 도움이 된다. 프로젝트 학습은 크게 주제를 선정하는 단계, 정보를 수집하는 단계, 발표하고 평가하는 단계 등 세 단계로 진행된다. 이 모든 과정을 아이 스스로 진행하도록 하는 것이 가장 좋지만, 아이가 어리거나 경험이 부족할 경우에는 어려움이 있을 수 있다. 따라서 아이의 자율성을 해치지 않도록 주의하면서 적절하게 도와줄 필요가 있다. 단계별로 신경 써야 할 것과 어떻게 아이를 도와야 하는지를 정리했다.

주제 선정은 아이가 원하는 대로

프로젝트 주제는 아이가 좋아하는 내용으로 선택해야 한다. 그래야 아이가 흥미를 갖고 적극적으로 탐구할 수 있기 때문이다. "요즘 가장 관심가는 게 뭐야? 엄마가 ○○랑 재미있게 놀고 싶은데, 뭐에 대해 이야기하면 좋을까?"와 같이 아이가 알고 싶어 하는 것이 무엇인지 물어본다. 과거에 배운 내용을 떠올릴 수도 있고, 최근에 관심을 갖게 된 정보를 말할 수도 있다.

아이가 의견을 내지 않을 경우에는 최근 있었던 일에 대해 화두를 던진다. 예를 들어 집안에 제사가 있다면 "가족과 친척에 대해 이야기해볼까?"라고 묻는 것이다. 평소 아이가 관심을 갖는 생일, 여름휴가 같은 주제를 꺼내도 괜찮다. 무작정 하자고 하기 전에 관련된 책을 본다든가 가족에 대한 영화를 보는 방법으로 아이의 관심을 자극해보자. 그래도 아이가 의견을 내지 않는다면 아이의 발달상황에 따라 어렵지 않게 소화할 수 있는 주제를 제시할 수도 있다. 예를 들어 초등학교 1학년이라면 '나', 2학년은 '나와 이웃' 등 교과서의 구성에 따라 몇 가지 주제를 던져준다. 이런 과정을 거쳐 아이가 최근 선물로 받은 장난감이 가장 큰 관심거리라 말한다면 장난감을 주제로 선정한다.

그 후에는 브레인스토밍을 통해 주제와 관련해 무엇에 대해 탐구할지 생각해본다. 대개 자신이 관심 있는 주제를 선택하면 다양한 궁금증과 호기심을 갖기 마련인데, 아이가 부담스러워하면 엄마가 연결고리를 넓힐 수 있도록 질문을 해본다. 예를 들어 장난감에 관심이 많다고 하면 "장난감에 대해 뭐가 궁금해? 장난감 하면 뭐가 떠올라?"하고 묻는다. 토마스, 뽀로로 등 캐릭터의 이름이 나올 수도 있고, 토이저러스나 토이팩토리 등 장난감 가게 이름이 나올 수도 있다. 아니면 공이나 차, 기차, 인형 등 종류를 나열하는 경우도 있다. "다른 나라에는 어떤 장난감이 있을까? 어떤 캐릭터가 있을까? 몇 살까지 가지고 놀 수 있을까? 좋은 장난감과 나쁜 장난감의 차이는 뭘까? 유해성분이 있을까?" 등 아이가 말하는 다양한 대답을 마인드맵으로 그려 가장 궁금해하는 내용을 정한다.

견학과 인터뷰 등 다양한 통로로 정보 수집

'다른 나라에는 어떤 캐릭터가 있을지 궁금하다'라는 연구문제가 정해졌다면 이를 해결하기 위해 어떤 방법을 써야 할지 생각해보고, 다양한 방법으로 조사해 정보를 수집, 기록하도록 한다. 책이나 인터넷에서 자료조사를 하거나 장난감 백화점에 견학가거나 장난감 전문가에게 문의하는 등 다양한 방법을 살펴봐야 한다. 그리고 토마스가 어떤 나라의 캐릭터인지, 세계 각국의 대표 장난감은 무엇인지 등 연구 문제와 관련된 주요 개념이나 아이디어를 작성한 뒤 각각의 내용을 적절한 그림이나 사진, 도표 중 어떤 방법으로 정리해야 효과적인지를 계획해본다.

프로젝트 과정에서 가장 중점을 둬야 할 부분이 이 단계이다. 아이들이 주제에 대해 조사하고 정보를 수집, 기록할 때 전문적이고 다양한 방법을 활용할수록 실생활에 도움이 되는 기술과 실력을 습득할 수 있기 때문이다.

발표회로 생산물을 창조하고 성취감 고취

문제해결책과 정보를 종합해 결론을 도출했다면 식구들이 모여 발표회를 가져본다. 아이가 무언가 활동을 했을 때 그냥 "다 했니?"라고 물으며 엄마 혹은 아빠만 확인하는 것보다 발표자료를 만들어 사람들 앞에서 설명하게 하면 훨씬 효과가 좋다. 그동안 계획하고 준비한 내용을 그림이나 포스터 등으로 만들어 발표하게 한 뒤 온 가족이 의견을 제시하면서 잘한 점과 좀 더 보완해야 할 점을 나눠본다.

이 과정은 프로젝트를 통해 얻은 것 속에서 새로운 생산물을 창조하는 작업으로써 큰 의의를 가진다. 도표를 만드는 등 발표자료를 만들면서 활동의 결과가 정립되기도 하고, 성과물을 보면서 성취감을 느끼고 자신감도 얻을 수도 있다. 또한 발표를 통해 창의적으로 자기를 표현하고 자기가 알고 있는 것들을 효과적으로 전달하는 능력을 발휘하기도 한다.

마지막으로 가족평가와 자기평가를 거친다. 이때 무엇을 궁금해 했는지 등 프로젝트의 목적을 살피고, 알고 싶은 것이 다 해결되었는지, 계획에 맞춰 실행되었는지, 다양한 자료를 사용했는지 등도 점검한다. 아이 스스로는 프로젝트가 완성되는 동안, 자신의 태도와 마음가짐이 어땠는지에 대해 생각해보도록 한다.

Tip ● 적용하기

프로젝트 수업에서 부모의 역할은?

프로젝트 수업은 기본적으로 아이가 주체가 되어야 하지만 제대로 진행하려면 부모의 도움이 필요할 때가 있다. 아이가 구체적인 준비 과정을 계획할 때 부모는 도움을 줄 수 있는 전문가 등을 알아보고, 진행사항을 점검하는 역할을 하는 것이 좋다. 첫째 주에는 자료를 읽고 견학하기, 두 번째 주에는 설문조사하기, 세 번째 주에는 발표자료 만들고 발표하기 등 수행 계획표를 쓰고, 평가 방법을 생각해보는 등 일정을 함께 짜보며 관심을 기울인다. 프로젝트를 실행할 때 아이에게만 맡겨두지 말고 부모도 같은 주제를 가지고 프로젝트를 진행하는 것도 좋다. 스스로 하는 학습 방법이 익숙지 않은 아이에게 혼자 탐구하라고 하면 뜬구름만 잡다가 흥미를 잃을 수 있기 때문이다.

형제나 친한 친구와 짝을 맞춰 협동 프로젝트로 진행하는 것도 도움이 된다. 크리스마스나 여름휴가 등 하나의 주제를 결정해 형제가 함께 프로젝트를 하기로 하고, 일주일에 한 번씩 중간평가를 통해 각자 준비한 내용을 점검하고, 수정해본다. 아이가 어릴 때는 중간 중간 "우리 ○○는 책을 다 읽었니? 도서관에 같이 가볼까?"라거나 "자료를 사람들에게 설명할 때 어떻게 하면 좋을까? 그림을 그릴까? 아, 사진을 오려 붙이고 싶어?"라는 등 나이에 따라 샘플을 떠올릴 수 있도록 질문을 제시해 본다. 이와 함께 연관 활동을 계획할 때 오감을 자극한다거나 아이가 다양한 지능 영역의 활동을 접하도록 유도한다. 좋은 프로젝트 활동은 아이가 재미있게 하는 활동, 주도적으로 해야 하는 것임을 잊지 말고 간섭보다 관찰의 자세를 유지하도록 노력하자.

'김치'를 주제로 한 프로젝트 학습

프로젝트 학습을 이해하고 어떻게 진행해야 하는지를 알았다면 실전에 들어가보자. 처음엔 어렵고 막막하겠지만 아이가 좋아하는 주제와 간단한 문제를 가지고 시작해본다.

일단 아이가 관심 갖는 것들, 궁금한 것들에 대해 이야기를 나눈다. 예를 들어 아이가 "얼마 전에 외식을 할 때, 옆에 있는 외국 사람들이 김치를 잘 먹는 걸 보고 신기했어. 외국 사람들은 매운 음식을 잘 못 먹는다는데, 어떻게 그렇게 잘 먹지? 김치가 맛있나? 난 햄버거가 더 좋은데."라거나 "엄마, TV에서 보니까 김치가 다이어트에 도움이 된대. 정말일까? 왜 그렇지?"라는 식으로 관심을 보이는 주제를 선택한다.

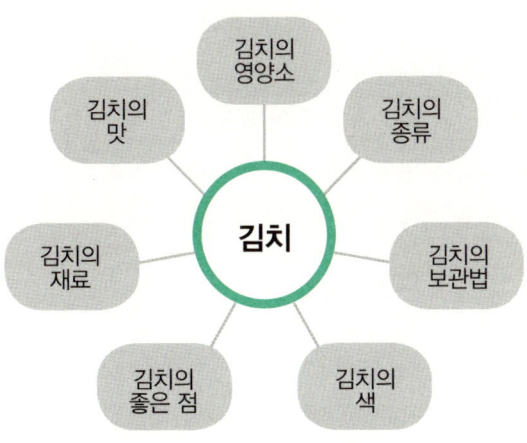

표 1 | 김치 주제 조직망

프로젝트 주제를 김치로 정했다면 브레인스토밍 등을 통해 김치에 대해 궁금한 점, 활동 목표를 정해 주제 조직망을 그려본다. 예를 들어 '김치의 성분이 뭐길래 살을 뺄 때 도움이 되지?'라는 의문을 제시했다면 김치의 재료, 영양소 등을 알아본다. 더 나아가 김치의 종류, 보관법, 좋은 점, 김치가 만들어지기까지의 조리과정, 김치의 종류, 김치와 관련된 우리의 생활 등을 자세히 살펴봄으로써 우리나라 사람들이 김치를 즐겨 먹는 이유와 저장음식의 지혜 등을 알아볼 수 있다(표1 참조).

주제를 정했으면 다양한 영역별로 더 세세히 살펴볼 내용을 정하고, 이에 따라 아이가 궁금한 점을 해결할 수 있는 정보 수집 방법을 알아봐야 한다. 김치와 관련된 책이나 사전 등 문헌을 수집할 수도 있고, 사진자료를 볼 수도 있고, 김치박물관이나 공장을 견학할 수도 있다. 또 김치를 파는 곳, 직접 김치를 담그는 활동, 맛보기 등 방법은 다양하다. 아이와 함께 다양한 의견을 나누며 방법과 과정을 정리한다.

이때 언어, 논리-수학, 공간지능 등 다중지능의 다양한 영역을 자극할 수 있는 정보 수집 방법을 선택하는 것이 좋다. 예를 들어 김치와 관련된 책을 읽으면 언어지능 계발에 도움이 된다. 좋아하는 김치 순서를 정해 그래프로 그리거나 김치 별로 들어가는 재료를 파악해 자주 쓰는 재료의 통계를 내는 등의 활동은 논리-수학지능을, 김치와 관련된 노래를 부르는 것은 음악지능을 계발하는 데 효과적일 것이다(표2 참조).

표 2 | 정보수집 방법에 따른 다중지능계발

부모는 기간을 정해 언제 어떤 활동을 할지 아이가 계획을 세우도록 돕고, 수집한 정보를 기록하게 한다. 이런 과정으로 결과를 얻었다면 아이가 김치를 직접 담가 맛을 본 결과를 표로 만들어보게 하거나 적절한 그래프를 그려 보거나 비디오로 기록하는 등의 보고서를 작성하도록 돕는다. 그 자료는 식구들이 모두 모인 자리에서 발표해 프로젝트 학습에 대한 평가를 진행한다.

이 책의 부록인 놀이북에는 김치를 주제로 한 다중지능계발 놀이를 몇 가지 수록했다. 프로젝트 학습과도 연결시켜 시행할 수 있으니 아이와 활동을 계획하고 싶다면 놀이북 33, 34쪽을 참고해 과정을 이해하도록 한다.

프로젝트 학습을 할 때는 그때그때 주제를 선정해 진행하는 것보다 연간계획을 세워 진행하면 더욱 효과적이다. 연간계획은 프로젝트 학습이 일회성으로 끝나지 않고 지속 가능하도록 도와 결과적으로 다중지능을 계발하는 데도 큰 도움을 준다.

약점지능의 보완,
놀이로도 가능하다

사람은 누구나 강점과 약점지능을 가지고 있다. 다행히 어떤 분야에서 뛰어난 지능을 타고나지 않았다 하더라도 노력과 교육에 의해 얼마든지 보완이 가능하다.

하지만 약점지능을 보완하는 것은 강점지능을 계발하는 것보다 훨씬 더 어렵다. 부모가 약점지능만을 부각시키고 보완해주려고 하면 아이가 큰 부담을 느끼기 때문이다. 가뜩이나 별로 흥미도 없고 어렵게 느껴질 텐데, 잘하지도 못하는 분야에 부모가 집착하고 있다면 얼마나 거부감이 들겠는가. 스스로 잘 못하는 부분이라는 생각에 자신감을 잃고, 그 분야의 활동을 할 때마다 '난 잘 못해'라는 생각으로 지레 포기할 가능성도 커진다.

그렇다면 어떻게 해야 아이가 거부감을 느끼지 않고 약점지능을 보완할 수 있을까? 강점지능을 활용해 동기를 부여하는 것에서 실마리를 찾자.

강점지능으로 약점지능을 보완한다

부모가 객관적이고 꾸준한 관찰을 통해 어떤 부분이 약점지능이라고 판단했다면 '부족하다'라는 사실에 집중하지 말고, 아이가 좋아하고 자신감 있어 하는 방법으로 접근하는 것이 좋다. 강점지능을 토대로 약점지능을 보완하자는 것이다.

다양한 평가를 통해 아이의 강점 영역을 발견했다면 이를 약점지능과 연결시켜보자. 자신이 잘하고 좋아하는 분야에 대한 탐구나 학습을 하다 보면 아이는 스스로 재미와 몰입, 성취감 등 기분 좋은 느낌을 갖게 된다. 이러한 성공의 경험은 또 다른 영역에 도전할 수 있는 자신감과 용기를 주고, 자기 자신에 대해서도 긍정적인 생각을 갖게 한다.

생각만이 아니라 실제 학습에도 도움이 된다. 각 강점 영역 특유의 학습 내용과 활동 방법 등은 또 다른 영역에서 아이의 관심을 불러일으키는 연결고리가 된다. 가령 식물과 동물에 관심이 높은 아이는 주제와 관련된 독서를 권장할 수 있고, 자연을 소재로 그림을 그리게 함으로써 적극적인 태도를 이끌어낼 수 있다.

구체적으로 언어지능은 약하지만 음악지능이 높은 것으로 보인다면 좋아하는 동요 가사를 읽고 쓰게 한다든가 책 속 이야기에 멜로디를 붙여 부르게 하면 아이가 흥미를 느낀다. 아이가 영상기기에 관심이 많다면 책 읽는 소리를 녹음 혹은 녹화한 뒤 들어보게 하면 자기 목소리가 나오기 때문에 관심을 보이기도 한다.

논리-수학지능이 약하고 신체-운동지능이 뛰어난 아이에게 무작정 구구단을 외우게 하거나 숫자카드를 들이밀며 "11빼기 1은 뭐지?"라고 질문하면 아이는 '또 수학 공부네'하고 시큰둥한 반응을 보이기 쉽다. 하지만 "축구 선수가 모두 몇 명이지? 그래 열한 명. 그중에 골키퍼는 몇 명이지? 맞아. 1명이지. 그러면 골키퍼를 제외하고 필드에선 몇 명의 선수가 뛰어?"와 같이 물어보면 아이의 반응이 사뭇 달라진다. 수학공부를 하고 있다는 사실을 눈치채지 못한 채 자신이 좋아하는 축구 얘기를 하고 있다고 생각하며 재미를 느낀다. 그러면서 수학지능이 자연스럽게 발달한다. 혼자 놀 때도 부모와의 대화를 생각하며 'A팀이 두 골을 넣었고, B팀이 세 골을 넣었으니까 2대 3으로 B팀이 1점 더 넣어서 이겼구나'라며 수학적으로 생각하는 습관을 가질 수도 있다.

아이가 자기이해지능이 약하지만 공간지능이 높아 그리기에 소질을 보인다면 자신의 모습이나 기분을 그림으로 표현하게 하는 것이 자기이해지능을 높이는 데 도움이 된다. 아이가 어려 이해하기 어려워한다면 기분을 날씨에 비유해보면 좋다. 흐리고 비가 오는 날, 해가 쨍쨍 부는 날, 바람이 부는 날 등의 날씨를 기분과 비교해 표현하도록 유도한다. 자연친화지능이 높으면 자신의 장단점을 도표로 만들거나 항목을 분류하도록 도와 논리-수학지능을 높인다.

대인관계지능이 약한 반면 신체-운동지능이 높으면 수영 등 혼자 하는 운동보다 축구나 야구 등 여럿이 함께하는 놀이에 참여시켜보자. 차례를 기다리는 등 규칙을 지키고 서로 호흡을 맞추며 협동심을 기를 수 있다. 또한 이기고 지는 것에 따른 자신의 감정을 조절하는 방법도 배우면서 대인관계지능이 발달한다. 아이가 음악지능이 높으면 운동 대신 합주나 합창을 하면 같은 효과를 얻을 수 있다.

음악지능은 약하지만 신체-운동지능이 높아 연극을 좋아한다면 뮤지컬 등 다양한 음악을 접할 수 있는 공연을 보는 것이 좋다. 사람들이 음악에 맞춰 춤을 추고, 신나게 노래 부르는 모습을 보면 감상의 효과와 함께 관심을 높일 수 있다. 또 음악지능이 약하되 자기이해지능이 높다면 지금의 기분 상태에 어울리는 노래를 찾는 식의 놀이도 음악에 대한 관심을 키우는 데 도움이 된다.

공간지능이 약한 대신 대인관계지능이 높다면 체스나 장기 등 친구와 함께 할 수 있는 게임을 활용하거나 형제자매와 함께 여럿이 블록으로 성을 쌓는 놀이를 해보도록 한다. 아이가 자기이해지능이 높다면 자화상을 그리게 하고, 언어지능이 높을 경우에는 동화책에 나오는 나라들을 지도에서 찾아보는 방법으로 공간지능을 발달시킬 수 있다.

신체-운동지능이 약하고 음악지능이 높다면 신체의 여러 부위를 이용해 다양한 소리를 내보는 것도 좋다. 손뼉을 치거나 발을 구르고, 손바닥을 비비면서 몸에서 나는 다양한 소리에 재미를 느끼게 되고, 이어서 몸의 움직임도 즐기게 된다. 또 공간지능을 활용해 찰흙이나 모래놀이 등 조형물을 만들다 보면 자연스럽게 소근육도 발달한다.

자연친화지능이 약하고 공간지능이 높은 아이라면 공원 등 자연을 찾아 풍경화를 그리게 하거나 꽃, 벌레, 강아지 등의 동식물을 화폭에 담아보게 한다. 아이가 자기이해지능이 높으면 수목원에서 산책할 시간을 주는 것도 좋다. 신체-운동지능이 높으면 나뭇잎이 흔들리는 모습이나 구름 모양, 꽃 모양 등을 신체 움직임으로 표현하게 해 자연친화지능을 높일 수 있다.

지능 계발 이전에 동기유발이 먼저다

어린 시절 피아노치기를 질색했던 친구의 딸아이가 있었다. 나에게까지 전화를 걸어 학원을 그만두도록 엄마를 설득해달라며 애원했을 정도다. 여섯 살 무렵에 피아노를 배우기 시작했지만 실력은 초등학교 1학년 때 배우기 시작한 친구들과 다를 바 없을 정도로 진전이 없었다. 그러던 아이가 언제부터인가 돌변해 피아노 연습에 열심이라는 소식이 들려왔다. 비결을 궁금해하자 "제 아빠가 피아노 연주회에 한 번 데려갔거든. 우리 ○○가 공주 좋아하잖아. 멋진 드레스를 입고 피아노를 치며, 사람들의 박수와 환호성을 받는 모습에 폭 빠졌더라고."라며 이렇게 간단한 걸 왜 그동안 야단치고 타이르면서 진땀을 뺐는지 모르겠다는 대답이 돌아왔다.

어린 학생들에게 공부를 왜 하냐고 물어보면 대부분 "엄마가 좋아해서." "칭찬을 받고 싶어서."라고 대답한다. 물론 엄마의 미소나 주변 사람들의 칭찬도 아이들이 공부를 열심히 하고 착한 일을 하는 데 동기부여가 된다. 하지만 다른 사람이 이유가 된 동기는 그리 오래 가지 못한다. '아는 사람은 좋아하는 사람만 못하고, 좋아하는 사람은 즐기는 사람만 못한 법이다'라는 논어의 말은 무슨 일을 하든지 목표가 뚜렷하고, 하고 싶은 마음이 강한 사람을 이길 수 없다는 진리를 보여준다. 그만큼 동기유발은 매우 중요하다.

미켈란젤로의 동기를 심어준다

미켈란젤로가 4년 동안 쉬지 않고 시스티나 성당의 벽화를 그릴 때 하루는 친구가 찾아와서 말했다고 한다. "그 구석은 사람들의 눈에 띄지도 않는 곳이라네. 그만 그리고 내려오게나. 누가 알아준다고 이리 고생인가?" 그러자 미켈란젤로는 딱 한마디로 친구의 말을 거절했다. "내가 안다네." 다른 사람을 위해서가 아니라 스스로 즐겁게 그리고 있고, 끝까지 해낸 후 성취감을 느끼고 싶은 마음에 그는 지루하고 힘든 과정을 이겨낼 수 있었던 것이다. 이것이 바로 미켈란젤로의 동기 또는 내적동기다. 내적동기로 마음이 움직이면 몰입하게 되고, 두뇌 속에 도파민이 형성되어 즐거움을 맛보게 된다. 또한 '즐겁다. 또 해냈다'라는 자신감의 근거도 생긴다.

자기 마음 안에서 우러나온 내적동기는 외적동기와 비교할 수 없을 정도로 강하다. 내적동기를 얻으려면 무엇보다 자신을 사랑하는 마음과 스스로를 뿌듯하게 여기고 칭찬할 수 있는 자신감 등이 밑바탕이 되어야 한다. 가끔 저학년 아이들에게 "엄마가 너를 사랑한다고 어떻게 표현하지?" 하고 물으면 "쓰다듬어줘요, 껴안아줘요."라는 대답을 한다. 그럴 때 "너는 너 자신을 사랑한다고 어떻게 표현하는데?"라고 물으면 다들 어색해 하거나 낯설어하며 어리둥절해한다.

아이가 어릴 때부터 스스로를 사랑하는 법을 익히게 하는 것은 어렵지 않다. 엄마가 해주듯 스스로를 껴안아보거나 눈을 감고 "난 참 괜찮은 사람이다." 하고 마음속으로 긍정의 말을 되뇌며 뿌듯함을 느끼면 충분하다. 스스로를 사랑한다고 머릿속으로 상상하는 것과 스스로를 아껴주는 손길을 경험하는 것은 차원이 다르다. 평소 아이가 무언가를 잘했을 때 엄마가 직접적으로 칭찬해주는 것도 중요하지만 "이렇게 하니 ○○의 기분이 어때?"라고 질문하며 스스로 자신의 행동을 돌아보고, 스스로에게 칭찬을 해주는 기회를 갖게 하자.

좋아하는 일에서부터 시작한다

아이들은 자신이 좋아하고 재미있다고 생각하면 어떤 활동이든 직접 참여하면서 도전하고 새로운 지식과 기술을 배우려 든다. 예를 들어 동물을 좋아해 고양이를 키우고 싶은 아이는 고양이의 먹이라든가 종류, 길고양이가 늘어나는 환경 문제나 동물 보호 등에 관심을 가질 수 있다.

하지만 어린 아이가 혼자서 어떤 분야에 관심을 갖고 공부를 하거나 정보를 얻기는 어렵다. 아이가 관심을 넓힐 수 있도록 부모가 다양한 활동에 참여시키면서 스스로가 좋아하는 것부터 그렇지 않은 영역까지 관심을 확장할 수 있도록 도와줘야 한다. 예를 들어 고양이를 키우고 싶어 했을 때 덜컥 사주거나 반대하는 것은 도움이 안 된다. 먼저 고양이가 건강하게 자라는 데 필요한 요건들이 무엇인지 살펴보게 하고, 어떤 고양이를 갖고 싶은지, 고양이의 종류에는 어떤 것들이 있는지 등을 따져보며 다양한 활동에 참여시키는 것이 중요하다. 평소 아이의 관심거리나 성향 등을 잘 관찰하고, 학습과 자연스럽게 연계할 수 있도록 늘 주의하도록 한다.

롤 모델을 만들어준다

자신이 좋아하는 사람을 통해 동기유발을 하는 방법도 효과적이다. 요즘 아이들은 연예인을 섬기듯 좋아하는데, 단순히 노래를 좋아하고 패션 스타일을 선호하는 수준을 넘어섰다. 그렇기 때문에 부모가 주기적으로 "저렇게 노래를 잘하려면 연습을 정말 많이 한대. TV에는 겨우 몇 분 나오지만 저 순간을 위해서 하루에 몇 시간씩 노력할 걸?"이라는 얘기를 들려주며 그들의 성공 과정이 담긴 책이나 기사 등을 스크랩해 건네주는 것도 동기유발을 도울 수 있다. 그들의 얘기 자체가 아이에게 자극이 된다. 또 아이가 좋아하는 동네 언니라든가 사촌 등 닮고 싶은 사람이 있다면 자주 만날 기회를 마련해 생활 속에서 닮아가게 한다. 가끔씩 "지금 언니라면 어떻게 할까?" 하고 아이를 부추기는 것도 좋은 자극제가 된다. 물론 이때 비교하는 말은 금물이다. 그 사람을 닮고 싶어 노력하고, 스스로를 가꾸는 아이가 되도록 배려한다.

다중지능으로 설계하는
내 아이의 미래

　많은 부모가 자기 아이만큼은 행복하게 잘 살기를 바란다. 부모가 자식의 행복을 바라는 것은 당연한 일이다. 문제는 행복해지는 방법이다. 부모들은 아이가 하고 싶은 일, 잘할 수 있는 일을 할 때보다 공부 열심히 해 좋은 대학을 나와 돈 많이 주는 안정적인 대기업에서 일을 할 때 행복할 거라 생각한다. 아이가 무엇을 좋아하고, 어떤 일을 하는가는 고려하지 않는 것이다. 최근에는 아이의 진정한 행복을 위해 자신의 욕심을 내려놓는 부모도 종종 눈에 띄지만, 아직까지는 갈 길이 멀다.

　분위기가 이렇다 보니 아이들 또한 자신이 뭘 잘할 수 있고, 앞으로 하고 싶은지에 대한 고민보다 명문대라는 타이틀과 취업이 잘 된다는 학과에 우선순위를 둔다. 하지만 이렇게 관심이나 흥미와 상관없이 전공을 선택한 결과는 행복과 거리가 있다. 졸업 후 취직을 해도 적응을 하지 못해 이내 직장을 떠나는 경우가 많다는 통계도 있다.

간혹 부모의 반대에도 불구하고 자신이 원하는 진로를 선택하는 아이들도 있지만 대부분의 아이들은 그렇지 않다. 무조건 공부 잘해 좋은 직장에 취업하기를 바라는 부모 밑에서 아이들의 진로는 불투명하다. 스스로 진로를 결정하려 해도 자신의 적성과 흥미, 재능을 알지 못하니 방황할 수밖에 없다.

아이가 진심으로 행복하기를 원한다면 부모 마음대로 아이의 진로를 결정해서는 안 된다. 아이가 원하는 것을 주도적으로 선택할 수 있도록 도와주어야 한다. 그러기 위해서는 아이의 다중지능 파악과 계발이 중요하다.

지속적인 관찰로 다중지능을 파악하는 것이 중요

다중지능은 '인간을 어떻게 바라볼까?'라는 교육적 과제를 풀어낸 이론이다. 또한 아이의 진로 선택과 앞으로의 삶을 주도적으로 살아가기 위해 꼭 필요한 낙관적인 이론이다. 어릴 때부터 아무 생각 없이 무조건 공부만 하다 갑자기 고3 막바지에 대학원서 접수를 앞두고 진로를 결정하면 부작용이 생기는 것은 당연하다. 하고 싶은 일과 좋아하는 일, 할 수 있는 일과 잘하는 일이 다를 수도 있기 때문에 어릴 때부터 자신의 재능, 관심, 취향 등을 살피는 과정이 필요하다. 이런 고민이 프로파일로 쌓여가면 자신의 진로를 찾는 과정이 조금은 수월해진다.

아이의 재능, 관심, 취향 등을 제대로 알려면 먼저 다중지능 평가를 통해 아이의 지능을 이해해야 한다. 이때 주의해야 할 것이 있다. 아이의 강점지능과 약점지능은 단시간에 파악할 수 없을 뿐더러 다중지능은 얼마든지 변화, 발전할 수 있다는 점을 인지해야 한다. 약점지능이었던 것도 시간이 지나면서 강점지능이 될 수 있기 때문에 강점과 약점을 살피면서 "우리 아이는 이걸 잘해(혹은 못해)."가 아닌 "저런 면이 있구나."라는 열린 시선으로 보는 것이 중요하다.

따라서 아이의 다중지능은 오랜 시간을 두고 지속적으로 관찰해야 할 필요가 있다. 미국 인디애나폴리스 공립통합학교 공동체인 키 러닝 커뮤니티(key learning Community)가 좋은 본보기이다. 이 학교는 유치원부터 고등학교에 이르는 전 과정을 갖추고 있는데, 다중지능이론을 적용한 수업을 실천하면서 아이들의 진로교육에 동참하고 있다.

이 학교에서는 아이들이 주제를 정해 프로젝트를 할 때마다 아이의 발표 모습, 숙제 자료, 그림이나 만들기 작업, 수업 참여도 등 1년간의 모습을 보고서로 세세하게 작성하고, 비디오로 녹화해놓는다. 그 안에는 아이가 흥미를 느끼는 분야가 무엇인지, 아이가 새로운 정보를 어떻게 이해하고 통합하는지, 어떤 주제에 몰두하는지, 각각의 활동에 참여하는 태도는 어떤지 등이 상세하게 기록되어 있다. 이와 함께 아이의 학과 성적은 물론 아이가 친구들과 노는 모습 등의 발달과정까지 다 포함된다.

그러다 보니 아이가 어떤 분야에 관심을 갖고 있고, 그 관심이 어떤 방향으로 뻗어나가고 변화되는지, 무엇을 잘하고 좋아하는지를 단번에 알 수 있다. 무엇보다 유치원에서부터 고등학교 때까지 십 년 넘는 기간 동안 한 해, 한 해 아이에 대한 자료를 쌓아가다 보면 아이의 강점지능을 자연스럽게 파악할 수 있어 좋다. 아이가 호기심을 보이는 분야를 파악하면 어떤 길로 진로를 정해야 하는지가 저절로 보인다.

키 러닝 커뮤니티의 진로교육 시스템은 성적에 맞춰 대학과 전공을 선택하는 우리나라의 교육현실을 돌아봤을 때 본받을 점이 많다. 하지만 요즘 들어 우리나라에서도 다중지능에 대한 관심이 높아지면서 몇몇 교육전문가들에 의해 정규 교과과정 내 진로와 관련된 프로젝트를 진행하는 곳이 생겼다. 특기적성교육, 방과 후 교육 등을 활용해 수업하는 학교도 점점 늘고 있다.

다중지능 교육 시스템을 마련하는 것도 필요하지만 아이가 스스로 자신에 대해 생각해볼 수 있는 기회를 주는 것도 중요하다. 어떤 일을 하고 싶은지, 뭐가 되고 싶은지, 자신의 재능은 무엇이고 무엇을 잘할 수 있는지, 어떻게 살아야 행복한지 등 아이가 자신이 원하는 삶의 방식을 생각하고 고민해보는 시간이 필요하다.

나는 평소 진로지도를 할 때 아이에게 '내가 뭐지? 내가 누구지? 현재 이런 말을 하는 나, 이런 몸을 가지고 있는 나, 진정 나는 누굴까?'에 대해 깊이 생각하는 시간을 갖게 한다. 엄마 눈에는 어리게만 보여도 사춘기가 빠른 요즘 아이들은 초등학교 저학년만 되어도 이런 문제에 대해 생각한다. 그렇게 자기 자신에 대해 몰입하는 시간이 있어야 나를 정확히 알 수 있고 꿈도 꿀 수 있다.

그 이후에는 진로계획에 도움이 되는 소인을 발견하기 위해 노력해야 한다. 만약 자신이 무언가를 하고 싶지만 현실적으로나 사회적으로 여건이 조성되지 않았을 때, 만족과 성취감을 높일 수 있는 차선책도 고민할 줄 알아야 한다.

다양한 직업을 접할수록 명확해지는 진로

다중지능이론을 바탕으로 부모가 아이의 성향과 지능을 파악했다면, 동시에 아이 스스로도 적성과 능력, 흥미, 특기 등의 개념을 이해했다면 연관된 일이나 직업의 세계를 알아본다. 현재 유치원이나 학교에서도 진로교육의 중요성을 점차 강조하고 있으며 그에 따른 체계적인 교육 과정도 갖춰지고 있다.

하지만 가정에서도 어려서부터 일과 직업에 대한 호기심을 갖도록 해준다면 아이가 자연스럽게 자신의 진로를 탐색해볼 수 있다. 가장 가까이 있는 가족의 역할이 중요하다. 각각 하는 일의 종류와 목적, 얻게 되는 결과 등 눈에 보이는 것과 보이지 않게 얻어지는 것들을 함께 이야기해보면 살아가는 데 필요한 것, 중요한 것을 파악하는 힘이 길러질 것이다. 영상매체를 보면서 수많은 사람들이 하는 일, 가져야 할 마음가짐 등을 이야기하는 것도 좋은 교육이 될 것이다.

가능한 한 아이가 다양한 직업을 접할 수 있게 도와주는 것도 좋다. 학교 교육만으로는 다양한 직업을 접하는 데 한계가 있다. 아이와 함께 홍보직, 영업직, 상품개발원, 광고 카피라이터 등 아이가 잘 알지 못하는 다양한 직업에 대해 살펴보고, 대기업을 비롯해 시청, NGO 등을 살펴보며 직업이 가진 의의를 함께 알아보자. 다양한 직업을 접할수록 훗날 아이가 자신의 강점과 연결해 선택할 수 있는 직업의 폭도 넓어진다.

일의 의미나 중요성을 생각해볼 수 있는 시간도 필요하다. 책이나 영상물을 보거나 주변 사람들과 이야기를 하면 한 사람에게 있어 '일'이란 어떤 의미인지, 왜 중요한지에 대해서도 어렴풋이 알 수 있다. 일에 대한 개념이 생기면 아이는 꿈이나 장래희망을 구체화할 수 있다. 아이에게 미래의 자신에게 보내는 편지나 일기를 쓰게 하는 것도 꿈을 이루는 데 작은 도움을 준다. 꿈을 이루기 위해 어떤 노력을 할지, 그 일로 인해 어떤 힘든 일이 있을지, 그 직업을 갖게 되면 어떤 하루를 보낼지를 떠올려볼 수 있기 때문에 아이 스스로 나름의 각오를 다지게 된다. 부모 역시 아이의 모습을 보며 어느 정도로 그 일이 하고 싶은가를 파악할 수 있다.

실제 아이가 다양한 직업을 눈으로 보고 경험할 수 있는 기회를 마련해주는 것도 중요하다. 책이나 TV를 통해 간접적으로 경험한 것과 직접 경험해본 것은 하늘과 땅 차이다. 엄마나 아빠의 직장에 데려가 어떤 환경에서, 어떤 자세로, 어떤 장비 등을 가지고 일을 하는지, 이 일이 어떤 사람들에게 영향을 미치고, 왜 중요한지, 만약 아빠가 일을 소홀히 하면 어떤 일이 발생하는지를 직접 보여주는 것이다. 이와 함께 엄마, 아빠의 지인이나 친척 등 다양한 직업군의 사람을 만나고 이야기할 기회를 마련해주면 아이들은 각 직업의 특성을 이해할 수 있고, 미래의 자신의 모습을 꿈꾸며, 그것을 이루기 위해 노력을 기울이게 된다.

직업도 끊임없이 변한다. 시대가 바뀌면서 없어지는 직업이 있는가 하면 새로 탄생하는 직업도 있다. 아이들이 현재의 직업이 전부가 아니라는 것을 이해하고 가상의 직업을 상상해볼 수 있는 기회를 주는 것도 좋다. 지금은 없지만 다중지능 중 강점끼리 또는 강점과 약점끼리 융합된 교육을 펼쳤을 때 탄생할 수 있는 직업의 종류가 있다고 한다. 부모와 아이가 창의력과 상상력을 발휘해 함께 만들어보는 '가상 직업의 세계' 게임을 통해 직업의 세계를 탐구해보자.

Tip 적용하기

프랑스의 진로 시스템

프랑스의 한 고등학교를 방문한 적이 있다. 파리에서 기차로 2시간 정도 떨어진 작은 마을이었는데, 아이들의 진로를 위해 마련한 시스템이 참 인상적이었다. 학교에서는 강당에 다양한 직업군의 사람들을 모아놓고 고등학교 1학년 학생들을 위한 직업 박람회를 열었는데, 아이들은 변호사를 비롯해 호텔리어, 사업가, 교사, 의사, 엔지니어, 세일즈맨 등 자신이 관심 있는 직업 부스를 찾아갔다. 그리고 실제 어떤 일을 하는 직업인지, 어떤 보람이 있고, 어떤 힘든 점이 있는지, 그 직업을 얻기 위해서 어떤 경력과 학력, 자질 등을 쌓아야 하는지를 묻고 정보를 수집했다. 그렇게 진로 탐색을 한 후 학교에서는 아이가 희망하는 직업과 연관된 기업이나 업체에서 인턴과정을 밟을 수 있도록 주선해주었다. 예를 들어 호텔리어가 꿈이라는 아이에게는 지역 내 호텔과 연계해 프론트 보조 등의 업무를 맡게 하고, 교사가 되고 싶은 아이에게는 수업 때 조교로 일할 수 있는 기회를 주었다.

직접 그 직업에 종사하는 사람들을 만나보면 업무의 특징과 준비 과정 등의 실제적인 정보에 가까이 다가설 수 있다. 또한 직접 그 안에 들어가 경험을 하다 보면 그 일이 자신과 맞는지, 그동안 허황된 꿈을 꾸고 있었거나 정보 부족에서 온 잘못된 판단을 했던 건 아닌지 등을 깨닫게 된다. 아이가 다양한 직업에 대한 정보를 접할 수 있게 도와주는 것도 중요하지만 이왕이면 프랑스처럼 아이가 직접 직업을 체험하고 판단할 수 있는 기회를 마련해주려고 노력해야 한다. 그래야 우리 아이들이 진로를 제대로 선택하기가 수월할 테니까 말이다. 다행히 최근 들어 우리나라에도 아이들의 직업을 직·간접적으로 체험할 수 있는 장소들이 늘고 있다. 아이들이 재미있는 경험을 할 수 있도록 이런 활동을 다양하게 계획해보자.

진로 탐색 프로젝트

막연하게나마 아이에게 진로, 일, 꿈, 장래희망 등에 대한 이미지를 심어 줬다면 실제 다중지능을 활용한 여러 가지 활동을 해볼 차례다. 다양한 활동을 통해 좀 더 구체적으로 진로를 탐색해보자. 부모와 아이가 집에서 놀이처럼 접근해도 충분히 체험이 가능하다.

미래의 내 모습 그려보기

미래의 내 모습, 내 직업을 그림으로 그려보거나 하고 싶은 일을 표현해본다.

> 어떤 장소를 배경으로 하는지, 어떤 옷을 입고 무슨 일을 하고 있는지 등을 그려본다. 이때 아이가 직업을 충분히 표현할 수 있도록 엄마 혹은 아빠가 옆에서 "어떤 옷을 입고 있어? 책상엔 무엇이 있지?"라는 등 다양한 질문을 던진다.

닮고 싶은 사람들 조사하기

1. 위인전, 인터넷 등을 통해 아이가 원하는 직업을 가진 인물들을 조사한다.

2. 그 인물이 꿈을 이루기까지의 과정이나 노력을 살펴본다. 위인전이나 자서전의 주인공을 보면서 어린 시절, 성인, 성공하는 시점 등으로 시기를 구분하며 읽는다.

   예시) 링컨의 학창시절 : 성격, 주요 활동, 꿈을 위한 준비 과정 등을 분석해 연대표를 그린다.

3. 연대표와 내용을 토대로 주인공의 노력을 살펴보고 지금의 그를 만드는 데 필수요소는 무엇인지, 어떤 특징이 그를 성공으로 이끌었는지 등을 파악한다.

4. 실수나 실패의 과정은 없었는지, 만약 있다면 어떻게 극복했는지를 알아본다. 극복의 방법과 과정, 개인의 노력도 같이 짚어본다.

> 위인이 아닌 친척이나 지인처럼 실제 만날 수 있는 경우라면 시간을 정해서 만나 이야기를 나누도록 한다. 만나기 전에 미리 궁금한 것을 토대로 한 질문을 만들어보게 하고, 이야기를 들으며 기록하도록 유도하면 효과적이다.

비슷한 직업 찾기

1. 자신이 원하는 직업과 비슷한 직업으로는 어떤 직업이 있는지 찾아본다.
2. 두 가지 일의 차이가 무엇인지, 어떤 점이 다른지 등을 살펴보자.
3. 미래의 꿈을 위해 지금 할 수 있는 일은 무엇인지 찾아보자.

꿈을 주제로 동요 개사하기

1. '나의 꿈'이나 '미래의 우리 집' 등 나중의 모습과 어울릴 만한 노래를 찾아본다.
2. 노랫말을 실제 아이의 장래희망과 연결되도록 바꾸어 노래를 불러본다.

   예시) 원래 가사의 아랫줄에 자신의 꿈을 반영한 다른 가사를 정리해보자.

내	가	커	서		아	빠	처	럼		어	른	이	되	면
우	리	집	은		내	손	으	로		지	을	거	예	요
울	도	담	도		쌓	지	않	는		그	림	같	은	집
울	도	담	도		쌓	지	않	는		그	림	같	은	집
언	제	라	도		우	리	집	에		놀	러	오	세	요

 Tip

가사 안에는 어떤 모습이 되고 싶은지, 왜 그 모습이 되고 싶은지, 그 직업을 선택한 이유가 무엇인지 등의 내용을 골고루 담도록 한다.

직업사전 만들기

1. 신문, 잡지, 인터넷, 위인전 등의 자료를 통해 다양한 직업의 목록을 정리한다. 내가 알고 있는 직업과 모르는 직업을 모두 포함한다.
2. 어떤 일을 하는 직업인지 사전, 인터넷 등을 활용해 찾아 내용을 보충한다.
3. 각각의 직업 옆에 그것을 상징할 만한 물건이나 사진을 넣는다. 그림을 그려 넣어도 좋다.

 Tip

아이가 잘 따라오면 직업을 갖기 위해 필요한 조건들을 추가로 찾아 정리해본다. 그 직업에 필요한 학력사항과 경력, 성향 등을 다양하게 파악하기 위함이다.

상상 속 미래 일터

1. 각자 하고 싶은 일을 발표해서 기록한다.
2. 자신의 다중지능 중 강점과 약점에 대해 서로 이야기하며 기록한다.
3. 자신이 하고 싶은 일 중 지금은 없는 직업을 만들어본다.
4. 강점과 약점지능을 함께 활용한 직업을 만들어 발표해본다.

주

김명희·김영자·김향자·신화식·윤옥균·윤옥인·이현옥·정태희·황윤한 공저(2009). 『다중지능이론과 교육의 실제』. 학지사.
브루스 켐벨 저/황윤한·조영임 공역(2012). 『개별화수업 : 다중지능을 활용한』. 아카데미프레스.
서유헌 저(2008). 『머리가 좋아지는 뇌과학 세상』. 주니어 랜덤.
토마스 암스트롱 저/강영심·전윤식 공역(1997). 『복합지능과 교육』. 중앙적성출판사.
하워드 가드너 등저/이수경 역(2014). 『앱 제너레이션』. 와이즈베리.
하워드 가드너 저/문용린 역(2001). 『다중지능 인간지능의 새로운 이해』. 김영사.
하워드 가드너 저/문용린 역(2004). 『열정과 기질』. 북스넛.
하워드 가드너 저/문용린 역(2007). 『통찰과 포용』. 북스넛.
하워드 가드너 저/이경희 역(1993). 『마음의 틀(절판)』. 문음사.

김영천(2002). 다중지능이론에 기초한 수행평가. 교사연수 교재. 한국다중지능교육학회
김명희, 신화식(2002). 다중지능이론의 교육적 적용 사례연구-Project spectrum. 교사연수 교재. 한국다중지능교육학회.
김민선(2014). 이해를 위한 교수(Teaching for Understanding)를 적용한 아버지 유아과학교육 프로그램 개발. 한양대학교대학원 교육학과 박사학위논문.
서유헌(2008). 두뇌이론과 다중지능교육. 교사 연수 교재. 서울초등다중지능교육연구회.
손지영(2005). 다중지능에 기초한 교과학습과 재량활동. 교과교육연구활동보고서. 서울초등다중지능교육연구회.
안혁신(2002). 다중지능 교육과정 모형-Arts Propel. 교사연수 교재. 한국다중지능교육학회.
윤옥균(2002). 다중지능이론에 기초한 놀이학습의 실제. 교사연수 교재. 한국다중지능교육학회.
윤옥인(1994). 마인드맵 학습 기법. 교육연수원 교사 연수 교재.
윤옥인(2000). 창의력 계발을 위한 두뇌체조. 영상자료 제작.
윤옥인(2001). 다중지능-우리 아이 진짜 지능을 찾아. 전국 교사, 학부모 연수 교재.
윤옥인(2004). 자연탐구지능계발 학습전략. 한국다중지능교육학회지 창간호
윤옥인(2007). 다중지능이론에 기초한 자기관리능력 신장 프로그램. 교사 연수 교재. 서울초등다중지능교육연구회.

이영규(2005). 다중지능을 활용한 영어과 학력신장. 교과교육연구활동보고서. 서울초등다중지능교육연구회.
조주연(2008). 두뇌기반교수-학습. 교사 연수 교재. 서울초등다중지능교육연구회.
최선주(2004). 2학년을 대상으로 한 진로 탐색 프로젝트. 교사연수 교재. 서울초등다중지능교육연구회
함정현(2003). 창의성과 다중지능이론. 교사연수교재. 서울다중지능교육연구회.
황혜경(2005). 개인적 지능 중심의 유아다중지능 교육 프로그램 구성 및 적용 효과. 한국다중지능교육학회지 2호

Armstrong, T(1994). Multiple Intelligences in the Classroom. Association for Supervision and Curriculum Development. virginia

Campbell, Linda et al(1994), Teaching & Learning through Multiple Intelligences. Needham Heights, MA: Allyn & Bacon.

Buzan, Tony. and Barry Buzan. (1993). The Mind Map Book. London : BBC Books.

Collins, W. A. 외 5인(2000). Contemporary research in parenting: The case for nature and nurture. American Psychologist 55호.

Flynn, J. R(2007). What is intelligence?: Beyond the Flynn effect. Cambridge University Press.

Gardner, H(1983). Frames of Mind. Basic Books.

Gardner, H(1995). Leading Minds. New york: Basic Books.

Gardner, H(2013). Leading Minds. New york: Basic Books.

Hunt, E. Erlbaum/Taylor&Frances(2008). Improving intelligence: What is the Difference from Education? Cambridge University Press.

Neisser, U(1998). The rising curve: Long-term gains in IQ and related measures. American Psychological Association.

Paul E. Dennison and Gail E. Dennison(1986). Brain Gym Edu-Kinesthetics. Inc Blue Cloud Books. Phoenix, AZ, U.S.A.

아이의 다중지능

초판 1쇄 발행 2014년 8월 30일
초판 4쇄 발행 2014년 9월 30일

지은이 | 윤옥인
발행인 | 이원주

임프린트 대표 | 김경섭
기획편집 | 한선화 · 김순란 · 박햇님 · 강경양
디자인 | 정정은 · 최소은
책임마케팅 | 노경석 · 조안나 · 이철주
제작 | 정웅래 · 김영훈

발행처 | 지식너머
출판등록 | 제2013-000128호
주소 | 서울특별시 서초구 사임당로 82 (우편번호 137-879)
문의전화 | 편집 (02) 3487-1650, 영업 (02) 2046-2800

ISBN 978-89-527-5283-3 13590

이 책의 내용을 무단 복제하는 것은 저작권법에 의해 금지되어 있습니다.
파본이나 잘못된 책은 구입하신 곳에서 교환해드립니다.

『아이의 다중지능』

영역별·연령별
다중지능계발 놀이북

**실생활에서
부모와 아이가
함께 즐긴다!**

지식너머

다중지능의 여덟 가지 영역,
체험과 놀이로 계발하라

　아인슈타인에서부터 프로이트, 스티븐 스필버그, 로린 마젤, 하워드 슐츠에 이르기까지, 유대인들은 시대와 분야를 가르지 않고 뛰어난 업적을 이뤄냈다. 세계적으로 교육에 관심이 높은 사람들은 유대인의 교육법에서 창의적이고 지혜로운 인재를 키워내는 비결을 얻고자 한다. 이렇게 많은 사람들의 주목을 받는 유대인 교육의 가장 큰 특징 중 하나는 아이들이 처음 공부를 시작할 때 '배우는 일은 과자처럼 달콤하고 즐거운 일'이라는 생각을 심어주려고 노력한다는 점이다.
　이스라엘에서는 처음 책을 접한 아이들이 손가락에 꿀을 찍어 글자를 따라 쓴 후 손가락에 묻은 꿀을 먹거나 히브리어 모양의 달콤한 과자를 먹는다고 한다. 온 가족이 함께 모여 앉아 재미있는 이야기를 들으면서, 또 다양한 수수께끼를 풀어가며 삶의 지혜를 쌓는다. 이러한 활동을 통해 유대인 아이들은 '공부는 달콤한 꿀'이라는 첫 인상을 얻게 되고, 배움을 쌓는 일 역시 수수께끼를 풀듯 재미있는 놀이로 받아들인다는 것이다. 이렇게 익힌 지식과 지혜는 남을 위해 사용해야 한다고 가르친다. 배울 때 아이가 잘못할 경우에는 "그렇게 배워서 남 줄 수 있겠니?"라며 나무란다고 한다.

우리의 교육 현실을 살펴보자. 갈수록 언어학습의 중요성이 높아져 어려서부터 과도한 양의 책을 읽히고 외국어 습득 시간은 늘어만 간다. 세계 교육 사조에 발 맞춰 빠르게 변해야 한다는 부모의 의무감은 밤늦도록 아이들을 학원에 묶어둔다.

영유아의 학습을 위해 개발된 다양한 놀이자료로 풍부한 경험을 심어주려는 부모들의 노력은 물론 높이 평가할 만하다. 아이들의 미래를 걱정하는 부모나 교사들 중에는 다중지능 개념을 접목한 다양한 체험놀이를 아이와 시도해본 경험도 있을 것이다. 이렇게 풍부한 교육 환경 속에서 흥미로운 놀이를 접하는 아이들도 있지만 그렇지 않은 경우도 분명 있다. 중요한 것은 이런 경험을 했느냐 못했느냐보다 세월이 지났을 때 아이들이 그 체험이나 놀이를 통해 얻은 것들을 삶 속에서 발휘할 수 있는가 하는 것이다.

아이들에게는 구조화된 학습이나 교육보다 비구조화된 놀이가 우선이 되어야 한다. 그것 자체가 공부로 이어져야 '생활 속에서 경험하고 배운 달콤한 꿀'의 기억처럼 유익하고 즐거운 활동으로 남는다. 우리나라 교육 환경에는 이렇게 '달콤한 꿀'처럼 여길 지혜가 있는지 의문이다. 부모와 자녀가 함께 많은 것을 체험하는 유대인의 가정환경처럼 지속될 수 있는 무언가가 필요한 시점이며 그래서 부모의 동행이 절실하다. 눈과 눈을 통해, 목소리를 통해, 손길을 통해 쌓은 안정적인 배움은 오랜 시간이 흐른 뒤에도 부모님의 품처럼 쉽게 사라지지 않고 남을 위해 고스란히 사용될 것이기 때문이다.

다중지능은 유기적으로 발달한다

앞서 살펴본 것처럼 교육에서 가장 중요한 부분은 다양한 경험과 그로 인한 배움을 기억하는 것이다. 사람의 두뇌는 하나의 문제를 해결할 때 한 가지가 아닌 여러 지능을 사용해 통합적으로 그 문제를 이해하려고 한다. 이렇게 해야 정보에 대해 효율적으로 받아들일 수 있고 장기기억과 기억의 되살리기 과정이 훨씬 매끄럽게 진행되기 때문이다. 이런 과정이 반복적으로 쌓이다 보면 다중지능의 여덟 가지 영역은 상호보완적으로 고루 발달하게 된다.

가령 축구경기의 상황을 예로 들어보자. 운동이라는 측면에서 신체-운동지능만 발달할 거라 생각하겠지만, 공을 차고 뛰는 것 외에 여러 사람들과 공을 주고받으면서 혹은 단체생활 속에서 자연스럽게 대인관계지능이 길러진다. 또 구장 안에 이리저리 움직이는 공의 위치를 파악해야 하므로 공간지능이 발달한다. 코치와 감독의 지시, 팀 선수들과의 소통 등을 통해 대화기법이 좋아지니 언어지능에도 많은 도움이 될 것이고, 상대팀과 소속된 팀 사이에서 자신의 위치와 역할을 찾아야 하기 때문에 자신의 강점과 약점을 분석하며 보완하다 보면 자기이해지능도 높아진다.

이와 비슷한 사례는 의외로 다양하다. 연극을 할 때도 대본을 능숙하게 외워야 하는 언어지능, 등장인물의 성격을 파악하고 자신의 캐릭터를 이해해 구현해내는 자기이해지능, 작품을 무대 위에 올리는 과정 중 관객과 소통해야 하는 대인관계지능 등이 고루 발달한다. 인물에 맞게 적합한 옷차림과 메이크업을 구상하는 일, 대본과 어우러진 무대장치를 준비하는 것 등은 공간지능의 발달을 가져오며 창의적인 사고를 하는 데 밑거름이 되기도 한다. 많은 부모들이 이런 일련의 과정을 제대로 이해하면 아이들의 다중지능이 통합적으로 계발되도록 돕는 게 얼마나 중요한 일인지를 쉽게 깨달을 수 있다.

다음은 다중지능 중 두 개 이상의 영역을 발달시킬 수 있는 독서법과 놀이들이다. 생활과 연계한 놀이로 아이와 함께하는 시간을 즐기면서 다중지능을 높일 수 있게 구성했다. 아이들의 발달 정도는 주어진 환경과 개인의 성향에 따라 차이가 있으므로 놀이를 선택할 때는 현재 내 아이의 상황과 잘 맞는지를 감안해야 한다. 여기 제시된 놀이는 접근이 쉬운 기본적인 것들이지만 아이가 스스로 좀더 높은 단계로 응용할 수 있도록 지도한다면 즐거움과 교육 효과까지 배가 될 것이다.

놀이북 연간계획 세우기

예시 ● 자연친화지능의 계발을 돕는 놀이 연간계획

관련 지능	월별 활동내용					
	3월	4월	5월	6월	7월	8월
	자연아, 친구하자	더 친해지고 싶어		우리 동네 자연 지킴이는 누구?		자연 속으로 Go!
언어 지능	가족 자연 다큐영화 만들기 계획서 작성	자연에게 나의 하루 생활을 보고하는 이야기식 일기쓰기	자연 관련 우리말, 한자, 간단한 영어 낱말 공부	내가 본 동네 풀들 이름 알고 별명 붙여주기, 동식물사전 만들기	우리 동네 산과 냇가 관찰 후 이야기나 보고서쓰기	방학을 이용해 가족여행가기 자연 세계에 대해 각자 강점지능별로 조사하기
논리-수학 지능	1년간 집에서 기를 동물과 식물 표 만들기	동네 한 바퀴 돌며 동식물의 종류 세고 이름 외우기	자연에서 관찰한 동식물 표로 만들기	식물의 키 어림짐작과 실제 재어보기	사라져 가는 우리 토종 동식물 보호 문제 해결법 찾기	
공간 지능	자연 사랑 광고 만들기	작은 생물 그리기, 자연 경치 사진찍기	꽃과 나무 사진 찍기 대회	우리가 꿈꾸는 세상 가족 협동화	자연관련 영화찾기, 감상	리포터가 되어 여행지의 자연을 소개하며 여러 사람들 인터뷰하기
신체운동 지능	좋아하는 동물과 가족으로 살아보기	자연을 이용한 운동이나 놀이 만들기	여럿이 함께 하는 게임 만들기	동식물 관련 십자수 만들기	동네 주변 잡초 뽑기, 정원 손질	영상기록하기 방학 중 두 곳 이상 현장학습 (한 곳은 진로 관련, 한곳은 자연탐구와 관련된 곳으로)
음악 지능	자연 관련 노래 찾기(동요, 클래식)	집에서 기를 동식물 주제가 만들기	자연을 주제로 한 노래 만들기	가족 악기연주대회	자연의 소리 녹음하기	
대인관계 지능	1년간 자연친화지능 계발을 위한 내용으로 다큐영화 만들 계획하기	친구들과 동식물 기르는 정보 나누기	가족과 친환경 관련 토론하기 건강에 좋은 음식 만들기	자연사박물관, 동식물원 등 현장학습 가기		• 천문관측소 • '인체의 신비' 전시관 • 하수 처리장 • 쓰레기 소각장 • 농산물 판매장 • 동물원 • 곤충박물관 • 요리학원 ...
자기이해 지능	연간 독서계획 세우기 - 한 달에 네 권 이상 자연 관련 책 읽기	가장 좋아하는 동식물 관련 프로젝트 계획, 실시	프로젝트 평가, 발표	내가 사는 동네 주변 관찰보고서 쓰기	자연과의 대화 시간 갖고 느낌 쓰기	
자연친화 지능	사람과 동물이 건강하게 사는 법 알아보기	생물 관찰 기록, 집이나 인근 산에 나무 심기	봄에 피는 모든 꽃, 나무 작은 생물 관찰	학교 운동장 관찰	1년간 우리 동네 산과 냇가 관찰하며 변화 알아보기	

관련 지능	월별 활동내용					
	9월	10월	11월	12월	1월	2월
	나도 탐험가처럼		동물가족	미래를 지켜요	가족자연 다큐프라임	내 몸은 소중해요
언어 지능	신문, 잡지에서 자연 관련 기사 스크랩, 자연 관련 낱말사전 만들기, 컴퓨터를 활용한 자연 관련 신문 만들기	자연 소재 동화, 동시 외우기, 친환경 식품관련 광고만들기		지금까지 모아온 자연 관련 자료로 책 만들기	동식물 주제 창작 동화 짓기, 다큐영화 시나리오 쓰기	사람의 몸에 관한 책 읽기
논리-수학 지능	동식물 보호와 관련된 스토리텔링 수학 문제 만들기	동네 공원이나 운동장에서 여러 도형 찾아 그리기	자기만의 동식물 분류 기호 만들고 가족, 친구것 맞히기	지구의 미래에 관한 40분 토론	우리나라 천연기념물 조사하기	내 몸의 각 기관의 종류와 하는 일 표로 만들기
공간 지능	자연을 재료로 설치 미술작품 만들기	큰 종이에 우리나라 각 고장의 상징 동식물 지도 만들기	자연관련 가족 마인드 맵 대회	우주의 과거, 현재, 미래에 관한 만화 그리기	1년간 기록한 내용으로 가족 자연 다큐영화 만들기	우리 집 전시실에 그동안 찍었던 사진 전시
신체-운동 지능	무언극으로 각종 동식물 표현하기	여러 채소로 악기 만들어 연주하며 춤으로 만들어 보기	동식물 의인화한 역할극 제작	각자 지은 시로 가족 창작 동요 만들어 발표	가족, 동물과 함께하는 놀이 만들기	'우리는 ○○가족' 뮤지컬 만들어 공연하기
음악 지능	자연의 소리를 넣어 곡 창작하기		가족, 친구들과 보컬그룹 만들어 연주하기		영화의 배경음악 찾기나 만들기	
대인관계 지능	동식물 보호제도 법안 만들어 어린이 국회 열기	자신이 좋아하는 자연탐구가와 연락해 도움 받기	세일즈맨이 되어 동식물 팔아보기	자연 보호에 관한 UN회의 개최 시뮬레이션	가족자연 다큐멘터리를 가족들과 감상하며 평가해보기	각자 몸의 변화에 대해 부모와 대화하기
자기이해 지능	정치가가 되어 지구상의 동식물 보호제도 만들기	세계적인 자연탐구가들에 관한 조사	미래의 동식물 연구가가 되어 하루 생활 기록	미래의 동식물 연구가, 천문학자가 되어 가족들 앞에서 1시간 선생님 역할		자기 몸의 변화 살펴보고 유의할 점 알아보기
자연친화 지능	지구상에서 사라져가는 동식물 조사	단풍이 드는 식물 조사, 약이 되는 음식 만들기 대회	자연에 관한 퀴즈대회		가족과 함께 자연 탐사여행	자연관찰일지 가족 대회시상

✓ Tip 예시 자료를 보고 아이의 나이에 맞게 계획을 수정, 보완한다. 가령 2월 '내 몸은 소중해요'를 3월로 바꿔도 무관하다. 모든 활동을 영상으로 기록해 가족 다큐멘터리로 제작할 수 있게 해 발표와 전시 등을 하면 의미 있는 자료가 될 것이다.

다중지능 이론을 기초로 한 우리 아이 독서법

독서법 예시 1 ● 엄지 아가씨
발달 부문 ● 자연친화지능, 논리-수학지능, 대인관계지능 등

〈엄지 아가씨〉를 읽기 전에는 적절한 선행학습이 필요하다. 엄마나 아빠가 먼저 책을 읽고 등장하는 곤충이나 새들을 확인한 뒤 아이와 함께 산이나 숲을 거닐도록 한다. 이를 통해 아이가 책 속의 주인공들을 실제로 관찰할 수 있도록 돕는다. 2주 정도 자연에 관한 주제를 정해 학습한 뒤에 읽으면 효과적이다. 또 집이 아닌 숲이나 공원, 연꽃이 핀 연못 등에서 책을 읽는 것도 좋다.

#1

(중략)

여자가 노랗고 빨간 예쁜 꽃잎에 입을 맞추는 순간, 톡 소리가 나면서 봉오리가 활짝 벌어졌어요. 가만히 보니 그 꽃은 진짜 튤립이었어요. 그런데 꽃 한가운데에 있는 초록색 암꽃술 위에 작디작은 여자아이가 오도카니 앉아 있지 않겠어요? 겨우 엄지손가락만 한 너무나 작고 사랑스러운 아이였죠. 그래서 이 아이를 엄지 아가씨라고 부르게 되었답니다.

엄지 아가씨는 깔끔하게 니스 칠을 한 호두 껍데기를 침대로 받았어요. 요는 푸른 제비꽃 꽃잎이고 이불은 장미 꽃잎이었죠. 엄지 아가씨는 밤에는 호두 껍데기 침대에서 잠을 자고 낮에는 탁자 위에서 놀았어요. 탁자 위에는 가장

예상 질문 "다섯 손가락 이름을 하나하나씩 맞춰볼까?" "길이가 가장 작은 손가락은 뭐야?" "'최고야'라고 할 때는 어떤 손가락을 올리지?" "하지만 호주에서는 엄지손가락을 세우면 욕을 하는 것이라고 여겨서 함부로 사용하면 안 된대."

자리를 꽃으로 꾸민 수반이 하나 있었어요. 물 위에는 큼직한 튤립 꽃잎 한 장이 살포시 떠 있었고요. 엄지 아가씨는 튤립 꽃잎 위에 앉아 수반 한쪽 끝에서 맞은편 끝까지 오갔어요. 엄지 아가씨가 흰말 털 두 가닥으로 노를 젓는 모습은 더없이 사랑스러웠어요. 또 엄지 아가씨는 누구도 들어 본 적 없는 고운 목소리로 노래도 불렀답니다.

예상 질문 "자, 책을 다 읽을 때까지 등장하는 동물과 식물이 몇 가지인지 손가락으로 세어 가며 기억해볼까?"
"엄지 아가씨의 크기가 어느 정도인지 비슷한 크기의 물건을 찾아보자."

2

(중략)

그때 커다란 풍뎅이 한 마리가 날아와서 엄지 아가씨를 보더니 앞다리로 엄지 아가씨의 가냘픈 몸을 번개같이 낚아채 나무 위로 날아가 버렸어요. 수련 잎은 자꾸자꾸 강물을 따라 흘러내려갔어요. 물론 나비도 수련 잎과 같이 날아갔고요. 수련 잎에 묶여 있었으니까요.

풍뎅이한테 잡혀 나무 위로 끌려간 엄지 아가씨는 얼마나 놀랐을까요. 하지만 그보다도 잎에 매어 두었던 하얀 나비를 생각하니 더욱 가슴이 아팠어요. 만일 수련 잎에서 떨어지지 못한다면 굶어 죽고 말 거예요. 하지만 풍뎅이는 그런 건 아무래도 좋다는 듯, 가장 큰 나뭇잎 위에 엄지 아가씨를 내려놓고는 꽃의 꿀을 따다 먹였어요. 그리고 "이 아이는 풍뎅이하고는 딴판으로 생겼지만 정말 예뻐." 하고 말했죠.

예상 질문 "엄지 아가씨가 하얀 나비를 걱정하는 마음은 뭘까?" "그래, 그건 사랑하는 마음이야. 혹시 너도 이런 경험을 해본 적 있니? 너를 도와준 친구가 다른 아이에게 따돌림을 당하거나 어려운 일에 처해서 마음이 아팠던 기억이 있어?"

3

(중략)

얼마 뒤에 같은 나무에 사는 풍뎅이들이 찾아왔어요. 다들 엄지 아가씨를 빤히 바라보고 있는데, 한 풍뎅이 아가씨가 더듬이를 움츠리며 말했어요.
"이 애는 다리가 두 개뿐이잖아? 아유, 볼품없어."
또 다른 풍뎅이가 말했어요.
"더듬이도 없어."
풍뎅이 부인들도 입을 모아 말했죠.
"원, 저렇게 몸이 가늘어서야, 세상에, 꼭 사람같이 생겼네, 정말 볼품없어!"
사실 엄지 아가씨는 예뻤어요. 엄지 아가씨를 데려온 풍뎅이도 그렇게 생각했고요. 하지만 다른 풍뎅이들이 하나같이 볼품없다고 흉을 보니까, 어쩐지 정말로 그런 것 같아 곁에 두고 싶은 마음이 싹 가셨죠. 그래서 엄지 아가씨한테 어디든 가 버리라고 했어요.

풍뎅이들은 엄지 아가씨를 나무 밑 들국화 위에 내려놓고 가버렸어요. 엄지 아가씨는 자기가 풍뎅이 무리에도 끼지 못할 만큼 못생겼나 싶어서 훌쩍훌쩍 울기 시작했어요. 하지만 엄지 아가씨는 누가 뭐래도 이 세상에서 가장 아름다운 장미 꽃잎처럼 사랑스럽고 우아하고 상냥했답니다.

예상 질문 "풍뎅이들이 모두 엄지 아가씨를 못생겼다고 하네? 너는 어떻게 생각해?"
"곤충과 사람의 모습을 비교하면서 왜 이렇게 얘기했을지 짐작해볼까?"
"혹시 유치원(혹은 어린이집, 학교)에서 생김새나 피부색이 조금 다르다는 이유로 이렇게 친구를 놀리는 경우는 없었니?" "그때 상대방 친구 기분이 어땠을까?" "아님 엄지 아가씨처럼 친구들의 놀림 때문에 울었던 기억이 있니?"

4

(중략)

엄지 아가씨는 생각했어요.
'지난여름 고운 목소리로 노래를 들려준 건 이 새일지도 몰라. 사랑스럽고 아름다운 이 새가 나를 얼마나 기쁘게 해주었는데!'
두더지는 빛이 들이비치는 구멍을 막고 둘을 집까지 바래

예상 질문 "엄지 아가씨의 마음씨에 대해서 이야기해볼까?"
엄지 아가씨의 행동을 보며 어떤 생각이 들었는지 좀더 구체적으로 얘기해줄 수 있을까?"

다주었어요.

그날 밤 엄지 아가씨는 도저히 잠을 이룰 수가 없었어요. 그래서 자리에서 일어나 마른 잎을 엮어 크고 예쁜 담요를 만들어서 죽은 제비에게 덮어 주었어요. 들쥐의 방에서 찾아낸 보드라운 솜을 제비의 몸 양옆에 밀어 넣어 차가운 흙바닥 위에서도 따뜻하게 잠들 수 있게 해주었고요.

엄지 아가씨가 말했어요.

"안녕, 아름답고 불쌍한 새야! 여름날 네가 불러 준 노래는 참 즐거웠어! 정말 고마워. 그때는 나무들도 파릇파릇했고 해님도 우릴 따뜻하게 비춰주었지."

엄지 아가씨는 제비의 가슴에 얼굴을 댔다가 깜짝 놀랐어요. 새의 가슴 속에서 뭔가가 콩콩 뛰고 있는 듯했어요. 그건 새의 심장이었어요. 새는 죽은 게 아니라 정신을 잃고 쓰러져 있었던 거예요. 그러다가 몸이 따뜻해지자 숨이 돌아온 거죠.

예상 질문 "죽은 줄 알았던 제비가 다시 살아났네? 이 모습과 잘 어울리는 우리나라 속담이 있는데, 엄마(혹은 아빠)랑 같이 알아볼까?" "바로 '지성이면 감천'이란 속담이야. 정성이 지극하면 하늘도 감동하게 된다는 의미란다."
"엄지 아가씨는 끝까지 최선을 다하는 좋은 성품을 가졌나 봐. ○○는 이 모습을 보며 어떤 생각이 들었어?"

5

(중략)

제비가 말했어요.

"나랑 같이 가지 않겠어요? 내 등에 타면 여기서 멀리 떨어진 저 숲으로 데려다 줄게요."

하지만 엄지 아가씨는 자기가 이대로 떠나 버리면 들쥐 할머니가 몹시 슬퍼할 거라고 생각했어요.

엄지 아가씨가 말했어요.

"안 돼요. 난 못 가요."

"그럼, 안녕, 잘 있어요, 친절하고 아름다운 아가씨."

예상 질문 "드디어 이 깜깜한 곳을 벗어날 기회가 생겼네. 제비가 가자고 하네. ○○ 같으면 어떤 결정을 내렸을 것 같아?
"엄지 아가씨가 제비를 따라가지 않은 이유가 뭘까?"
"엄지 아가씨는 남의 마음을 헤아릴 줄 아네. 그치? 우리 ○○ 와 어떤 공통점과 차이점이 있을까?"

제비는 이렇게 말하고 햇빛 속으로 날아올랐어요. 제비를 배웅하던 엄지 아가씨의 눈에 눈물이 고였어요. 제비를 진심으로 좋아했으니까요.
"지지배배, 지지배배!"
제비는 소리 높여 지저귀며 초록 숲으로 날아갔답니다.

#6

(중략)

마침내 결혼식 날이 되었어요. 두더지는 벌써 엄지 아가씨를 맞으러 와있었어요. 엄지 아가씨는 이제부터는 깊은 땅 속에서 두더지와 같이 살아야 해요. 두더지는 해님을 싫어하니까 다시는 따뜻한 햇살이 비치는 곳으로 나갈 수 없겠죠. 가엾은 엄지 아가씨는 너무나 슬펐지만, 이제 아름다운 해님에게 작별 인사를 해야 할 때가 왔어요. 지금까지는 들쥐네 문 앞에 서서 해님을 쳐다볼 수는 있었건만.
"안녕, 밝은 해님!"
엄지 아가씨는 이렇게 말하며 팔을 높이 뻗었어요. 그리고 들쥐네 집 밖으로 몇 발짝 내디뎌 보았어요. 벌써 보리는 베어지고 마른 그루터기만 남아 있었죠.
엄지 아가씨는 보리밭 가까이에 피어 있는 조그맣고 빨간 꽃을 품에 꼬옥 안았어요.
"안녕, 안녕! 만약 그 사랑스러운 제비를 만나거든 내 작별 인사 좀 전해 줘."
그때 "지지배배! 지지배배!" 하는 소리가 머리 위에서 들렸어요. 고개를 들어 보니 그 작은 제비가 이리로 날아오고 있지 않겠어요? 제비는 엄지 아가씨를 보고 무척 반가

예상 질문 "원하지 않았던 슬픈 결혼식을 하게 되었네. 지금 엄지 아가씨의 마음은 어떨까? 어떤 생각이 들까?"
"앞으로 깊은 땅 속에서 햇빛을 볼 수 없이 살아야 한다고 상상해보자." "그동안 햇빛의 고마움에 대해 생각해본 적 있니?"
"햇빛이 아니더라도 주변의 숲, 강, 나무, 바람, 구름, 하늘 등의 자연을 다시는 볼 수 없게 된다면 어떨까?"
"○○가 엄지 아가씨라면 제비 울음소리가 들렸을 때 어떤 기분이었을까? 어떻게 행동했을 것 같아?"
"기분이 180도로 달라졌겠지? 180도 각도는 이 정도인데, 기분 변화를 수치로 말할 때도 있어."

워했어요. 엄지 아가씨는 제비한테 못생긴 두더지와 결혼
하게 되어서 앞으로는 햇빛도 들지 않는 땅속에서 살아야
한다고 말했어요. 말하는 내내 하염없이 눈물을 흘렸죠.
작은 제비가 말했어요.
"이제 곧 추운 겨울이 와요. 나는 멀리 따뜻한 나라로 가는
길이에요. 당신도 같이 가지 않겠어요?"

책을 끝까지 다 읽은 후에는 안데르센이라는 지은이에 대해 아이와 함께 이야기해본다. 지은이의 국적, 그 나라의 자연 환경과 생활 등을 조사해 그런 부분이 동화에 어떻게 담겨있는지를 토론한다. 마지막 내용에 이어 새로운 줄거리를 창조해보는 것도 상상력, 창의력 자극에 도움이 된다.

독서법 예시 2 ● 황제의 새 옷
발달 부문 ● 언어지능, 대인관계지능, 공간지능, 음악지능 등

정보통신기술의 영향으로 종이책이 아닌 디지털 매체로 그림동화책을 읽는 아이들이 늘고 있다. 하지만 이전 세대를 이해하기 위해서는 아날로그 감성도 필요함을 잊지 말자. 만약 앱이나 큐알북 등으로 동화책을 읽었다면 이후 부모와 마주보고 이야기를 나누는 시간을 꼭 갖도록 한다. 보통 만3세 전후 아이의 인지발달 특성상 독서 이후 부모와 대화 시간을 갖는 것은 어휘력 증대에 지대한 영향을 미친다. 그림이 잘 그려져 있다면 이야기의 순서에 맞게 그림을 차례로 보며 간단히 설명한 뒤 읽기를 시작해도 좋다.
만약 종이책 형태로 독서를 할 때는 아이의 나이에 따라 방법을 달리한다. 미취학 아동일 경우 집중 시간이 짧은 편이기 때문에 단락별로 끊어서 책을 읽으며 여러 가지 질문을 던지고, 초등학생이라면 책의 내용을 처음부터 끝까지 구연동화 하듯이 다양한 감정표현을 시도하며 읽고 그 이후 이야기를 나눈다. 아이가 이미 읽었던 책이라면 제목을 알려준 뒤 시작하고,

모르는 상태라면 책 표지를 가린 채 다 읽은 후 제목을 알아맞히게 해본다.

#1

옛날 옛날에 옷을 아주 좋아하는 황제가 있었어요. 아름다운 새 옷을 어찌나 좋아했던지, 옷 마련하는 데에 가진 돈을 몽땅 써서 늘 근사하게 꾸며 입었죠. 황제는 새 옷을 자랑할 때 말고는 군대에도, 연극에도, 마차를 타고 멀리 숲으로 가는 일에도 도무지 신경을 쓰지 않았답니다. 또 황제는 날마다 한 시간에 한 번씩 옷을 갈아입었어요. 다른 나라 같으면 "폐하께서는 지금 회의 중이십니다."라고 할 텐데, 이 나라에서는 늘 "폐하께서는 옷방에 계십니다."라고 말했죠.

황제가 사는 큰 도시는 매우 번화해서 날마다 이웃 나라 사람들이 수없이 찾아왔어요. 하루는 두 사람이 이 도시를 찾아왔어요. 두 사람은 천을 짜는 직공인 척하면서, 자기네가 짠 천은 상상도 못 할 만큼 아름다우며 색깔과 무늬도 더없이 곱다고 했어요. 더구나 그 천으로 만든 옷은 신기하게도 자기 지위에 어울리지 않는 사람이나 멍청한 바보의 눈에는 보이지 않는다고 떠벌렸답니다.

황제는 생각했어요.

'허, 그것 참 재미있는 옷이로구나. 그 옷을 입으면 이 나라 관리 중에 누가 지위에 어울리지 않는 사람인지 알 수 있겠군. 누가 영리하고 누가 바보인지도 구별할 수 있고 말이야. 좋아, 당장 그 천으로 옷을 만들라고 해야겠다.'

황제는 두 사기꾼한테 돈을 듬뿍 주고 당장 일을 시작하라고 명령했어요.

예상 질문 "이 책은 엄마(혹은 아빠)가 어릴 적에 읽었을 때와 제목이 다르네? 다 읽은 후 ○○가 제목을 새로 지어볼까?"
"엄마(혹은 아빠)가 책을 읽을 테니 ○○가 궁금한 것을 질문으로 만들어서 그때그때 말해볼래?"
"황제가 무엇을 좋아했지?" "매일 한 시간에 한 번씩 황제가 좋아하는 일을 했다면 하루에 몇 시간쯤 그런 시간을 보내는 셈이지?" "일주일이면 총 몇 시간이 될까?"
"○○가 생각하는 한 나라의 황제는 어떤 모습이야?" "황제의 취미를 생각해 봤을 때 그는 나라를 어떻게 다스렸을까?"
"황제를 찾아온 사람들은 사기꾼이래. 황제 앞에서 어떤 표정을 지었을까?"

두 사람은 베틀 두 대를 갖다 놓고 일하는 척했어요. 하지만 베틀에는 아무것도 걸려 있지 않았죠. 두 사람은 또 비단실과 황금이 필요하다고 수선을 떨었어요. 그리고 그걸 자기들 몫으로 챙기고는 여전히 아무것도 없는 베틀 앞에 앉아 밤늦도록 일하는 시늉을 했답니다.
이윽고 황제는 생각했어요.
'얼마나 짰는지 궁금하군.'
하지만 지위에 어울리지 않는 사람이나 바보한테는 천이 보이지 않는다는 말이 떠오르자 조금 찜찜했어요.

2

(중략)

얼마 뒤 황제는 또 다른 정직한 신하를 보내 일은 잘 되어 가고 있는지, 천은 다 짰는지 살펴보게 했어요. 하지만 이 신하도 늙은 대신과 마찬가지였어요. 아무리 눈을 비비고 다시 봐도 보이는 게 없었죠. 그럴 수밖에요. 베틀에는 원래 아무것도 없었으니까요.
두 사기꾼은 있지도 않은 무늬를 가리키며 말했어요.
"어떻습니까? 정말 아름다운 천 아닙니까?"
신하는 남몰래 생각했어요.
'나는 바보가 아냐! 그럼 높은 지위에 어울리지 않는 사람이란 말인가? 아냐, 그럴 리가 없어. 하지만 남들한테 들켜선 안 되지.'
신하는 보이지도 않는 천의 색깔이 곱다느니 무늬가 아름답다느니 마음에 쏙 든다느니 하며 칭찬을 늘어놓았어요. 그리고 황제에게 돌아가 이렇게 말했죠.

예상 질문 "정직한 신하의 눈에 황제의 옷은 어떻게 보였지?" "신하는 사기꾼에게 자신의 속마음과 다른 대답을 했네, 늘 정직한 신하가 거짓말을 한 이유가 무엇일까?" "우리도 살면서 별일 아닌 걸로 걱정하다가 거짓말을 하게 되는 경우가 있지?" "그런 경험이 있다면 서로 하나씩 얘기해볼까?" "이렇게 생각과 다르게 행동하는 것은 어떤 마음을 가졌기 때문일까?" "다른 사람은 속였지만 스스로는 진실을 알고 있어. 이럴 때는 어떤 기분이 들까?"

"비길 데 없이 훌륭한 천이었습니다."

3
(중략)

황제는 신하들을 거느리고 화려한 햇볕 가리개 밑에서 걸어갔어요. 거리에 나와 있는 사람들과 창밖으로 내다보는 사람들이 입을 모아 말했어요.
"와, 세상에! 황제 폐하의 새 옷은 정말 특별해! 저 기다란 옷자락은 정말 아름다워! 진짜 잘 어울리신다!"
다들 자기 눈에 아무것도 보이지 않는다는 사실을 숨기려고 했어요. 안 그러면 지위에 어울리지 않는 사람이 되거나 바보가 되어 버리니까요. 수많은 황제의 옷 가운데 이번만큼 평판이 좋은 옷은 없었답니다.
그때 한 아이가 소리쳤어요.
"애걔, 아무것도 안 입었잖아!"
아이의 아버지가 말했어요.
"이럴 수가! 여보게, 이 순진한 아이의 말을 들어 봐."
아이가 한 말은 귓속말로 사람들에게 퍼져 나갔어요.
"어린애가 아무것도 안 입었다고 말했대. 황제 폐하가 벌거벗고 있대."
"아무것도 안 입었다!"
결국 한 사람도 빠짐없이 이렇게 외쳤죠.

예상 질문 "한 아이가 소리치기 전에 모두들 황제의 모습을 보며 뭐라고 말했지?"
"이 아이가 이렇게 외친 걸 보고 무슨 생각이 들었어? 그의 행동을 어떻게 평가할 수 있을까?"
"아이의 한마디로 모든 사람들의 행동이 다 바뀌었어. 왜 그런 걸까?"
"사람들이 소곤거리는 얘기를 들은 황제의 모습과 표정 등을 상상해 몸으로 표현해볼까?"
"올바른 황제의 태도와 신하들의 자세를 생각해보고 이야기를 나눠보자."
"지은이는 이 동화에 등장하는 사람들의 모습을 통해 어떤 말을 하고 싶었던 걸까?"
"이 동화를 읽고 생각나는 낱말들을 하나씩 얘기해볼까?"

알고 있는 동요나 쉬운 노래를 고른 뒤 황제의 마음을 떠올리며 개사를 해보는 것도 좋은 학습이 된다. 책 한 권을 읽으며 음악지능을 돕는 활동을 함께 시도할 수 있다.

독서법 예시 3 ● 성냥팔이 소녀
발달 부문 ● 공간지능, 대인관계지능 등

책을 읽기 전에 아이가 책의 내용을 머릿속으로 그려가며 독서할 수 있도록 미리 유도한다. "○○는 지금부터 세상 사람들이 모두 부러워하는 멋진 화가가 되는 거야. 손가락으로 딱 소리를 내면 눈을 감고 들려주는 이야기를 그림 그리듯 머릿속으로 그리면서 듣는 거야. 하얀 도화지에 가슴 속에 있는 크레파스를 꺼내어 그림을 그리는 것처럼 말이야. 알겠지?"라는 식으로 놀이하듯 접근해 책을 읽는다.

#1

몹시 추운 날이었어요. 눈이 내리고 주위가 어둑해지기 시작했어요. 한 해의 마지막 날 밤이었지요. 한 가엾은 여자아이가 춥고 어두운 길을 모자도 쓰지 않고 맨발로 걷고 있었어요. 물론 집을 나설 때는 신발을 신고 있었지만 그 신발은 여자아이에게 별로 도움이 되지 못했어요. 얼마 전까지 어머니가 신던 거라 너무 큰 데다 마차 두 대가 무시무시한 속도로 달려올 때 길을 건너다 잃어버렸으니까요. 한 짝은 어디론가 사라져 버렸고 한 짝은 어떤 사내아이가 자기한테 아기가 생기면 요람으로 쓸 거라면서 주워 가버렸지요.

아이가 추위에 푸르뎅뎅해진 조그만 발로 길을 걸었어요. 아이의 낡은 앞치마 주머니에는 성냥이 가득 들어 있었어요. 아이는 손에도 성냥을 잔뜩 들고 있었어요. 오늘은 온종일 아무도 성냥을 사 주지 않았고 단돈 1스킬링(*덴마크의 옛 화폐 단위)도 베풀어 주지 않았답니다. 배고픔과 추위에 떨며 겨우겨우 걸음을 떼는 아이의 모습은 얼마나 안

예상 질문 "소녀가 하는 일이 무엇인 것 같아?"
"소녀의 얼굴 표정이 어떨까? ○○가 한번 그 표정을 지어볼까?" "소녀의 얼굴과 발은 지금 어떤 색일까?"
"남자아이의 행동을 보며 어떤 생각이 들었어?" "만일 ○○가 옆에 있었다면 어떻게 했을 것 같아?"

타갑고 애처롭던지요! 목 언저리에서 고불거리는 기다란 금빛 머리칼에 눈이 수북이 내려앉았어요.

2

(중략)

여자아이는 또 다른 성냥을 그었어요. 그 순간 아이는 비길 데 없이 아름다운 크리스마스트리 밑에 앉아 있었어요. 그 크리스마스트리는 작년 크리스마스에 돈 많은 상인의 집 유리문 너머로 본 것보다 훨씬 크고 장식도 훨씬 많이 달려 있었어요. 수많은 촛불이 푸른 가지 위에서 활활 타오르고 가게 진열창에서나 볼 수 있는 알록달록한 그림이 아이를 내려다보고 있었지요. 아이가 팔을 뻗었어요. 그 순간 성냥불이 꺼져 버리고 크리스마스트리에 달려 있던 수많은 촛불이 하늘로 높이높이 올라가 밤하늘의 반짝이는 별이 되었지요. 그런데 그중 하나가 긴 꼬리를 그리며 떨어졌어요.

"아, 누가 죽은 거야!"

여자아이가 이렇게 중얼거렸어요. 예전에 할머니가 별똥별 하나 떨어질 때마다 누군가의 영혼이 하느님께 올라간다고 말했거든요. 할머니는 오래전에 세상을 떠났지만 여자아이를 아끼고 사랑해준 단 한 사람이었답니다.

3

(중략)

여자아이는 얼른 남은 성냥을 모두 켰어요. 할머니를 꼭 붙들어 두려고요. 성냥불이 밝게 빛나 사방이 대낮처럼 환

예상 질문 "자, 지금부터 ○○가 책을 읽어볼까? 대신 엄마(혹은 아빠)는 너만큼 유명하진 않지만 화가가 되어볼게. 여기까지 읽고 ○○가 엄마(혹은 아빠)에게 질문을 하는 거야(아이가 질문을 만들지 못하면 작은 소리로 몰래 가르쳐주는 흉내를 낸다)!"

아이의 예상 질문 "이번 그림에는 어떤 색깔을 많이 사용했나요?"
"크리스마스가 되면 어떤 느낌이 드나요?"
"소녀가 계속 성냥을 긋는 이유는 뭘까요?"
"엄마는 어떨 때 할머니가 생각나요? 아님 할머니를 생각하면 가장 먼저 떠오르는 게 뭐예요?"
"하늘나라는 어떤 곳이죠? 힘들게 하는 사람 없이 사랑하는 사람들과 행복하게 살 수 있나요?"

해졌어요. 할머니가 이토록 크고 아름다워 보인 적은 이제껏 한 번도 없었답니다. 할머니는 여자아이를 품에 안고 밝은 빛과 기쁨에 싸여 하늘 높이 올라갔어요. 그곳에는 추위도 굶주림도 걱정도 없었어요. 두 사람은 하느님 곁에 있었답니다!

하지만 꽁꽁 얼어붙은 아침, 어린 여자아이는 발그레한 뺨에 미소를 머금은 채 집 모퉁이에 웅크리고 있었어요. 묵은해의 마지막 날 밤에 얼어 죽고 만 거예요. 새해의 햇살이 조그만 주검 위로 떠올랐어요. 아이는 다 타버린 성냥다발을 손에 쥐고 있었지요. "몸을 녹이려고 했던 모양이야!" 하고 사람들은 말했어요. 하지만 아이가 얼마나 아름다운 것을 보았는지, 아이가 얼마나 밝은 빛 속에서 할머니와 함께 새해를 맞는 기쁨을 누렸는지는 아무도 알지 못했답니다.

예상 질문 "자, 다시 역할을 바꿔서 ○○가 듣고 그림을 그려 봐. 여자아이는 남은 성냥을 모두 어떻게 했지? 왜 그렇게 한 걸까?"

"추운 아침에 사람들이 본 여자아이의 얼굴 표정과 뺨의 색깔은 어땠을까?"

"소녀가 돌아가신 할머니를 잊지 못한 이유가 뭘까?"

"이 책의 지은이와 제목이 뭔지 알고 있니?" "안데르센의 〈성냥팔이 소녀〉야. 지은이가 어떤 생각을 하며 이 책을 썼을까?"

"그동안 머릿속으로 그린 그림이 어떤 건지 엄마에게 설명해 줄래?"

"○○가 작가라면 마지막 장면을 어떻게 바꾸고 싶어? 새롭게 바꾼 장면을 도화지에 그려볼까? 완성한 작품을 우리 집 거실에 붙여놓고 가족들의 소감을 들어보자."

〈황제의 새 옷〉, 〈엄지 아가씨〉, 〈성냥팔이 소녀〉
출처 : 시공주니어 『안데르센 동화집 1』 『안데르센 동화집 3』
한스 크리스티안 안데르센 글 | 빌헬름 페데르센 외 그림 | 햇살과나무꾼 옮김

연령별 맞춤! 다중지능계발 놀이

무엇이, 무엇이 똑같을까 Ⅰ ● 3~6세
발달 부문 ● 언어지능, 대인관계지능, 자연친화지능

---

1. 아이와 함께 하나의 글자를 정한 뒤 30초 동안 집에 있는 물건 중 같은 글자로 시작하는 물건을 모아오게 한다.

    예시) '바'라는 글자를 정했으면 '바지', '바구니' 등의 물건을 가져오게 하는 식

2. 다양한 글자를 활용해 놀이를 한 다음 아이가 익숙해지면 같은 글자로 시작하면서 음절의 수도 같은 물건 등으로 조건을 늘려 가져오게 한다.

    예시) '가'로 시작하면서 2음절로 된 물건 → 가위, 가방, 가면 등

3. 아이가 곧잘 따라하면 30초보다 시간을 줄여보고, 서툴면 오히려 시간을 늘리는 등 방법을 바꿔본다.

- 아이의 나이와 수준에 따라 같은 색깔을 지닌 물건, 첫 자음이 같은 물건 등 미션을 다양하게 바꿔 진행한다.
- 글자를 익힐 시기인 3세 이후라면 부모가 가져온 물건의 이름을 종이에 써주고 아이가 큰 소리로 읽고 직접 붙일 수 있도록 한다. 글을 배우기 시작할 때 한글이나 영어단어가 적힌 종이를 집안 곳곳에 붙여두는 가정이 있는데, 놀이를 통해 아이가 물건과 맞는 낱말을 직접 찾을 수 있게 하는 게 좋다.

무엇이, 무엇이 똑같을까 II ● 5~10세
발달 부문 ● 언어지능, 자연친화지능 등

1. 아이가 좋아하는 동화책을 준비한 뒤 함께 책을 읽어본다.
2. 각각의 동화들 속에 무엇이 같고 다른지 범주화하는 놀이를 해본다.

   예시) "『누가 내 머리에 똥쌌어?』『강아지똥』『똥자루 굴러간다』에서는 '똥'이라는 소재가 등장하네?"
   "『잠자는 숲 속의 공주』『신데렐라』『백설공주』에는 성과 왕자가 나오는데, 신데렐라만 신분이 다르지?"

✅ **Tip**

- 아이의 수준과 나이에 따라 주인공의 가족관계, 직업, 시대 배경 등 다양한 관점으로 이야기를 분석하며 차이점을 구분하도록 유도한다.
- 초등학교 3학년 이상인 경우 과학이나 역사책, 위인전 등에서 차이점, 비슷한 점 등을 비교해도 좋다. 발견한 내용을 글이나 밴 다이어그램, 다양한 도형 등으로 정리할 수 있게 유도해본다.
- 가족이 함께 놀이를 할 때는 서로의 차이점과 비슷한 점을 알아보는 시간을 마련하자. 부모와 자녀의 공통점, 강점, 약점 등을 파악하다 보면 구성원을 보다 잘 이해할 수 있고 유대감이 깊어진다.

속담을 맞춰봐 ● 6~12세
발달 부문 ● 언어지능, 신체-운동지능 등

1. 동화책에 나오는 교훈과 연결된 속담을 읽고 무슨 뜻인지 이야기를 나눠본다.
2. 속담을 종이에 써서 접은 뒤 상자에 넣는다.
3. 부모와 아이, 혹은 형제자매들끼리 모여 가위바위보로 순서를 정한 뒤 진 사람부터 속담

이 적힌 종이를 상자에서 하나 꺼낸다.

4. 말은 하지 않고 몸으로만 속담을 표현하고 나머지 사람들은 속담을 맞춘다.

> ✅ **Tip**
> - 속담 외에 동화책 제목, 좋아하는 캐릭터, 동물 등으로 주제를 넓힐 수 있다. 또한 아이가 말하고 싶은 내용에 맞는 속담을 스스로 찾아보게 하거나 비슷한 속담을 함께 말하게 하는 것도 좋은 방법이다.
> - 일상 속에서 아이에게 자주 생기는 문제, 가족이나 친구들 관계에서 일어나는 내용 등을 표현할 수 있는 속담을 활용하면 학습 효과를 높일 수 있다.

예시) 하루 세 번 이닦기를 잘 지켰을 때 : "'세 살 버릇 여든까지 간다'는 말을 잘 실천하고 있구나."
친구와의 다툼으로 힘들어할 때 : "화가 많이 났겠구나. '가는 말이 고와야 오는 말'이 고운 법인데…."
부모를 도와 집안일을 했을 때 : "'백지장도 맞들면 낫다'더니, 우리 딸이 도와주니까 한결 편하네!"

내 두뇌는 소중해요 ● 3~10세
발달 부문 ● 자연친화지능, 자기이해지능, 언어지능, 음악지능 등

1. 두뇌에 관한 책과 그림, 모형, 영상 자료 등을 활용해 '인간의 두뇌'에 대해 공부한다.
2. 호두를 아이에게 2개씩 나눠주고 잘 관찰하게 한다.
3. 호두의 모양과 느낌에 대해 묻고 두뇌와 비슷한 모양임을 깨닫게 한다.
4. 두뇌와 모양이 같은 호두에 어떤 영양소가 있는지 찾아보게 하고, 두뇌 건강에 어떤 이로움을 주는지 조사할 시간을 준다. 아이들이 여러 명이라면 주제를 세분화해 조사할 내용을 나눈다.
5. 두뇌에 관해 알아온 내용을 가족들 앞에서 돌아가며 발표한다.

- 놀이를 시작하기 며칠 전부터 아이가 호두를 매일 한두 개씩 먹게 해 호기심과 궁금증을 자극한다.
- 두뇌와 호두 모양을 비교한 뒤 정보를 찾아볼 때 호두가 두뇌 건강에 어떤 영향을 주는지, 두뇌 건강에 도움을 주는 다른 음식은 무엇인지, 두뇌발달에 필요한 운동과 생활 습관 등은 어떤 것인지 등으로 주제를 세분화한다.

다중지능 피자 만들기 ● 3~12세
발달 부문 ● 공간지능, 자기이해지능, 대인관계지능 등

1. 여덟 가지 다중지능의 의미를 부모와 아이가 함께 추측해본다. 아이가 알아맞힐 수 있게 적절히 힌트를 준다(엄마나 아빠는 미리 다중지능에 대해 찾아본다).
2. 여덟 가지 색도화지를 미리 준비해 피자조각 모양으로 잘라둔다.
3. 각각의 지능에 대해 공부한 뒤 어울리는 직업을 떠올려보고 관련 그림이나 사진을 찾는다.
4. 피자조각 모양의 종이에 그림 혹은 사진을 붙이고, 직업의 이름과 특징을 간단히 적는다.
5. 자신의 강점을 찾아 아이들은 미래의 직업, 부모는 하고 싶은 일 등을 그린 뒤 직업 이름과 특징 등을 간단히 적는다.

- 피자조각 그림은 집 거실이나 아이의 방에 붙여둬 수시로 보충하거나 조금씩 수정할 수 있게 한다. 관련 그림이나 사진은 잡지, 신문 등에서 찾아 오린다.
- 색도화지 대신 전지 크기의 종이를 둥글게 오려 사인펜으로 선을 그린 후 여

덟 등분해도 좋다. 이렇게 피자조각 모양으로 자르는 것은 모든 지능이 높고 낮음 없이 동등하다는 것을 알려주기 위함이다.

마음을 말해봐요 ● 3~9세
발달 부문 ● 자연친화지능, 신체-운동지능, 음악지능, 논리-수학지능 등

1. 해가 쨍쨍 내려 쬐는 날이나 비나 눈이 오는 날 등 아이들의 눈에 그날, 그날의 날씨가 어떻게 보이는지 이야기를 나눠본다.
2. 날씨와 어울리는 낱말, 색깔, 음식 등을 물어보고, 왜 그렇게 생각했는지 이유를 물어본다.
3. 날씨에 어울리는 노래를 불러보거나 춤, 날씨에 어울리는 표정 등을 통해 자신의 감정을 표현하게 한다.

✅ **Tip**

- 아이들마다 발달 속도가 다르지만 보통 7~9세 때부터 아이들은 그림을 그릴 때 땅과 하늘을 구분하는 기저선을 긋는다. 이 시기 이전에는 자연의 위치 구별이 쉽지 않다. 때문에 이보다 어린 시기에 눈을 들어 하늘을 보는 것, 멀리 있는 산의 색깔과 변화 등을 일러주는 기회를 자주 갖는 것이 좋다.

무엇이 숨어있을까? ● 3~9세
발달 부문 ● 공간지능, 논리-수학지능 등

1. 호랑이, 주전자, 가방, 산 등 아이가 알고 있는 물건의 그림이나 사진을 준비한다.

2. 같은 크기의 종이를 준비해 사등분한 뒤, 각 종이 위에 숫자를 적어놓는다.
3. 아이와 가위바위보를 해 이긴 사람이 먼저 종이 조각을 한 개씩 들춰보며 어떤 물건인지 맞혀본다. 아이가 답을 맞히면 왜 그런 답을 말했는지 이유를 물어본다.
4. 아이의 나이와 수준에 따라 건축물이나 장소 등 다양한 그림이나 사진을 준비하고, 종이 분할은 2~16조각까지 조절 가능하다.

- 만3세 정도가 되면 점차 사회성이 생기기 시작하기 때문에 여럿이 함께하는 게임이나 역할놀이가 필요하다. 인지 능력이 급격히 발달하므로 글자, 수 등을 자연스럽게 익힘과 동시에 집중력을 키울 수 있는 퍼즐, 주사위놀이 등을 활용한다.

집안을 구경해봐 ● 4~9세
발달 부문 ● 논리-수학지능, 공간지능, 자연친화지능 등

1. 원과 세모, 네모, 마름모, 원뿔, 원기둥, 삼각기둥, 구 등 다양한 모양을 익혀본다. 퍼즐이나 블록을 사용해도 좋고, 직접 종이에 그려보거나 가위와 풀을 사용해 만들어도 좋다.
2. 집 안에서 배운 모양을 가진 물건이 어떤 것들이 있는지 살펴본다. 아이가 어려워할 수 있으니 맨 처음에는 엄마가 물건 하나를 선택해 그것의 모양을 설명해준다.
   예시) 둥근 다리를 가진 식탁을 보고 "식탁 위의 모양은 네모네." "다리는 원기둥이지."라는 식으로 설명한다.
3. 아이와 함께 "원기둥을 찾아보자."라거나 "원뿔 모양의 물건을 찾아보자."라는 식으로 집안의 물건 중 지정된 모양의 것을 찾아보게 한다. 이때 아이 혼자서 스스로 집안을 둘러볼 수 있는 시간을 준다. 아이가 능숙하게 잘한다면 "삼각뿔 모양의 물건 3개를 가져와." 등

으로 범주를 넓혀본다.

 Tip

- 도형에 관해서는 초등학교 저학년부터 차례로 평면, 입체 개념이 학습되지만 지각능력이 증대되는 유아기에서도 장난감을 통해 단순한 형태지각을 습득할 수 있다. 다만 입체 도형은 아동기가 되어야 이해할 수 있는 경우가 많다.
- 꼭 도형이나 기하학 모양일 필요는 없다. 색깔이나 물건의 이름, 재질 등으로 놀이 주제를 넓히도록 한다. 놀이터나 공원 등 야외에서 나뭇잎, 나무 기둥, 철봉 등을 활용해 이 놀이를 해보면 또 다른 맛을 느낄 수 있다.

물건으로 나를 표현해요 ● 5~9세
발달 부문 ● 자기이해지능, 공간지능 등

1. 스케치북과 잡지, 크레파스 등을 준비한다.
2. 종이 한 가운데 내 얼굴을 그리거나 사진을 붙인 뒤 내가 좋아하는 것, 나를 말해줄 수 있는 것들을 잡지 등에서 찾아 오려 붙인다.
3. 내가 좋아하는 음식이나 좋아하는 책, 동물, 인형, 캐릭터, 노래 등 어떤 것을 붙여도 좋다. 그리기를 좋아한다면 직접 대상을 그려보는 것도 좋다.

 Tip

- 9세 전후는 아이들의 의식 변화가 강한 시기이다. 이전에 부정적인 지적을 많이 받은 아이의 경우 이 시기에 노래나 그림 그리기 활동 자체를 거부하는 경향이 있다. 그러니 아이들의 서툰 표현에도 "참 멋지다." "정성이 깃들

어있구나." "특별하다." 등의 칭찬으로 자신감을 잃지 않게 해줘야 한다.

작가가 되어봐 ● 3~7세
발달 부문 ● 언어지능 등

1. 아이가 줄거리를 모르는 책이나 새 책을 준비한다.
2. 책 표지와 제목을 보고 어떤 내용이 있을지 상상해본다. 이때 엄마가 책 표지에 나오는 그림을 보면서 "이 꼬마의 이름은 뭘까? 어디에 살까? 기분이 좋아 보여? 어때 보여?" 등의 질문을 한다.
3. 이야기를 나눈 후 책을 읽어보는데, 처음 한 쪽 혹은 서너 쪽만 읽어주거나 읽게 한 후 무슨 내용으로 이어질지 이야기를 직접 짓도록 한다. 글로 써도 되고, 글을 모르는 아이들은 말로 이야기를 이어가게 해보자.
4. 아이의 수준과 책 내용에 따라 마지막 한 쪽만 남기고, 아이가 결말을 짓게 하는 등으로 조절한다.

혼자서도 잘해요 ● 7~12세
발달 부문 ● 공간지능, 대인관계지능, 자기이해지능 등

1. 한 번도 가보지 못한 장소를 아이 혼자 혹은 친구들과 떠나보도록 하는 여행이다.
2. 목적지는 아이 수준에 맞는 곳으로 정하고, 지도나 그림, 비상시에만 사용 가능한 휴대전화, 간식 등을 준비한다.
3. 이동 수단으로는 버스나 지하철 같은 대중교통으로 정하고 주변 사람들에게 물어 목적지를 찾게 유도한다.

4. 아이에게는 미리 알리지 않고 목적지에서 부모와 만날 수 있게 준비한다.

- 목적지는 집에서 가까운 유적지나 박물관, 친척집 등 익숙한 곳으로 정하고, 사전준비를 잘 시켜 '홀로서기 프로젝트'임을 처음부터 명시한다.
- 그동안 가보지 못한 장소를 찾아 떠나는 길거리 여행은 아이에게 풍부한 경험을 선사한다. 혼자 가기를 원하는지, 친구와 갈 원하는지에 따라 아이의 기질과 성향도 파악할 수 있다.
- 부모가 멀리서 원격 동반을 하거나 아이들은 잘 모르는 사람을 곁에서 동행하게 한 뒤 이이들의 행동을 촬영해두면 다중지능을 파악하기에 좋은 자료가 된다.

이 기사의 내용이 뭘까 ● 7~11세
발달 부문 ● 공간지능, 언어지능, 논리-수학지능 등

1. 신문기사 중 아이가 이해할 수 있을 정도의 짧은 기사를 골라 함께 읽는다.
2. 육하원칙에 따라 기사 내용을 정리한 뒤 주제를 파악한다.
3. 파악한 주제를 마인드 맵으로 표현해본다. 신문에 나온 사진이나 글자를 오려 연상되는 것들을 표현하면 된다.

　보기) 신문을 읽고 내용을 나무 모양의 그림으로 표현하기

- 이 놀이는 마인드 맵을 잘하도록 생각을 열어주는 기능을 하는데, 마인드 맵

은 사고력과 창의력을 키우는 두뇌학습법을 뜻한다. 양쪽 뇌를 모두 사용할 수 있도록 돕는 학습법으로, 수학이든 과학이든 언어든 대부분의 과목을 마인드 맵으로 학습할 수 있다.
- 언어든 수학이든 학교에서 배울 때는 보통 좌뇌를 이용해 내용을 인식하는데, 신문의 그림이나 글자를 오려 중심이 되는 낱말로는 나무의 중심을, 그 외에 연관된 낱말이나 그림으로는 가지를 표현하는 등의 방법을 활용하면 주제를 파악할 때 자연스럽게 우뇌도 함께 사용하게 된다.
- 아이의 나이에 따라 낱말찾기 형태의 놀이로 간소화해도 좋다. 두 개 혹은 세 개로 이루어진 낱말을 찾아 오린 뒤 그것을 표현하고 싶은 부호 혹은 심볼을 그려보게 하는 정도이다.

노래로 일기를 써봐요 ●4~6세
발달 부문 ●자기이해지능, 음악지능, 언어지능 등

1. 하루 동안 있었던 일에 대해 아이와 이야기를 나눈다.
2. 그날의 기분과 가장 비슷한 노래를 골라보게 한다. 가사가 비슷해도 좋고, 곡의 분위기, 리듬 등이 자신의 마음과 맞는 곡을 골라도 좋다.
3. 적당한 노래가 없다면 그날 있었던 일을 노랫말로 만들어 좋아하는 곡을 개사해 부르게 한다.

- 아이가 부담스러워하면 "오늘 있었던 일을 노래 제목으로 표현하면 어떤 제목이 좋을까?" 등으로 가볍게 시작하면서 하루 일과를 돌아보게 한다.
- 어려서부터 매일 자신의 행동을 돌아보며 말하거나 쓰는 방식으로 정리할 수 있게 하는 것은 자기이해지능을 높이는 데 효과적이다.

• 음악적 감수성이나 언어 발달이 빠른 아이의 경우 만3세 정도에도 시도할 수 있으나 보통은 만4세 전후로 음악성이 발달한다.

우와~ 돈을 절약했어 ● 8세 이후
발달 부문 ● 논리-수학지능 등

1. 신문 속에 끼어있는 광고 선전물이나 마트, 백화점에서 발행하는 쿠폰북 등을 준비한다.
2. 아이와 함께 장 봐야 할 목록 혹은 아이가 사고 싶어 하는 물건 리스트를 정리한다.
3. 그중 몇 개가 할인판매 상품인지, 정상 판매 상품은 몇 개 정도인지 세어본다.
4. 가격을 종이에 옮겨 적은 뒤 선택한 상품을 다 살 경우 얼마만큼의 돈을 아끼는지 계산해 본다.

✅ **Tip**

• 아이의 나이에 따라 목록 수나 계산해야 할 단위를 조절해보고, 할인율을 알아보는 문제로 심화시킨다.

네 목소리를 들어봐 ● 6~8세
발달 부문 ● 음악지능, 언어지능, 자기이해지능 등

1. 아이가 평소 좋아하는 책을 읽은 뒤 엄마 혹은 아빠와 함께 읽어본다. 이때 평이하게 읽는 것이 아니라 역할에 따라 목소리의 톤을 바꾸고, 의성어나 의태어는 직접 몸을 움직여가며 소리 내보고, 엄마(혹은 아빠)와 한 줄씩 바꿔가며 읽는다.

2. 다음으로 아이에게 혼자 읽게 하고, 그 과정을 녹음한다. 자연스럽게 녹음해도 좋고, 마이크를 잡게 한 뒤 진지하게 읽어보게 해도 좋다.
3. 녹음한 내용을 통해 자신의 목소리를 듣게 한 뒤 책을 보면서 한 번 더 들어본다.
4. 아이에게 책의 줄거리를 물어보고, 그냥 책을 읽을 때와 녹음해서 읽을 때 차이 등에 대해 이야기를 나눈다.

✅ Tip

- 의성어나 의태어가 많이 나오거나 운율이 반복적으로 나타나는 책을 고르는 게 좋다.
- 요즘은 녹화도 쉽게 할 수 있지만 되도록 소리만 들을 수 있게 녹음을 하는 것이 좋다. 텔레비전, 비디오 등 시청각 매체보다 녹음된 이야기를 들으며 줄거리를 이미지로 그릴 때 두뇌가 더 오랫동안 내용을 기억한다. 또한 자신의 특징에 대해 생각해볼 수 있다.

날씨를 춤으로 표현해봐 ● 2~5세
발달 부문 ● 자연친화지능, 신체-운동지능 등

1. 나무젓가락 등 짧은 봉과 다양한 색깔의 리본이나 끈을 준비한다.
2. 리본을 젓가락 등에 묶는다.
3. 봄비가 내릴 때, 장맛비가 내릴 때, 천둥과 우박이 쏟아질 때, 바람이 세차게 불 때 등 다양한 날씨의 모습을 리본으로 표현해본다.

✅ Tip

- 발레나 체조, 도구를 활용하여 신체 운동을 익히는 경험은 도움 없이 한발로

제자리에서 뛸 수 있는 4세 이후면 가능하다.

동화책 주인공이 되어 ● 2~5세
발달 부문 ● 신체-운동지능, 대인관계지능 등

1. 아이가 좋아하는 동화 속 주인공이나 만화 캐릭터로 변장을 해본다.
2. 함께 역할놀이나 연극을 한다. 단순히 말이나 움직임을 표현하는 것 외에 "앵그리 버드에서 그린 버드의 화난 표정을 지어보자." 라거나 "돼지들이 알을 훔쳐간 것을 알았을 때 옐로우 버드 마음이 어땠을까?" 등 다양한 감정을 표현한다.

- 말로 설명하는 내용을 이해하지 못하는 어린아이라면 부모가 먼저 시범을 보인 후 다양한 감정을 표현할 수 있게 유도한다. 이럴 경우에는 '부모와의 애착과 유대감 형성'으로 목표를 조정할 수 있다.

과일은 어디로 갈까? ● 4~7세
발달 부문 ● 공간지능, 자연친화지능 등

1. 귤이나 바나나, 수박 등 아이가 좋아하는 과일로 인체의 신비를 살펴본다.
2. "귤을 입에 넣으면 침이 나오지? 어디서 나오는 거야? 왜 나오는 걸까?"라거나 "목에서 넘어가면 수박은 어디로 갈까? 뱃속은 깜깜할까? 우리 뱃속에서는 얼마나 머무를까?"라는 식으로 아이의 호기심을 불러일으킬 수 있는 질문을 던진다.

3. 스케치북에 인체 내부의 모습을 그려보거나 인체 구조가 나와 있는 책 등을 살펴보며 아이가 신체에 관심을 가질 수 있도록 한다.

- 인체에 대한 이해는 형태 개념의 습득기인 7~9세 정도가 되어야 구체화되지만 사람을 사실적인 그림으로 표현 가능한 시기는 보통 4세 전후이다. 그러니 4세 정도부터 이와 같은 놀이를 활용할 수 있고, 인체 신비전과 같은 전시 관람도 가능하다.
- 인체를 그리며 이해하는 활동은 평면과 입체에 대한 공간지능은 물론 자연친화지능을 높이는 데 도움이 된다.

김치가 내 손에 ● 3~12세
발달 부문 ● 자연친화지능, 신체-운동지능 등

1. 배추, 무, 갓, 파, 고춧가루, 소금 등 김치 재료를 준비한다.
2. 상자나 통 속에 준비한 재료를 넣고 아이가 보지 못하도록 한다.
3. 각각의 재료를 만져보고 무엇인지 맞혀본다. 이때 만져지는 촉감, 모양 등을 아이가 직접 설명하도록 유도한다.
4. 아이가 맞혔는지 통을 열고 살펴본다.
5. 준비한 재료 중 배추와 소금을 가지고 직접 절여보게 한다.
6. 절이기 전과 절인 후 차이를 살피고, 왜 그런 변화가 생기는지 이유를 물어본다.
7. 배추 외에 갓, 파, 고춧가루 등 다른 재료에 소금을 넣어 섞으며 소금의 특성에 대해 알아본다.

- 유아기부터 먹을거리를 학습 도구로 활용하는 건 매우 좋은 방법이다. 음식 주재료는 아니더라도 파와 마늘 같은 양념 재료를 직접 길러보는 방법도 추천한다.
- 이런 활동을 통해 모든 재료와 환경을 소중하게 대하는 마음을 기를 수 있으며 편식도 개선할 수 있다.

김치 맛도 제각각 ● 4~9세
발달 부문 ● 언어지능, 논리-수학지능, 자기이해지능 등

1. 김치의 종류에 대해 살펴본다. 알고 있는 김치 이름과 어떤 재료로 만들어지는지, 각각 어떤 차이가 있는지 알아본다.
2. 파김치, 갓김치, 깍두기, 총각무, 배추김치, 동치미 등 다양한 김치를 준비한 뒤 각각 맛본다.
3. 맛이나 식감, 재료, 영양 면에서 재료별로 어떤 차이가 있는지 이야기를 나눈다. 이때 "씹을 때 사각사각 소리가 나." "입 안에 향긋한 냄새가 퍼져." 등으로 구체적으로 이야기하도록 유도한다.
4. 각각의 김치와 어울리는 다른 음식을 찾게 한 후 그 이유를 물어본다. 아이가 어려워하면 "엄마(혹은 아빠)는 뻑뻑한 고구마를 먹을 때 동치미가 맛있어. 국물이 있어서 그런가 봐." 등으로 엄마(혹은 아빠)가 먼저 이야기를 시작해본다.
5. 아이가 몇 가지 음식을 말하면 가능한 음식을 준비해 직접 먹어보고, 김치만 먹을 때와 함께 먹을 때 어떤 차이가 있는지 이야기를 나눠본다.

- 이런 활동을 한 후 식사 준비를 할 때 김치는 아이가 직접 상에 올려놓으며 모양이나 맛에 대해 다시 한 번 얘기해보도록 한다.

지금 내 친구 기분은? ● 4~7세
발달 부문 ● 대인관계지능, 공간지능, 언어지능 등

보기)

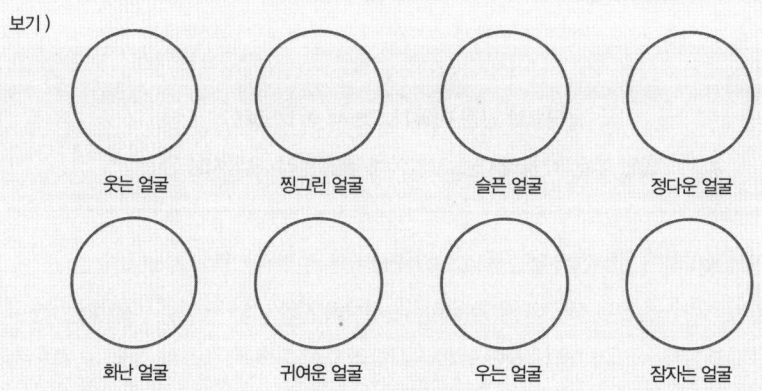

웃는 얼굴   찡그린 얼굴   슬픈 얼굴   정다운 얼굴

화난 얼굴   귀여운 얼굴   우는 얼굴   잠자는 얼굴

1. 부모와 아이가 눈을 마주치고 서로의 얼굴을 살펴본다. "우리 ○○ 표정을 보니 오늘은 아주 기분이 좋은 것 같은데?" "○○의 웃는 얼굴을 보니 아빠(혹은 엄마)도 기분이 좋아진다. 지금 아빠(혹은 엄마) 표정은 어때?" 등과 같은 질문을 던지며 마음읽기 연습을 한다.
2. 다음은 거울에 비친 자신의 얼굴을 보며 스스로 설명하게 한다.
3. 스케치북에 위와 같은 타원 혹은 원을 8개 그린 뒤 그 안에 감정에 따른 다양한 표정을 그려보게 한다.
4. 능숙하게 할 수 있는 아이에게는 전래동화 등을 들려주면서 상황에 처한 주인공의 표정을

상상해 그려보게 한다.

예시) "부모가 집에 가다가 호랑이를 만났어. 이때 부모의 표정이 어떨까?"

 Tip

- 다양한 얼굴 표정을 통해 상대방의 기분을 알고 자신의 마음 상태를 표현할 수 있는 놀이다. 4세 이후의 아이들에게는 상대방의 표정에 따라 자신의 마음도 변하게 되므로 가족과 친구 사이에서 많이 보여주고 싶은 표정은 무엇인지 얘기하게 해도 좋다. 글자를 익히지 않은 나이라면 거울놀이까지만 진행한다.

음악으로 만든 이야기 그림책 ● 5~9세
발달 부문 ● 음악지능, 자기이해지능, 논리-수학지능 등

1. 아이가 좋아하는 음악(가사 없는 음악으로)을 준비해 몇 번씩 반복해 듣는다.
2. 음악이 어떤 느낌인지, 왜 그 음악을 좋아하는지 이야기를 나눈 뒤 분위기에 어울리는 그림을 그려본다. 아이가 어려워하면 날씨나 사람의 표정, 시냇물, 빗소리, 동물 등 몇 가지 주제를 던져주는 것도 좋다.
3. 아이가 잘 따라오면 음악을 '도입- 전개-절정-마무리' 등으로 구별한 뒤 각 부분의 분위기에 어울리는 그림을 그린다.

 Tip

- 유럽 헬싱키대학과 시벨리우스 음악원의 연구에 따르면 음악을 좋아하는 사람은 사회적인 소통능력이 탁월하다고 한다. 태교, 신생아 시기부터 시작해 자라는 동안 아이가 일상 속에서 자주 음악을 접할 수 있도록 분위기를 조

성해주자.
- 나이에 따라 적당한 길이의 곡을 정하는 것이 좋다. 5세 전후의 아이들이라면 곡은 3분 내외가 적당하다.

비닐봉지와 함께 춤을 춰봐 ● 2~7세
발달 부문 ● 음악지능, 신체-운동지능 등

1. 크기와 재질이 다른 비닐봉지를 되도록 여러 장 준비한다.
2. 비닐봉지를 비벼보고, 접어보고, 뭉쳐보면서 손으로 비닐의 촉감을 느끼고, 바스락거리는 소리도 같이 들어본다.
3. 높은 곳에서 각각의 비닐봉지를 떨어뜨리고 떨어지는 모습과 속도가 어떻게 다른지 살펴본다.
4. 좋아하는 음악을 틀어놓고 비닐봉지로 음악을 표현해본다.
   예시) 신나는 음악 : 뭉친 비닐봉지를 손 위에 놓고 통통 튕기거나 두 손바닥 사이에 놓고 빠르게 비비기
   잔잔한 음악 : 비닐봉지 한쪽 끝을 잡고 바람을 느끼며 한 바퀴 돌아보기

- 클래식을 비롯해 동요, 재즈 등 다양한 장르의 음악에 맞춰 춤을 춰본다.

구름이 되어봐 ● 3~5세
발달 부문 ● 자연친화지능, 신체-운동지능, 공간지능 등

1. 아이와 함께 놀이터나 공원, 학교 운동장에 나가본다.
2. 심호흡을 하며 허리를 한껏 젖혀 하늘을 바라보면서 구름의 모양을 살펴본다.
3. "구름 모양이 뭐 같아? 양떼? 아니면 하트?"라는 식으로 아이가 구름을 관찰한 뒤 자신의 생각을 표현하도록 유도한다.
4. 구름을 따라 그려보거나 몸으로 구름 모양을 표현해본다.

- 3세가 되면 추상적이고 상징적인 사고를 할 수 있게 된다. 아동 미술 발달 단계에 의하면 이 시기의 아이들은 의도적으로 끄적이는 것을 좋아하고 알아보기 힘든 그림에도 이름을 붙인다고 한다. 따라서 놀이를 할 때 아이가 엉뚱한 대답을 하더라도 재미있는 표현에 대해 격려해주는 자세가 필요하다.

무엇이든 재보세요 ● 6~10세
발달 부문 ● 논리-수학지능, 공간지능 등

1. 줄자와 자를 준비한다(아이가 어리다면 길이를 재는 법을 알려준다).
2. 아이가 좋아하는 책, 인형, 음식 등 관심 있는 것들의 길이를 재본다. 혹은 여러 인형의 키를 잰 뒤 키 순서대로 늘어놓거나 아이의 키와 비교해본다.
3. 집안의 물건 중 길이가 30cm에 가까운 것은 무엇인지, 둘레의 길이가 40cm에 가까운 물건은 어떤 것인지 찾아보게 한다. 아이가 대답하면 실제 길이는 어떤지 재어보도록 한다.

- 아이의 수준에 따라 둘레, 폭, 높이 등으로 활용 범위를 넓힌다.
- 길이를 재거나 어림짐작해보는 과정은 초등학교 2학년 때 배우는데, 아이의 발달 속도에 따라 좀더 일찍 시도해봐도 좋다.

지도 속 우리 집 찾기 ● 7~11세
발달 부문 ● 언어지능, 공간지능 등

1. 아이에게 유치원이나 학교에 가는 길을 말로 설명하게 한다.
2. 가는 길목에 어떤 가게가 있는지, 어떤 건물이 있는지, 길은 몇 차선인지 건널목을 몇 개 건너야 하는지 등을 물어보면서 사물을 연상하게 한다.
3. 말로 설명한 것을 직접 지도로 그려 보게 한다. 단순히 길만 그리는 것이 아니라 가게나 건물, 나무, 신호등 등의 위치를 자세히 그리게 한다.
4. 아이가 능숙하게 해내면 단순히 위치만이 아닌 거리, 차도의 폭 등 조금 더 정확한 그림을 그리게 유도한다.

- 지도를 그려보는 놀이는 3차원적 입체 표현에서 평면 표현 단계로의 발달을 돕는다.
- 7~11세의 아이들은 공간 인지 발달 단계상 3차원 대상을 인식할 수 있는 단계이다. 즉 한 사물의 형태나 입지 인식이 가능해지는 나이인 셈이다. 때문에 길의 방향은 정확하나 축척, 거리에 대한 인식은 부정확할 수 있다.

열 고개, 스무고개 ● 5~11세
발달 부문 ● 언어지능, 논리-수학지능 등

1. 엄마(혹은 아빠)가 머릿속으로 하나의 물건을 떠올리고 상대가 이것을 맞추도록 유도한다. 엄마(혹은 아빠)가 생각하는 물건에 대해서 아이는 열 번 혹은 스무 번 등 약속한 범위 내에서 질문을 할 수 있다.
2. 엄마(혹은 아빠)가 "이게 뭘까요?"하고 물어보면 아이가 "먹을 수 있어요?" "혼자서 움직일 수 있어요?" 등의 질문을 한다. 아이는 "네, 아니오."로 대답이 가능한 질문만 할 수 있다. 아이와 놀이를 시작하기 전에 엄마와 아빠가 먼저 게임하는 모습을 보여주면 쉽게 규칙을 익힐 수 있다.
3. 아이가 어려워하면 색깔, 모양, 소리 등 주제를 미리 정한 뒤 질문을 시작한다.

- 아이의 나이와 수준에 따라 운동장에 있는 물건 혹은 지금 있는 방의 물건, 책상 위에 놓인 물건 등으로 범위를 좁힌다.
- 아이가 잘 따라오면 행복, 물소리, 사람 등 추상적인 낱말이나 인물로 범위를 넓힌다. 열 고개, 스무고개 등으로 질문의 수를 조절하는 것도 좋은 방법이다.
- 알아맞히기 게임은 상상력, 추리력, 집중력, 적절한 어휘로 말하는 능력, 사물의 명칭을 이해하고 확장시키는 능력을 기를 수 있다.

나도 전문가처럼 ● 7~11세
발달 부문 ● 논리-수학지능, 자연친화지능 등

1. 책장에 꽂힌 동화책을 작가별로 분류하자는 등의 주제를 정하고 아이와 책을 찾아 분류한다.

2. 어떤 작가의 책이 몇 권씩 있는지 살핀 뒤 결과에 따른 표를 만들고 작가 이름 옆에 책의 권수를 적는다. 작가가 아닌 출판사, 혹은 주인공, 동화의 종류 등을 주제로 나누어도 좋다.
3. 아이의 나이와 수준이 높으면 조금 더 상세한 표를 만들도록 한다. 등장하는 동물의 이름, 동화책 제목, 동물 수 등을 동시다발적으로 체크한다. 예시로 작성한 표의 공란에 수를 체크해 적으면 된다.

예시) 주제 : 동물이 나오는 동화책

책 제목 \ 동물	원숭이	호랑이	곰	토끼	기타
토끼와 거북이					
내 모자 어디 갔을까?					
동물원 가는 길					
배고픈 호랑이					
팥죽 할범과 호랑이					
해와 달이 된 오누이					
무얼 먹을까? : 동물의 먹이					

4. 각각의 결과를 합계를 내 본 뒤 띠그래프나 막대그래프 등으로 만들어 본다.

Tip

- 학교나 유치원 친구들, 형제자매들을 인터뷰해 좋아하는 과일, 좋아하는 노래 등을 조사한 후 이 자료를 토대로 표를 만들어도 아이의 흥미를 물러일으키기에 좋다.
- 아이가 어리다면 엄마(혹은 아빠)가 표를 만들고, 냉장고 속 과일의 종류와 개수만 살펴본 뒤 표에 적는다.
- 고학년 아이에게는 가족이나 친인척들의 직업, 나이, 거주지, 강점 등 다양한 분야의 통계를 내서 명절이나 가족모임 때 발표하게 해도 재미있다. 친척들

과 유대감을 형성할 수 있고 발표를 통해 자신감을 길러줄 수 있다.
• 동네 도서관에 갔을 때 책의 정리 상태와 분류체계를 살펴보면 분류, 비교 등의 개념을 쉽게 이해할 수 있다.

앵그리 버드는 어디에 살까? ● 3~9세
발달 부문 ● 자연친화지능, 언어지능 등

1. 아이가 좋아하는 만화 캐릭터를 선택해 그에 대한 이야기를 나눠본다.
2. 앵그리 버드는 어디에 사는지, 무얼 먹고 사는지, 알을 낳아 얼마나 오랫동안 키우는지, 빨간 새가 앵그리 버드 말고 또 있는지 등의 이야기로 아이의 호기심을 불러일으킨다.
3. 이야기를 나눈 후 자연관찰 책이나 백과사전 등에서 새에 대한 부분을 찾아 읽으며 함께 답을 찾는다.

Tip

• 아이들은 생후 6개월이 지나면 주변 사람들의 동작과 소리를 모방하기 시작한다. 0~2세 때의 모방력은 추후 관찰학습의 기초가 되기도 한다. 특히 아이가 좋아하는 캐릭터에 감정이입을 하면 주인공과 자신을 동일시하게 되는데, 이 과정이 자연스럽게 교육적 효과로 연결된다.
• 이런 놀이학습을 통해 언어지능이 발달하고 동식물 캐릭터를 통해 자연친화력도 높아진다.
• 2~3세 아이들에게 사랑받는 방귀대장 뿡뿡이, 뽀로로, 3~4세 아이들은 토마스 기차, 라바, 4~5세 아이들은 푸우나 미키를 예로 드는 게 좋고, 나이에 따라 좋아하는 캐릭터가 계속 바뀌니 그 부분을 잘 고려한다.

글자를 그려봐 ● 3~11세
발달 부문 ● 언어지능, 대인관계지능, 공간지능 등

1. 몇 가지 낱말이나 문장을 읽고 떠오르는 그림을 그려보도록 한다.
2. 처음에는 사랑, 행복, 미움 등의 낱말을 보여주고 다음으로 '나는 내 친구를 사랑합니다' '나는 우리 언니를 사랑합니다' 등의 문장을 준다.
3. 아이가 능숙하게 해내면 '사랑은 우주를 덮고도 남을 커다란 이불입니다' 등으로 조금 더 추상적이고 긴 문장을 제시해 연상되는 것을 그려보게 한다.

- 이런 놀이는 아이의 나이가 많아질 때까지 응용할 수 있고 나중에는 자신의 생각을 지도 그리듯 이미지화하는 '마인드 맵 학습'으로 자연스럽게 연결된다.

쇼 호스트가 되라 ● 4~12세
발달 부문 ● 언어지능, 논리-수학지능, 자연친화지능, 신체-운동지능 등

1. 우유나 과자, 주스 등 아이가 관심 있는 식품을 정해 판매하는 놀이를 한다.
2. 물건을 잘 팔기 위해서 어떤 내용이 필요한지, 어떻게 해야 효과적일지 상의한다. 직접 신문의 전단지 혹은 TV 광고를 보며 어떤 광고가 아이의 기억에 오래 남는지, 어떤 광고를 볼 때 그 물건이 먹고 싶어지는지 등을 의논해본다.
3. 실제적으로 그 식품의 특성에 대해 살펴보거나 실제 그 식품을 먹으면 어떤 효과가 있는지 등 장점을 찾아 내용을 정리한다.
4. 전달할 내용을 정했으면 어떤 말과 표정을 지어야 하는지, 어떤 소품으로 제품의 특성을

부각시킬 것인지 등을 논의한다. 그런 뒤 구체적인 판매 문구에 대해 논의한 뒤 문구를 정리한다(아이가 글을 모른다면 말로 해도 좋다).
5. 거울 앞에서 말하거나 가족들 앞에서 발표하게 한다. 이때 영상 촬영을 한 후 아이가 직접 보게 하면 더욱 효과적이다.

- 아이가 평소 편식하는 우유나 두부 같은 식품을 택하는 게 도움이 된다. 구체적인 상품을 정할 때는 여러 회사의 제품을 직접 시식해 특성을 분석하고 포장, 신선도와 같은 특징 및 장단점을 잘 체크해보자.

손바닥에 그림을 그려요 ● 4~8세
발달 부문 ● 공간지능, 논리-수학지능, 신체-운동지능 등

1. 색종이와 풀, 가위, 사인펜 등을 준비한다.
2. 아이와 함께 손가락은 모두 몇 개인지 세어보자.
3. 주제를 정한 뒤 나에게 중요한 것, 좋아하는 것 등의 기준에 따라 순서대로 손가락에 낱말을 쓴다.

    예시) 주제 : 좋아하는 과일
    손바닥에 주제어인 '과일'을 적는다.→ 엄지부터 새끼손가락 순으로 좋아하는 과일을 적는다.
4. 각각 어떤 기준으로 순서를 정했는지, 왜 그렇게 생각하는지 등을 주제에 따라 물어본다.
5. 준비한 사인펜, 스티커 등으로 관련된 이미지를 표현한 뒤 손바닥이나 손가락을 장식한다.

    예시) '수박'이란 낱말을 엄지손가락에 썼다면 녹색 색종이를 띠처럼 잘라 그 손가락을 두르고 검은색 사인펜으로 칠해 수박 무늬를 표현한다.

- 아이가 어리다면 손가락과 관련된 동요로 관심을 끈 뒤 첫째, 둘째손가락 등을 순서대로 엄지, 검지, 중지, 약지, 소지 등의 명칭으로 부른다고 알려준다.
- 찰흙이나 밀가루 반죽을 각각의 손가락으로 눌러보게 해 어떤 손가락의 힘이 제일 센지 등을 살펴보는 놀이로 응용해도 좋다.

채소로 악기 만들기 ● 2~9세
발달 부문 ● 자연친화지능, 음악지능 등

1. 아이와 함께 냉장고에 있는 다양한 채소를 꺼낸다.
2. 각각의 채소의 향과 촉감, 맛을 느껴보고 툭툭 맞부딪쳐 보거나 비비며 소리를 느껴본다.
   예시) 연근이나 파를 맞부딪혀 소리를 들어본다.
   양푼에 대추나 밤을 넣고 흔들어본다.
   당근 두 개를 서로 부딪쳤을 때와 당근과 가지를 부딪칠 때 어떻게 소리가 다른지 설명한다.
3. 아이가 좋아하는 노래를 틀어 놓고 그에 맞춰 각각의 채소를 두드리거나 어딘가에 담아 흔들어본다.
4. 무나 연근처럼 단단한 채소를 숟가락으로 긁어보거나 그것들로 식탁을 두드려본다. 다른 도구로 식탁을 두드릴 때와 어떻게 소리가 다른지 비교한다.

- 7세 이상의 아이들에게는 "음악은 어떻게 만들어졌을까?" "자연과 음악은 어떤 관계가 있을까?" "미래의 채소는 우리 생활을 어떻게 변화시킬까?" 등의 질문으로 창의력과 상상력을 자극해볼 수 있다.

교우 관계도 만들기 ● 5~12세
발달 부문 ● 자기이해지능, 대인관계지능, 논리-수학지능 등

1. 유치원이나 학교에서 만난 친구들과 자신의 관계를 떠올리도록 유도한다.
2. 친구들의 수를 센 후 각각의 아이들에 대해 이야기를 나눠본다. 자신과의 관계, 친구의 장점, 단점 등에 대해 이야기를 나눈다.
3. 친밀한 관계, 적대적 관계, 중립적 관계, 경쟁적 관계 등을 각각의 기호 혹은 그림, 색깔 등으로 상징화해 묶는다.

   예시) 친밀한 관계 : ♥ 혹은 녹색   경쟁적 관계 : ⇔ 혹은 빨간색

   중립적 관계 : = 혹은 파란색   적대적 관계 : □ 혹은 노란색

4. 도화지에 아이들의 이름을 적고 가운데에 자기 자신의 이름을 적는다. 친구들의 이름 뒤에 관계에 따른 기호를 표시한다.
5. 아이가 잘 따라오면 나와의 관계가 아닌 각각 친구들끼리의 관계도도 그려보도록 한다.

- 좋아하는 동화책이나 만화 속 주인공의 관계도를 그려보는 놀이로 확장 가능하다.
- 체계적인 분류 활동이 논리-수학지능을 높이는 데 효과적이지만 관계를 파악하는 과정 중 자연스럽게 대인관계지능도 발달한다.

자연에 관계된 낱말사전 만들기 ● 5~11세
발달 부문 ● 자연친화지능, 언어지능, 공간지능 등

1. 공원, 박물관, 동식물원 등 자연을 느낄 수 있는 곳을 찾아가거나 자연에 관련된 책을 읽

는다.
2. 책이나 박물관을 접하면서 떠오르는 자연 관련 낱말을 수첩에 적는다. 이미 알고 있는 단어와 새로 알게 된 낱말 모두를 적는다.
3. 직접 사전을 찾아가며 관계된 낱말에 대한 뜻풀이를 적고 필요에 따라 그림으로 설명을 덧붙이며 사전을 만든다.

- 아이의 관심과 흥미, 강점지능 등을 고려해 시사전, 사진사전, 수학사전, 음악사전, 스포츠사전 만들기 등으로 응용해본다.
- 사전 만들기 놀이는 단기간에 끝내기보다 지속적, 정기적으로 시간을 들여 장기 프로젝트로 지도한다. 언어지능이 발달한 아이에게는 낱말사전에 자신이 창작한 시나 글을 함께 넣도록 해 특별한 사전을 만들게 한다.
- 온 가족이 참여하는 협동사전을 만들어도 의미 있는 시간이 될 것이다.

내가 주인공인 책을 써보자 ● 7~11세
발달 부문 ● 언어지능, 자기이해지능, 공간지능 등

1. 아이가 주인공인 책을 만들어보자고 제안한다.
2. 책에 어떤 내용을 담으면 좋을지, 자신의 어떤 부분을 다른 사람에게 얘기하고 싶은지 등을 아이와 이야기한다.
3. 음식이나 놀이, 책 등 아이가 좋아하는 것과 싫어하는 것을 생각해보게 한다. 아이가 어려워하면 자서전이나 위인전 등을 함께 읽어본 후 들어갈 내용을 구상해본다.
4. 가족사진이나 아이가 직접 그린 그림을 활용하거나 상장, 좋아하는 소품 등의 삽입도 고

려해본다.

5. 내용이 없는 그림을 보고 자신을 주인공으로 한 새로운 이야기를 만들어도 좋다.

보기)

그림 | 광성드림학교 초등 4학년 김주영

- 앞표지에 내용이 몇 살부터의 기록인지 알 수 있게 표시해두고 해마다 이어서 기록하면 성장한 아이에게 특별한 선물이 될 수 있다.
- 단기간 내에 책을 완성하는 것보다 성인으로 성장할 때까지 이어서 정리해두면 자기 성찰과 이해를 돕는 좋은 도구가 된다. 부모도 아이와 함께 자서전을 쓰면 더 효과적이다.

창작동화 만들기 ● 4~9세
발달 부문 ● 자연친화지능, 언어지능, 대인관계지능 등

1. 강아지나 공룡, 선인장 등 아이가 좋아하는 동식물 중 동화의 주제가 될 대상을 선택한다.
2. 주제에 대한 정보를 모은다. 가령 해당 동물이 어떤 음식을 먹고 어디에 사는지, 수명은 어느 정도인지, 잘 살아가기 위해서는 어떤 환경이 필요한지 등을 알아본다(책, 인터넷 등 다양한 매체를 이용해 정보를 모은다).
3. 각각의 특성을 살핀 뒤 이야기를 만들게 하는데, 아이가 어려워하면 부모가 질문을 던지며 시작한다.

   예시) 주제 : 공룡

   "공룡은 누구랑 살까? 혼자 살까?"

   "공룡은 뭘 먹고 살까? 음식은 어디에서 구하지?"

   "공룡을 싫어하는 동물은 없을까? 그들은 공룡이 나타나면 어떻게 할까?"
4. 아이가 잘 따라오면 부모가 먼저 이야기한 뒤 다음 문장을 아이가 구상하도록 하고, 계속 이야기를 주고받는 식으로 내용을 정리한다.

- 아이가 질문을 던져도 잘 대답하지 못하고 어려워하면 부모가 먼저 주제와 관련된 책을 읽고 기승전결에 맞게 질문을 던진다.
- 자연을 대상으로 하는 놀이는 부모와 아이가 실제 현장에서 동식물을 겪으며 정보를 모으는 것도 좋은 방법이 된다. 동물을 길러보게 하거나 식물을 직접 만지게 하는 등의 활동을 추천한다.

자연물로 그림 그리기 ● 2~7세
발달 부문 ● 자연친화지능, 공간지능 등

1. 아파트 단지나 운동장, 화단, 집안에서 자연과 관련된 재료를 모은다. 풀잎이나 곡물, 작은 돌, 흙 등 무엇이든 좋다.
2. 모아온 재료의 냄새를 맡아보고, 손으로 표면을 쓰다듬어보는 등 각각의 재료가 어떤 성질을 가지고 있는지 살펴본다.
3. 이를 활용해 다양한 창작품을 만든다.

   예시) 지푸라기, 나뭇가지 등을 이용해 원두막 표현하기

   스케치북에 밑그림을 그리고 풀을 바른 뒤 모래, 풀잎 등 붙이기

   예시) 투명 플라스틱 판 아래 흰색, 빨간, 노란색 등의 도화지를 차례로 붙이고 위에 모래를 얹어 손가락으로 그림 그리기

이번 연휴에 뭐할 거야? ● 9~12세
발달 부문 ● 자기이해지능, 논리-수학지능, 공간지능 등

1. 일 년 중 명절 연휴가 총 며칠인지 달력을 펼쳐 세어본다.
2. 그 날짜를 모두 시간으로 환산한 뒤 연휴 때 뭘 하고 싶은지 계획표를 짜본다.
3. 계획한 내용을 각각의 그림으로 표현해본다.

 Tip

- 아이가 날짜 세는 걸 어려워하면 명절 연휴 대신 주말로 기간을 조율하고, 제법 잘 따라오면 여름방학처럼 긴 기간을 주제로 정해 계획해본다. 시간이 아닌 분, 초 등으로 환산해 계산해도 좋다.

사이몬이 말하기를 ● 2~9세
발달 부문 ● 언어지능, 논리-수학지능, 신체-운동지능 등

1. 상대가 "사이몬이 말하기를"이라는 말을 시작하면 그에 따라 신체를 움직이는 규칙을 제시한다.
2. 놀이 초반에는 "목을 돌리세요." "팔을 기역자로 굽혀보세요." 등 신체의 한 부위만 사용하는 동작을 지시한다.
3. 몸을 좀 풀었으면 "두 팔을 머리 위로 올리고 한 발을 드세요."라든가 "한쪽 눈을 감고 입을 벌리세요."와 같은 지시로 다양한 부위를 사용하도록 유도한다.
4. 아이가 지시대로 동작을 잘 소화하면 "날아가는 새처럼 팔을 휘저으며 앞으로 나아가세요."와 같은 동작과 움직임이 큰 활동을 요구한다.

 Tip

- '사이먼' 대신 아이들이 좋아하는 다른 이름으로 게임을 시작해도 괜찮다.
- 흔한 놀이지만 고도의 집중력, 체계적인 사고력, 창의력이 요구되는 활동이며, 나이에 따라 난이도를 조절할 수 있다.
- 아이가 상상한 뒤 동작을 창작할 수 있는 질문을 던져보는 것도 좋다.
  예시) "캥거루처럼 겅중겅중 뛰세요." "강아지처럼 소파 위에 뛰어 오르세요."
  "폭풍우 치는 날의 파도처럼 춤 추세요." "햇살에 반짝이는 강물을 표현해보세요."

이미지 그리기 Ⅰ ● 4~9세
발달 부문 ● 언어지능, 공간지능 등

1. 스케치북 등 흰 종이를 준비한다.
2. 다음 문장을 간단한 그림으로 나타내보자.
   아기가 운다/ 음악을 듣는다/ 키가 작은 나무/ 벌이 날아간다/ 야구공을 던진다/ 가지런히 놓인 수저/ 쨍쨍 내려 쬐는 햇살/ 날아가는 비행기
3. 아이의 실력에 따라 명사, 동사, 형용사 등을 다양하게 사용해 문장을 만들어 그려보게 한다.

 Tip

- 문장이나 낱말을 그림으로 표현하는 과정에서 우리 두뇌는 양쪽 뇌를 함께 사용하게 된다. 언어를 관장하는 좌뇌와 이미지를 만들어내는 우뇌의 상호작용이 진행되기 때문이다.

이미지 그리기 II ● 6~9세
발달 부문 ● 언어지능, 공간지능 등

1. 아이가 좋아하는 동화책을 준비한다.
2. 읽고 싶은 부분을 펴서 책을 읽게 한다.
3. 읽은 내용 속에서 일정 규칙에 따른 낱말을 찾아 적게 하고, 그것을 간단한 그림으로 표현하게 유도한다.

예시) 한 글자로 된 낱말 2개/ 두 글자로 된 낱말 2개/ 세 글자로 된 낱말 2개/ 네 글자로 된 낱말 2개

 Tip

- 낱말의 규칙을 제시할 때의 글자 수, 단어의 난이도 등은 아이의 나이와 수준에 따라 조절한다.
- 언어지능이 높은 아이의 경우 동사형 낱말 2개, 외래어 낱말 2개 등으로 응용해도 잘 소화한다.

가족을 광고해봐요 ● 6~12세
발달 부문 ● 공간지능, 자기이해지능, 대인관계지능, 언어지능 등

1. 가족 구성원 모두의 강점을 이야기하며 나눠본다.
2. 자신이 생각하는 강점과 가족들이 이야기하는 강점을 들으며 서로를 이해하는 시간을 갖는다.
3. 각자 자신의 강점을 표현할 수 있는 광고 시안을 만들어본다. 간단한 그림과 문장 등을 활용해 표현한다.

다중지능계발 놀이북

> ✓ **Tip**
> - 그림으로만 표현해도 좋고, 음성과 함께 영상으로 찍거나 UCC 형태로 제작해 언제든 쉽게 볼 수 있도록 해도 좋다. 이를 통해 아이는 진로에 대해 지속적으로 생각하게 된다.
> - 강점이란 스스로 알고 있는 것과 주변 인식에 차이가 있을 수 있기 때문에 가족끼리 대화하는 기회를 자주 갖는 것이 좋다. 자신을 비롯한 타인을 보다 더 잘 이해할 수 있게 된다.

기억이 잘 되는 마인드 맵 ● 7~12세
발달 부문 ● 공간지능, 논리-수학지능 등

1. '여행' '나의 방학 생활' '가족' '나' '봄꽃' '연못의 생물' '서양 악기와 동양 악기' '축구의 역사' '세계의 건축물' 등처럼 시기에 맞는 주제나 학습 내용 등을 정리해본다.
2. 때때로 주어지는 주제에 대해 생각해보고 떠오르는 이미지를 그려본다.
3. 중심 이미지, 가지치기, 핵심 낱말 등을 활용해 주제를 표현한다.
4. 종이를 가로로 사용하며 중심에 주제에 해당하는 그림을 그리고 방사 형태로 중심에서부터 굵은 가지, 가는 가지 순으로 쳐가며 그 위에 핵심 낱말이나 간단한 그림을 사용해 한 장에 주제와 내용이 나타나게 그린다.

> ✓ **Tip**
> - 학습을 효과적으로 하는 방법, 정보를 오래 기억하는 방법으로 개발된 두뇌 학습법인 마인드 맵으로 좌뇌와 우뇌를 함께 사용하여 창의력과 사고력을 기르게 한다.

나도야 쉐프 또는 나는 꼬마 요리사 ● 2세~초등학생
발달 부문 ● 자기이해지능, 언어지능, 공간지능, 신체-운동지능 등

1. 어린 나이일 경우 불을 사용하지 않고 놀이 형태로 음식 만들기를 해본다.

   예시) 주제 : 과일과 채소를 큰 접시에 올려 자신의 얼굴 표현하기

   바나나-입술/ 블루베리-눈/ 당근 혹은 귤-코/ 껍질콩 혹은 파-눈썹/

   브로콜리-머리/ 키위-귀

2. 채소와 과일을 되도록 매일 바꿔가며 다양한 재료를 보여준다. 말리거나 익히거나 주스 형태로 만드는 등 아이와 레시피에 대해 논의한다.

3. 재료를 이해한 아이들이 직접 요리사가 되어 일주일 단위의 식단을 짜보게 한다.

- 초등학생 정도면 부모와 함께 불을 사용해 간단한 요리를 할 수도 있다.
- 가족들이 정기적으로 요리경연대회를 해보는 것도 아이들의 창의력 계발에 도움이 된다. 오감을 통한 두뇌학습이 이루어져 자신만의 독창적인 요리법을 개발하기도 한다.

소크라테스와 대화를 ● 6세 이후
발달 부문 ● 논리-수학지능, 언어지능 등

1. 다음 이야기를 들려주고 질문을 통해 아이의 가설과 논리를 파악해본다.

   보기) 운동장에서 놀다가 2학년짜리 자그마한 아이를 못살게 구는 덩치 큰 4학년 아이를 봤어. 그 아이는 작은 아이를 밀고, 주먹으로 때리는 등 못살게 굴고 있어. 그런데 너는 지금 맞고 있는 아이가 누구인지 잘 몰라. 만일 ㅇㅇ가 그 자리에서 그 광경을 봤다며 어떻게 할 것 같아? 너는 무엇을 해야

만 할까? 그렇게 생각한 이유는 뭐야?

2. 다양한 문제 상황을 만들어 가족이 함께 대화한다.

 Tip

- 사회에서 일어나는 다양한 상황에 대해 가족이 대화하는 것은 아이의 지능 향상을 돕고 가족간의 친밀도를 높일 수 있다. 또 일방적인 정보를 주입하는 것이 아니라 아이 스스로 깨달아가도록 돕는 대화이기 때문에 창의성, 자기주도적인 학습능력 등이 길러진다.
- 소크라테스식 대화법은 아이가 세운 가설에 대해 부모나 교사가 정교한 질문을 통해 논리적 명료성, 정확성, 치밀성, 일관성, 적절성을 가지고 그 가설을 스스로 증명할 수 있도록 유도하는 전략이다.

　예시) 상황 : 소크라테스가 아폴론 신전 근처를 서성이다가 한 청년과 대화한 내용
"민중이란 누구인가?"
"가난한 사람들을 말합니다."
"가난한 사람이란 어떤 이들이지?"
"항상 돈에 쪼들리는 사람들을 말합니다."
"부자들도 항상 돈이 부족하다고 아우성이다. 그렇다면 부자도 가난한 사람이 아닐까?"
"그렇게 볼 수 있겠지요."
"그렇다면 민중이 주체가 된다는 민주주의는 가난한 사람들의 정치체제인가, 부자들의 정치체제인가?"
"……."